日中刑事法シンポジウム報告書

21世紀日中刑事法の重要課題

山口　厚
甲斐克則 ［編］

成文堂

表紙写真：兵馬俑博物館内

はしがき

　本書は、2013年9月29日と30日に、中国の西安市にある西北政法大学において開催された第4回日中刑事法シンポジウムの記録である。
　今回のシンポジウムは、開催までいくつかの苦難があった。ほかでもない、2013年4月に、報告予定者の島田聡一郎教授が急逝され、さらに日本側代表の西田典之教授も同年6月に急逝されたのである。島田教授のご逝去により、プログラムの変更をどのようにするか悩んだが、当初予定していた4つのセッションのうち、事後強盗罪のセッションは中止と決定した。その矢先に西田教授のご逝去で、シンポジウム自体を予定通りの日程で開催可能か、一同大いに悩んだ。しかし、今回のシンポジウムに懸ける西田教授の情熱を思うと、残されたメンバーで何としても実現することが西田教授の御遺志に添うことであると決断し、準備を進めた。私ども両名と、只木誠教授（中央大学）、金光旭教授（成蹊大学）、および橋爪隆教授（東京大学）との結束は、却って強くなった気がする。
　こうして迎えたシンポジウム初日、会場に着くと、これまでで最多とも思える中国側参加者（学者、実務家、大学院生、学部学生）からの大きな拍手に迎えられて着席した後、開会式の冒頭で故・西田教授に追悼の意を示すために黙祷が捧げられた。われわれにとっては実にありがたい配慮であった。日中刑事法学術交流に長年に亘り情熱を注ぎこまれてきた西田教授も、喜んでおられるであろうと思われた。
　シンポジウムは、第1セッションが「共犯」、第2セッションが「罪数」、第3セッションが「危険運転」であった。本報告書では、それぞれの報告原稿が掲載されているほか、討論部の記録も掲載されている。それぞれのセッションで本質的問題にまで踏み込んだ実に活発な質疑応答がなされたことが、この記録からも窺える。討論には中国大使館に一等書記官として赴任中の國井大祐検事らも加わり、理論面からのみならず、実務的観点からの質疑

応答もなされたことが今回の特徴でもあった。日中双方の実務家からも関心が寄せられ、交流の裾野が広がりつつあるといえよう。なお、島田教授のご逝去でやむなく中止となった「事後強盗」のセッションについては、中国側の報告予定者であった張明楷教授（清華大学）の原稿の邦訳も本書に収められている。以上の内容からして、書名を『21世紀日中刑事法の重要課題』とした。

　このシンポジウムの実現のために、中国側代表の陳興良教授（北京大学）をはじめ、開催校の西北政法大学学長の賈宇教授や法学院長の王政勲教授らの入念な準備と当日の運営や前後のおもてなしをしていただいたことに対して、改めて御礼申し上げたい。また、報告者および訳者、各セッションの司会者の方々、通訳の労を取られた金光旭教授（成蹊大学）、王昭武教授（蘇州大学）、劉建利副教授（東南大学）、謝佳君講師（西南政法大学）にも深く感謝したい。とりわけ中国側の通訳者に有望な若手が2名加わったことは、今後の日中刑事法シンポジウムのさらなる充実に向けて大きな意義があった。なお、本書には、陳興良教授による故・西田教授への追悼の辞も収められている。こうしたことから、本書を故・西田典之教授の御霊前に捧げ、その御遺志を受け継いでさらに日中刑事法学術交流の発展のために尽力することをお約束したい。最後に、シンポジウムを開催するに当たっては、公益財団法人社会科学国際交流江草基金からご支援をいただいたほか、本書の刊行については、成文堂の阿部耕一社長から温かいご理解をいただき、同社編集部の篠崎雄彦氏には多大なご尽力をいただいた。ここに記して厚く御礼申し上げたい。

2014年1月12日

編　者
東京大学教授
山　口　　　厚
早稲田大学教授
甲　斐　克　則

目　次

はしがき

開会の辞……………………………………………………山口　厚　*1*
開会の辞……………………………………………………賈　　宇　*3*
追悼の辞……………………………………………………陳　興良　*6*

1　正犯と共犯の区別
　　――「因果的区別モデル」と「役割分担モデル」の相克
　　………………………………………………………甲斐克則… *7*

1　序　(*7*)
2　正犯と共犯の区別に関する２つのモデルの相克　(*8*)
3　正犯と従犯の区別に関する判例分析による具体的論証　(*13*)
4　共謀共同正犯に関する判例分析による具体的論証　(*19*)
5　結　語――「因果的区別モデル」からの正犯と共犯の区別の試み　(*29*)

2　中国特有の犯罪関与体系について………………劉　明祥… *33*

一　わが国の犯罪関与体系は単一制に属する　(*34*)
二　中国の犯罪関与体系の優位性　(*44*)
三　中国犯罪関与体系の欠陥とこれを補う方法　(*60*)

3　罪数論・競合論……………………………………只木　誠… *73*

Ⅰ　罪数論・競合論とは　(*73*)
Ⅱ　罪数論の歴史　(*73*)

Ⅲ　罪数論総論　*(74)*
　Ⅳ　今日的課題——罪数論「の／という」アポリア　*(82)*

4　罪数論体系の再構築 …………………………………… 王　政勲… *91*

　Ⅰ　罪数論体系に関する現行学説上の問題点　*(92)*
　Ⅱ　罪数評価の基準と分類　*(95)*
　Ⅲ　一行為による一罪の形態　*(96)*
　Ⅳ　数行為による一罪の形態　*(102)*

5　危険運転致死傷罪・自動車運転過失致死傷罪 ……橋爪　隆… *113*

　1　交通犯罪対策としての刑事立法　*(113)*
　2　過失犯としての交通事故　*(115)*
　3　危険運転致死傷罪の成立要件　*(117)*
　4　新たな立法提案——準危険運転致死傷罪の創設　*(123)*

6　中国刑法における危険運転罪
　　——酩酊型の危険運転を発想点に ……………………… 梁　根林… *129*

　1　はじめに　*(129)*
　2　酩酊型の危険運転罪の構成要件と暗示的罪量要素　*(131)*
　3　酩酊型の危険運転罪の客観的構成要件の規範的判断　*(137)*
　4　酩酊型の危険運転罪の主観的構成要件の規範的判断　*(141)*
　5　酩酊型の危険運転罪と他罪の関係　*(147)*

7　事後強盗罪に関する諸問題 ………………………………張　明楷… *165*

　Ⅰ　前提犯罪　*(165)*
　Ⅱ　客観的行為　*(182)*
　Ⅲ　主観目的　*(190)*
　Ⅳ　共犯　*(195)*

討議の質疑応答……………………………………橋爪　隆…203

　共犯論　（203）
　罪数論　（209）
　危険運転罪　（214）

閉会の辞……………………………………………賈　　宇…219
閉会の挨拶…………………………………………甲斐克則…222
閉会の辞……………………………………………張　明楷…224

訪中雑感………………………………………………………227

第4回日中刑事法シンポジウムプログラム

2013年9月28日
　午後：　受付
　夜：7：30～8：30　準備会議。参加者：日本側各位、中国側報告者、挨拶者、各セクションの司会者。

2013年9月29日
　7：00-8：00　朝食（唐華賓館レストラン）
　8：00　　　　唐華賓館玄関口で集合。車で会場（西北政法大学長安キャンパス）に向かう。
　8：30-9：10　開幕式
　　司会者：王政勲　西北政法大学教授
　　双方のメンバーの紹介
　　賈宇学長、山口厚教授、陳興良教授の挨拶。
　　その他：

　9：10-9：30　記念写真

　第1セクション：共犯
　　司会者：謝望原　中国人民大学教授
　　　　　　劉艶紅　東南大学教授
　　通　訳：王昭武　蘇州大学教授
　　報　告：9：30-10：30
　　報告者：甲斐克則　早稲田大学教授
　　　テーマ：正犯と共犯の区別
　　報告者：劉明祥　中国人民大学教授
　　　テーマ：中国特有の犯罪関与体系について

　　休　憩：10：30-10：45

　　報告者相互質問及び自由討論：10：45-12：30

昼　食：12：30－14：00　西北政法大学教職員レストラン

第2セクション：罪数
　　司会者：袁　林　西南政法大学教授
　　　　　　宣炳昭　西北政法大学教授
　　通　訳：謝佳君　西南政法大学講師
　　報　告：14：00－15：00
　　報告者：只木誠　中央大学教授
　　　テーマ：罪数論・競合論
　　報告者：王政勛　西北政法大学教授
　　　テーマ：罪数論体系の再構築

　　休　憩：15：15－15：30

　　報告者相互質問及び自由討論：15：30－17：15

　　キャンパス見学：張湯墓、廉亭（車で移動）：17：15－18：15

　　宴　会：18：15　廉亭から車で移動。

2013年 9 月30日
　　7：00－8：00　朝食（唐華賓館レストラン）
　　8：00　　　　同賓館玄関口集合。会場へ移動。

第3セクション：危険運転
　　司会者：林亜剛　武漢大学教授
　　　　　　朴宗根　西北政法大学教授
　　通　訳：劉建利　東南大学副教授
　　報　告：8：30－9：30
　　報告者：橋爪隆　東京大学教授
　　　テーマ：危険運転致死傷罪
　　報告者：梁根林　北京大学教授
　　　テーマ：中国刑法における危険運転罪

休　憩：9：30－9：45

　　　報告者相互質問及び自由討論：9：45－11：30

閉幕式：11：30－12：00
　　　司会者：冯衛国　西北政法大学教授
　　　賈宇学長、甲斐克則教授、張明楷教授等挨拶。

　12：00　昼食：車で移動。

開 会 の 辞

東京大学大学院法学政治学研究科教授
山 口　　厚

尊敬する賈宇先生、尊敬する陳興良先生、尊敬する張明楷先生、尊敬するご来席の皆様

おはようございます。

本日このようにして、西北政法大学のご主催により日中刑事法学術討論会が開催され、そしてそれに参加することができますことは、私の大きな喜びとするところでございます。本学術討論会開催のため、さまざまな準備をして下さった関係各位に深く感謝いたします。日本側の参加者を代表して一言挨拶を申し上げます。

日中両国における刑事法分野での学術交流は、西原春夫先生と上海市との間に始まり、今世紀を迎えて新たな段階に入りました。一昨年は日本側の中央大学が開催校となり、日中刑事法シンポジウムを開催することができました。今回は、中国側による開催であり、このような形で、着実に学術交流が進められていることは、大変大きな意義があるものと考えております。参加者の範囲も次第に拡がり、また、両国の学者のつながりも、より強く、確固としたものとなっております。

今回は、刑法総論に関するテーマが二つ、刑法各論に関するテーマが一つ取り上げられ、日中両国からの報告に基づいて、熱心な討論が行われること

が期待されるところです。本学術討論会は、日中両国の刑事法制についての理解を深め、相互に学び合う貴重な機会であり、ぜひとも充実した議論の成果を期待したいと思います。

　なお、今回参加を予定しながら、日本側の二人の学者の参加がかないませんでした。それは、西田典之教授と島田聡一郎教授です。西田教授は、早い時期から刑事法分野における日中両国の学術交流に西原先生の下で参加され、現在の日中交流を牽引して来られました。本年急逝されたことは誠に残念といわざるをえません。学術交流の日本側の受け皿である日中刑事法研究会の会長は私・山口が引き継ぎましたので、西田教授同様、学術交流を進めていく所存です。また、今後の学術交流の若い担い手として期待しておりました島田教授も急逝されました。誠に残念なことです。しかし、さらに日本側の参加者の範囲を広げ、充実した学術交流を推進していきたいと考えております。

　本日の会議の実り多い成果を期待して、私の挨拶とさせていただきます。

開 会 の 辞

西北政法大学学長
賈　　　宇

尊敬する山口厚教授、甲斐克則教授、只木誠教授、橋爪隆教授、金光旭教授、および日本からご列席の皆様、尊敬する陳興良教授、張明楷教授、および国内各法学院および陝西省刑法学会からご参加の皆様、学生の皆様

おはようございます。ようこそ西安へ。ようこそ13王朝の都長安へ。第4回中日刑事法シンポジウムへのご参加を熱烈に歓迎いたします。

　この西安で中日刑事法シンポジウムを開催することには特別な意義があります。
　西安は、中国の歴史上もっとも栄えた周、秦、漢、および唐の各王朝の都でした。現在この会場の所在地は、西安市長安区という区域にあたりますが、かつては、西安全体が長安と呼ばれていました。唐代は、中国の経済と文化がもっとも栄えた時代であり、対外交流においてももっとも開放的な時代でした。そして、日中交流もこの時期がもっとも盛んであり、日中交流に関する多くの逸話もこの時代の長安で生まれました。当時の長安には多くの日本からの留学生がいましたが、中にはそのまま中国に残って朝廷に仕えた者もおり、朝廷の高官まで登りつめた者もいました。日本からご参加の皆様が一昨日西安の興慶公園にある阿倍仲麻呂（晁衡）の記念碑をご見学された

と伺っておりますが、実は阿倍仲麻呂も、留学終了後朝廷に仕え、最後は潞州大都督（従二品）まで贈られ、唐粛宗と唐代宗の二代の皇帝から厚い信頼を受けた人物です。西安の町を歩きますと、日本の京都に似ているところが少なくないことに気づかれるかもしれません。京都の設計も実は唐の長安の街づくりを参考にしたといわれています。その意味で、この西安で中日刑事法シンポジウムを開催することには特別の意義があるのです。

　日本の友人および国内の多くの刑法学者に西北政法大学にお集まりいただいたことを、心よりうれしく思います。西北政法大学は、法律専門家を養成する重要な拠点の一つであると同時に、法学教育および研究の重要な拠点の一つでもあります。西北政法大学は4百名余の専任教員を抱えており、毎年本学から全国各地に羽ばたいていく卒業生も、学部と大学院を合わせると3千名以上にのぼります。したがいまして、本学で開かれる刑事法シンポジウムは、本学のスタッフと学生にとっても、学問を深めるための貴重な機会になります。われわれは、国内外の友人と一緒に、中国の法治社会の建設、および世界の平和の促進に寄与できるこのような機会をいただいたことを何よりの喜びと感じている次第です。

　中日両国は、一衣帯水の近隣であり、長い交流の歴史を有しております。しかし、近年、ご承知のように、両国関係においては困難な問題も浮上してきております。もっとも、法律は理性のシンボルです。この点は、日本においても中国においても変わらないはずです。したがいまして、国家間のレベルでどのような問題があるにせよ、法律を専門とするわれわれとしては、紛争と問題をあくまでも理性的に平和的に解決し、もって両国の国民の平和と福祉を促進し、ひいては世界の平和と進歩を促進することを、永遠の目標に据える必要があります。この点においては、特に中日両国の刑法学者は多大な努力を重ねてきており、模範を示してきたといえましょう。

　2011年、わたしは、本日ご列席の多くの先生方とともに、日本で開催された第3回中日刑事法シンポジウムに参加しました。その会議の冒頭において、西田典之先生のご提案により、中国刑法学界の泰斗、武漢大学の馬克昌

先生のご逝去を偲ぶセレモニーが行われました。そして、本日、このシンポジウムにおいて、大変残念なことに、われわれはその西田先生のご逝去を悼んでおります。わたしは、西田先生から、つぎのような二つのメッセージを受け取っているような気がいたします。そのひとつは、限られた人生の時間を無駄にせず、できるだけ人に役に立つようなことを積み重ねなければならないというメッセージ、もう一つは、日中間の刑事法交流は、必ずや世代を超えて継承されていくというメッセージです。

　今回のシンポジウムが実りの多いものになりますよう、心よりお祈り申し上げます。

　ありがとうございました。

追悼の辞

北京大学法学院教授

陳　　興　良

　本日のシンポジウムの冒頭にあたりまして、まず、日本の著名な刑法学者西田典之教授を偲ぶセレモニーを行いたいと存じます。

　西田先生は、中日刑事法シンポジウムの創設者の一人であり、また、この第4回シンポジウムの企画者でもありました。不幸にも、先生は、今回のシンポジウムの開催準備に取り組まれる真っ最中、6月14日にご病気で亡くなられ、今回の会議のご欠席を余儀なくされました。そして、今後の中日刑事法シンポジウムにも永遠にご欠席なさることになりました。

　西田先生は、中日両国間の刑事法学術交流に計り知れない貢献をなさいました。今回ご病気で倒れた後も、先生はシンポジウムのことを案じられ、会議の成功を祈っておられました。先生の思いがけないご逝去は、日本の刑法学界だけでなく、中国の刑法学界にとっても大きな損失です。私たちとしては、先生のご意思を受け継ぎ、先生のご期待に応えられるよう、中日刑事法学術交流を持続的に続けていくことをここに誓います。

　これより西田先生に1分間黙祷を捧げたいと存じます。皆様、ご起立をお願いいたします。黙祷。

　（黙祷）

　黙祷を終わります。どうぞご着席ください。

1 正犯と共犯の区別
―― 「因果的区別モデル」と「役割分担モデル」の相克

早稲田大学教授
甲 斐 克 則

1 序

　正犯と共犯の区別をどのようにして行うかは、古くて新しいテーマである。しかし、日本の刑法典は、第11章「共犯」の第60条で「二人以上共同して犯罪を実行した者は、すべて正犯とする。」と共同正犯について規定し、また第61条第1項で「人を教唆して犯罪を実行させた者には、正犯の刑を科する。」と教唆犯について規定し、さらに第62条第1項で「正犯を幇助した者は、従犯とする。」と従犯（幇助犯）について規定するのみで、正犯と共犯の区別については、明文で規定しておらず、正犯の定義も、解釈に委ねられている。しかし、日本では、その解釈が長年に亘り刑法学上の大きな争点を形成してきたし、現在でも激しく争われている。[1] これに対して、中華人民共和国刑法典は、第2章第3節「共同犯罪」の第25条第1項で「共同犯罪とは、2人以上共同して故意による犯罪を犯すことをいう。」と規定し、また、第26条第1項で「犯罪集団を結成し、若しくは指導して犯罪活動を行った者、又は共同犯罪において主要な役割を果たした者は、主犯である。」と規定し、さらに、第27条第1項で「共同犯罪において副次的又は補助的な役割を果たした者は、従犯である。」と規定する。なお、第28条では、被脅迫犯〔脅従犯〕について、「脅迫されて犯罪に参加した者は、その犯罪の情状に応じて、その刑を減軽し、又は免除しなければならない。」と規定し、また、第29条第1項では、教唆犯について、「人を教唆して罪を犯させた者は、共同犯罪において果たした役割に応じて処罰しなければならない。」と規定

する。

　このように、共犯規定を並べてみるだけでも、日本と中国の共犯への対応は一定程度相違があるが、仔細に見ると、共通点もある。とりわけ、中国刑法では、明文で「共同犯罪において主要な役割を果たした者」を主犯とし、また、教唆犯処罰においても「共同犯罪において果たした役割に応じて処罰」する旨を規定している点は、日本の刑法典には「役割」という文言がないにもかかわらず正犯と共犯の区別をめぐる解釈論で「役割」が重視されてきた点と照らし合わせると、実に興味深いものがある。しかも、日本では、共謀共同正犯論が判例理論により確立し、学説もこれを総じて追認してきた。しかし、後述のように、近時の判例の中には、「共謀」概念を拡大しすぎる傾向も出ている。そこには、正犯と教唆犯ないし従犯（幇助犯）の区別を再考する契機も内在している。

　2013年5月25日に中央大学で開催された第91回日本刑法学会の共同研究・分科会Ⅰ「共同正犯の現在」では、共同正犯についての問題点が真摯に議論されたが、やはり「役割の重要性」を強調する見解（例えば、照沼亮介教授）と共犯の因果性を基軸として正犯を限定する見解（例えば、橋爪　隆教授）に分かれた。私自身は、かねてより後者の立場が妥当だと考えているので、橋爪教授の見解に共感を覚えた。

　そこで、本稿では、日中比較刑法の観点での議論を深めるべく、正犯と共犯の区別において「役割」がどのような論拠でどのような機能を果たしているか、という視点から、まず、共犯の処罰根拠論を踏まえつつ正犯と共犯の区別について「因果的区別モデル」と「役割分担モデル」の相克を検討し、つぎに、正犯と従犯の区別に関する判例分析を行い、さらに、共謀共同正犯に関する判例分析を行い、日本における問題点を具体的に明らかにし、最後に、「因果的区別モデル」からの正犯と共犯の区別の提言をすることにする。

2　正犯と共犯の区別に関する2つのモデルの相克

　1　共同正犯（刑法60条）と共犯、特に幇助犯（刑法62条1項）の区別の問題

は、因果関係論における条件説を基軸として正犯意思の有無を中心に考える主観説と基本的構成要件である実行行為の一部の有無を中心に考える形式的客観説との対立という図式で古くから関心が高いものであった。前者を正面から主張する見解は現在では少ない一方、後者は、形式的実行共同正犯論としてなお有力である[6]。しかし、近年、後者に対しては、「現代社会における共犯現象のもつ多様性を包摂し得ず、共同『正犯』としての当罰性を備える関与者を十分には捕捉し得ない」との批判が出されている[7]。この批判は、傾聴に値する。他方、行為支配説等の台頭により実質的客観説が優位になる中、実質的客観説内部で反省が行われ、とりわけ「実行行為を行う従犯」の場合の正犯と幇助犯の区別に際して、構成要件実現ないし結果発生に対する行為の危険性および因果性の大小やその「持ち方」を基準にする「因果的区別モデル」を採るか、それとも構成要件実現に対して行為者が為した役割を基準にする「役割分担モデル」を採るか、が理論的に大きな関心を引いており、「役割分担モデル」に基づき「重要な役割」に着眼する見解が勢いを増している[8]。それに伴い、正犯意思の位置づけも再考を迫られている。

2　「因果的区別モデル」の代表に挙げられている森川恭剛教授によれば、「生じた危険性から事後的に行為を回顧し、そこに至るまでの可能な限りのあらゆる事実を考慮し、危険性を事実として示す」行為主義に立てば、「『結果発生に至る因果の多様性を基軸』に事実的侵害（結果）を基礎づけた各主体の行為（原因）を、それが因果結合形式としてのある程度パターン化された共犯類型に該当するかぎりで、各主体の責任の基礎とす」べきことになる[9]。共犯の処罰根拠としては、責任共犯論、不法共犯論、因果的共犯論が主張されてきたが[10]、因果的共犯論以外の見解は、現実の行為以上に総じて過度に正犯を拡張する傾向があるので、「因果的区別モデル」のこの方向性は、基本的に妥当だと考える。

しかし、これに対して、この2つのモデルを区分された亀井源太郎教授は、「『行為主義を重視する』ことが、直ちに共犯の『内側の限界』［狭義の共犯と正犯の限界：筆者］の問題を『因果的に』構成すべきことを導くわけ

ではない」し、「狭義の共犯の独立処罰を否定しつつ、正犯と共犯を非因果的に区別する『役割分担モデル』を採用することは可能であるし、そのことが『行為主義の重視』と何ら矛盾するものではない」、と説かれる[11]。そして、次のように批判される。

「そもそも、間接正犯における利用者の正犯性を、因果的に（あるいは危険性によって）、狭義の共犯、特に教唆から区別できるのであろうか。『毒入りの注射である』と告げて患者へ看護師に注射させる医師Ｘと、毒入り注射である事実を隠して看護師に注射させる医師Ｙの間に、いかなる意味で『危険性の差』を見出すことができるのであろうか。実際には、Ｘのケースでは看護師も殺意を抱き慎重に注射したため、患者を殺害することに成功したが、Ｙのケースでは不注意な看護師が注射器を取り落とし、殺害が失敗に終わった場合が考えられる。少なくとも、両者の行為を比較して、どちらの危険性が大きいかは、類型的には判断できない。［原文改行］したがって、『内側の限界』については因果的解決を図ることは不可能であるか、少なくとも現実的ではないと言わねばなるまい」[12]。

かくして、亀井教授は、「このように、『因果的区別モデル』によって正犯と共犯を区別することは不可能である――あるいは、少なくとも、現実的ではない――とすると、実質的客観説のうちでも、非因果的なものも正犯性の画定に際し考慮に入れる、『役割分担モデル』が妥当である」、と説かれる[13]。では、「役割分担モデル」の内実は、いかなるものであろうか。

3　亀井教授は、江戸時代の公事方御定書（1742年から1754年にかけて形成された江戸幕府の法典）、明治元年（1868年）の仮刑律、明治３年（1870年）の新律綱領、明治６年（1873年）の改定律例、明治13年（1880年）の旧刑法典といった日本の正犯規定の推移を分析され[14]、「このように、少なくとも法文上は、江戸時代以来、重い刑に値するか否かという点では、自ら手を下したか否かという因果的視点よりも、犯罪遂行全体における役割の重要性を考慮する姿勢が維持されている」とし、「また、判例上も、共謀共同正犯をめぐって、犯罪遂行全体における役割の重要性を考慮する姿勢が一貫して存在して

いた」、と説かれる。このような理解は、確かに、明治40年（1907年）の現行刑法典において共謀共同正犯論を位置づけるうえで重要な視点であるとも言える。しかし、このような理解に対して、ごく最近、福永俊輔講師は、旧刑法典の成立経緯の入念な分析から、多少疑問を呈しつつ次のような指摘をされた。

「寄与度に応じて因果的に正犯と共犯を区別する観点から、自ら実行行為を行う実行正犯は勿論、実行行為を行わない教唆犯も、その寄与度から、－知的―正犯とされた。したがって、一口に正犯といっても、そこには実行正犯と教唆犯を含んでおり、旧刑法典も、これにならって、共犯現象における正犯につき、実行―共同―正犯と教唆―正―犯に分けて規定した。もっとも、実行―共同―正犯に関しては、実質的な寄与度から、自ら犯罪の実行行為を行った者のみならず、犯罪の実行行為とは言い難いが、その犯罪の遂行に必要不可欠な行為を行った者も含むものであった。こうした旧刑法典の正犯の意義については、旧刑法を解釈する刑法学者の側においても同様の理解がなされ、そして、学派を超えてその理解は概ね共通するものであった」。

このような視点から、福永講師は、共謀共同正犯と見張りについて、「旧刑法典における―実行―正犯の意義においては、当該行為が犯罪の完遂に必要か否かを判断し、それが必要であれば当該行為者は―実行―正犯となるのであるから、その見張りが犯罪の完遂に必要であれば、必要な行為を分担した以上、その者は、実行―共同―正犯ということになる。それゆえ、いわばこの場合は、二人上の者がある犯罪を共謀して、その共謀に基づいてそれらの者が共に当該犯罪の実行行為を行った場合と同様なのである」、と説き、「これに対し、二人以上の者がある犯罪を共謀したものの、実行にあたって実行行為ないし犯罪の完遂に必要不可欠な有形的行為をなさなかった者」については、「実行行為ないし有形的行為から離れていたわけであるから、それらの者は実効正犯とはならず、実行共同正犯を定める旧刑法一〇四条に問疑されることはない」ことを確認される。そして、重要なのは、「共謀の参加者が、他の参加者の精神に作用する行為を行った結果としてその者にある

犯罪の遂行を決意させ、その者が当該犯罪を実行に移せば、共謀に参加して犯罪の遂行を決意させた者は、何ら有形的な犯罪行為から離れていたとして、教唆犯ということになろう」とし、「旧刑法典において、教唆犯は正犯とされていたのであるから、こうした場合、共謀に参加して犯罪の遂行を決せさせた者は、－教唆－正犯ということになる」、すなわち「共謀による教唆正犯」が観念できた、という点である。さらに、「共謀による教唆正犯」のほかに、「共謀による実行正犯」（数人が共謀し、共謀参加者から犯罪を決意させられ、実際に実行した者）、「共謀による実行共同正犯」（数人が共謀して意思を通じた上、共に犯罪行為をなした者）として処罰される以外は、「従犯でない限り、処罰の対象とはならない」という確認も重要である。かくして、福永講師は、次のように総括される。

「旧刑法下において、共犯現象の関与者は、実行－共同－正犯、および、教唆犯が『共に正犯』とされた。共同正犯をこの意味において理解するのであれば、当該犯罪の実行に加わらなかった共謀者であったとしても、『共謀による教唆正犯』は、実行正犯－『共謀による実行正犯』、『共謀による実行共同正犯』－とともに、共犯現象における共謀による『共同正犯』ということになる。したがって、旧刑法下においては、この意味における『共謀共同正犯』を観念することが可能なのであり、旧刑法下における共謀共同正犯は、この意義にとらえられなくてはならない。しかしながら、……共同正犯、さらには共謀共同正犯はこうした意味に理解されてはいないのである。したがって、現在の理解に基づく共謀共同正犯の一貫性については、疑問である」。

以上の福永講師の分析は、「因果的区別モデル」から正犯と共犯の区別を考える際に、一定の示唆を与えている。この見解によれば、「役割分担モデル」がそれ自体で日本の規範意識に基づいて一貫して採用されてきたということを当然視することは、とりわけ後述の共謀共同正犯の拡大傾向に鑑みると、反省を迫られる。ところが、亀井教授は、次のように述べて共謀共同正犯の枠組みを弛緩させる。すなわち、「わが国の規範意識における正犯概念

や実務の運用を顧みると、共同正犯を認める規準は、ロクシンの『機能的行為支配』よりもゆるやかでよいようにも思われる。すなわち、共同正犯を認めるためには、各関与者が『自己の寄与を撤回することによって全体の計画を座礁させ得る』ことまで必要なく、『当該犯罪の計画から実現までのプロセスに対して、重要な寄与をした』ことで足りると思われるのである。いわゆる対等型の共謀共同正犯においては、犯罪遂行全体に対して他の関与者と同等の寄与を行ったと評価できることが必要だが、いわゆる支配型の共謀共同正犯においては、その『支配』が犯罪遂行全体において重要な意味を持つことから、『支配』以外の要素による寄与が、対等型におけるそれよりも低い場合でも、正犯性を基礎付け得るであろう」[22]、と。この論理は、まさに後述のスワット事件最高裁決定で採用されたが、やはり正犯と共犯の区別は曖昧なままであり、処罰欲求が「重要な役割」に置き換えられる懸念がある。

　確かに、「役割」論は重要だが、問題は、それを因果論に措定された論理で用いなければ、漫然と「役割」の「重要性」が強調されて正犯の範囲が拡大するのではないか、という点にある。判例では、従犯として処罰すれば足りる場合でも、「役割」の過大視により正犯で処罰されている例も散見されるなど、特に共謀共同正犯をめぐる問題で、このことは顕著に現れるが、過度な正犯の拡大は、行為主義という観点から問題である。むしろ、「重要な役割」を認定する根拠を因果的共犯論の立場から「因果的寄与度」を中心に論じるべきであり、そこから正犯と共犯の区別基準を模索すべきである。したがって、私は、以下、判例を素材として基本的に因果的共犯論の「因果的区別モデル」の立場から正犯を限定する方向で論じることにする。

3　正犯と従犯の区別に関する判例分析による具体的論証

　1　正犯と従犯の区別に関して、日本の判例は、正犯意思を重視しつつも、その比重の点で変遷している。古く、①最判昭和24年（1949年）12月6日（刑集3巻12号1884頁）は、被告人が知人の食糧管理法違反の処分について事情を知って現金を受け取り、警察署長に交付の申込みをした贈賄事件で、

交付（供与）の申込みを贈賄幇助としたが、理由は不明であった。②最判昭和25年（1950年）7月6日（刑集4巻7号1178頁）は、被告人X（運送会社の代表取締役）が食糧管理法施行規則23条の7に違反する米の輸送を使用人Yに行わせた事案について、「被告人が……Yに命じて同人を自己の手足として判示米を自ら運搬輸送した」と認定し、「Yがその情を知ると否とにかかわらず被告人の行為が運搬輸送の実行正犯たることに変わりはない」としてXを正犯と認定している。これは、「実行行為を行う従犯」がいてもなお利用者を正犯とした点で、「因果的区別モデル」からも妥当である。

これに対して、③福岡高判昭和27年（1952年）6月11日（高刑判特19号100頁）は、覚せい剤所持事件に関して、覚せい剤の携行を依頼されただけでは「自ら支配する意思」＝実力的支配がないとして覚せい剤所持罪の幇助罪を認定した。本件でも、「自ら支配する意思」（正犯意思）を強調してはいるが、内実は因果的寄与度が低いために、適切にも従犯としたものと思われる。④名古屋高判昭和27年（1952年）12月10日（高刑判特30号21頁）も、食糧管理法違反事件に関して、社長の委託で代金を持参して麦類を引換えに受け取った後にそれを社長の指定した場所に運搬した運転手に対し、「他と意思を連絡し自己の犯意を実現しようとの意思」が証明できなかったとして同罪の幇助罪を認定した。この2判例は、主観的要件である正犯意思を強調する立場といえよう。なお、⑤東京高判昭和28年（1953年）7月8日（高刑判特39号9頁）も、東京都所有の地下ケーブル線約10メートルを掘り出して窃取するのを事情を知って手伝った事案で窃盗幇助罪を認定しているが、理由は不明である。

ところが、⑥福岡高判昭和30年（1954年）5月28日（高刑裁特2巻12号577頁）は、他者が製造した覚せい剤注射液を他者に頼まれて空アンプルに注入したにすぎない事案において覚せい剤製造罪の従犯を肯定し、⑦静岡簡判昭和35年（1960年）11月7日（下刑集2巻11＝12号1434頁）も、賭博に際して日当をもらう約束で「札付け」をしたり臨時に壺振りを代行した事案について、賭金（胴金）の出資、配分には関係しなかったとして、主観的側面に固執せず、役割分担という実質的観点から従犯を肯定した。これらは、「因果的区別モデ

ル」からでも十分に説明可能なものである。

　2　しかし、昭和50年代（1970年代中半）に入り、再び正犯意思に重きを置く判例も登場した。⑧浦和地判昭和50年（1975年）1月29日（判時795号112頁）が強盗殺人の共謀共同正犯に関する事案で1名について、「単に非実行々為に加担するだけの意思しか有しない者には未だ共謀による正犯の責任を負わせることは否定されなければならない」、と判示したのをはじめ、⑨東京高判昭和50年（1975年）2月4日（東高時報26巻2号刑19頁）も、鉄道管理局の課長補佐の収賄事件に関して、課長が課長補佐を自己の手足のように利用する意思はあったとしても、両者の間に収賄の共同意思を形成し、一体になって賄賂収受を実行しようとしたものとは容易に認め難いとして課長補佐を収賄幇助罪に処した。また、⑩横浜地川崎支判昭和51年（1976年）11月25日（判例時報842号127頁）も、覚せい剤譲渡の交渉と実行を担当した者につき、覚せい剤譲渡の正犯意思を欠き、譲渡行為を幇助する意思のみを有したにすぎず、「正犯の犯行を容易ならしめる故意のある幇助的道具」と認定し、⑪大津地判昭和53年（1978年）12月26日（判例時報924号145頁）も、他人に頼まれるまま覚せい剤をその者に注射した事案について、「自ら又は他人に覚せい剤を使用させようとの積極的意図を有していたとは認め難い」として、覚せい剤使用の正犯意思を否定し、「正犯の犯行を容易ならしめる故意の幇助的道具」と認定した。

　3　ところが、昭和50年代中半（1980年代）以降、主観面だけではなく、役割分担を併せて考える判例が登場し始める。⑫大阪地判昭和56年（1981年）5月30日（判例時報1023号11頁）は、公職選挙法221条1項1号の金員供与罪に関する事案について、被告人は他の被告人の指示に従い、会計事務に携わる者として供与資金を出金したにすぎないので選挙事務所の実質的会計担当者とはいえず、「一体となって自らの犯意を実現しようとしたというのは困難」として共謀共同正犯の成立を否定し、幇助犯の成立のみを肯定した。この判例は、単なる正犯意思を基準とせず、むしろ役割分担を重視している。しかし、本件も、「因果的寄与」の程度からそう言えるのであって、「役割分担」

それ自体から自動的に導き出されるものではなかろう。また、⑬横浜地判昭和56年（1981年）7月17日（判例時報1011号142頁）も、先行行為者4名がFに対して暴行・脅迫を加えて金員を要求し、後行行為者たる被告人がFから金員交付を受けた事案について、共同正犯の成立には共同実行の意思とその事実が必要であるとの観点から、承継的共同正犯において後行行為者に先行行為者の行為についてまで責任を負担させることができる理由は「先行行為者の行為及び生じさせた結果・状態を単に認識・認容したというにとどまらず、これを自己の犯行の手段として積極的に利用すべく自己の犯罪行為の内容に取り入れて、残りの実行行為を他の共犯者と分担して行うことにあり、この場合の後行行為者の共同実行の意思の内容及び共同実行事実は、介入後の後行行為者の行為を通じて明確となる」として、本件においては、「傷害の結果を生じさせることやその拡大につながるような暴行等の寄与行為はなんらしていないから、傷害については共同実行の意思及びその事実の存在を認めることはできず」、「結局、……恐喝の限度で承継的共犯の成立を認めることができる」、と判示した。本判決は、まさに主観面の他に役割ないし寄与度を考慮した点で注目に値する。さらに、⑭東京地判昭和57年7月28日（判例時報1073号159頁）も、アメリカで拳銃調達の依頼を受けてこれを実現した者について、「いまだ被告人とXらとの間に共謀共同正犯の成立に必要な……謀議が成立し、被告人においてXの行為を手段として自己の犯罪意思を実現した」とは言えないとして、密輸入罪の幇助犯の成立にとどめた。

　4　その後、日本でよく引用される共同正犯と幇助犯の区別に関する事案として、強盗殺人未遂に関する⑮福岡地判昭和59年（1984年）8月30日（判例時報1152号182頁）が出された。日本の議論を具体的に理解するうえで参考になるので、詳しく引用しておこう。事実の概要は、以下のとおりである。

　A、B、C（いずれも暴力団組長）およびD（Aの知人）は、かねてからC一家と対立抗争関係にあった某会の組の幹部Eを殺害して同会の資金源である覚せい剤を奪取しようと企て、Eと面識のあったDが、覚せい剤取引を口実にEをホテルにおびき出してCがけん銃でEを殺害し、DがEの持参

た覚せい剤を強取する旨の共謀をした。そして、某日午前2時ころ、DがEを某ホテル303号室におびき出すとともに、覚せい剤取引の仲介を装い、Eが持参した覚せい剤約1.4キログラムを買主に検分させると称して同人から受け取り、同室から搬出した。その直後、Cは、Dと入れ替わりに上記303号室に入り、至近距離からEを目がけてけん銃で5発を発射し、Eの左上腕部・背部・腹部等に命中させて上記覚せい剤を強取した（Eは防弾チョッキを着用していたため全治2か月の重傷）。その際、Dの知人である被告人は、上記共謀内容を知悉しながら、Dの指示・命令により、CともにEをおびき出すホテルを探し、上記ホテルの2室を予約し、覚せい剤の買手と売手であるEとの取次役を装って、DとEがいる303号室と売手がいると称する309号室を行き来したりして、Eの面前において覚せい剤の売買に関するDとの問答で309号室には真実覚せい剤の買手がいるかの如く装い、午前2時ころ、Eが持参した覚せい剤を買手に検分させることを了承するや、上記303号室から309号室に覚せい剤を搬出・運搬するとともに、同室でショルダーバッグにそれを入れて持ち、Dと共にただちに同ホテルを脱出した。

　検察官は、被告人は強盗殺人未遂罪の実行行為の重要な一部を分担したものであるから共同正犯者としての刑責を免れない、と主張したが、福岡地裁は、次のように述べて、被告人を強盗殺人未遂罪の幇助犯と認定し、懲役5年に処した（確定）。

　　「共同正犯が成立するためには、各行為者にそれぞれ共同実行の意思が認められることも必要である……が、行為者が実行行為の一部を分担する場合、一般にほとんど右共同実行の意思が問題にならないのは、右実行行為一部分担の事実のみから、通常極めて容易に共同実行の意思が推認されるからであろう。しかしながら、実行行為一部分担の事実も、結局は共同実行意思認定の一つの有力な判断材料にすぎないことに鑑みると、当該行為者が右実行行為に及んだ事情や当該犯罪全体に占める右行為者の行為の意義の如何を問わず、単に実行行為の一部を分担したことの一事のみで、常に共同実行の意思ありと解するのは相当でないと言うべきであって、前記推認を覆すに足りるような特段の事情の存する場合においては、たとえ当該行為者が形式上実行行為の一部に該当する行為を行なった場合であっても、共同実行の

意思の存在を否定して、幇助犯の成立を認めるのが相当である」。
「……諸事情を総合的に検討する限り、被告人自身、実行行為の一部を担当した事実があるにもかかわらず、Ｄら他の共犯者と共同して本件強盗殺人を遂行しようとするような正犯意思、すなわち共同実行の意思は到底認めることができない」。

本判決は、「単に実行行為の一部を分担したことの一事のみで、常に共同実行の意思ありと解するのは相当でない」、と述べたが、中森喜彦教授が指摘されたように、「本判決は、実行の分担を共同意思・正犯意思認定の一材料にすぎないと明言し、犯罪の客観的要件を主観的要件に従属させる判断を示した」ものであり、正犯意思のみで判断する論理に制限を加えるこの潮流形成に貢献したものと位置づけることができる[23]。しかし、さらに進んで、本件は、まさに被告人の因果的寄与度が大きくない事案であり、むしろ「因果的区別モデル」から説明をするのに格好の素材であるように思われる[24]。

その後も、⑯福岡高判昭和61年（1986年）9月11日（判例タイムズ625号238頁）は、関税法111条1項の密輸出罪を認定した第1審判決を破棄し、「自ら管理、支配する貨物を外国に持ち出すために、運搬手段として他人の船を使用し、これを自己の指示のとおり運航させるに過ぎないと考えられる場合にあっては、船の運航を行う者は、密輸出を実行しようとする者に移動の手段を提供して、密輸出を容易ならしめるにとどまる」として同罪の幇助罪を認定した。また、⑰東京地判平成2年（1990年）10月12日（判例タイムズ757号239頁）も、賭博ゲーム機10台を備えたゲーム店を経営するＡがＢおよび従業員たる被告人と共に約1か月半に亘り不特定多数の客を相手としてゲーム賭博を行った事案について、勤務実態を考慮したうえで主観面に重点を置き、被告人「自身の内心においては、終始、Ａら共に自己の犯罪として賭博を行っているという認識はなかった」として賭博罪の共同正犯の成立を否定し、幇助犯の限度で罪責を問うにとどめた。

5　以上の17件の判例分析から、外見上「正犯のような実行行為」のように見えても、判例の主流は実質的観点を加味して当該行為の従犯（幇助犯）を認定しており、そのかぎりでは確かに、「判例が、当該関与者が正犯意思

を有していたか否かによる、単純な主観的判断をしているとは言い得ない」。しかし、それでもなお「現在の判例理論は、行為者の主観を重視することにより、かえって、共同正犯と従犯の区別を不明確なものにしている」との有力な批判があることを真摯に受け止める必要がある。多様な共犯現象に対応するためには実質的客観説が妥当と思われるが、問題は、「因果的区別モデル」か「役割分担モデル」か、という二者択一で割り切れるか、である。「役割分担モデル」が「非因果的なものも正犯性の確定に際し考慮に入れる」のであれば、正犯意思に代わるその内実を明確にしなければ、そこには政策的配慮が入りすぎ、判断がかえって曖昧になる懸念がある。正犯意思考慮するにしても、それを単なる主観的側面だけで把握するのでははく、それが有する心理的因果性を客観的に判断すべきものと思われる。要するに、「因果的区別モデル」を基軸として、その限度で認定される役割分担の中に因果的契機（因果力の強弱）を見いだし、物理的因果性と心理的因果性（そのかぎりでの正犯意思の考慮）を客観的に判断して正犯と幇助犯を区別するという論理を模索すべきである。

4　共謀共同正犯に関する判例分析による具体的論証

1　つぎに、共謀共同正犯に関する判例分析により、正犯と共犯（特に教唆犯）の区別の問題を考察してみよう。いわゆる「黒幕処罰」を目指して共同意思主体説を根拠に日本の共謀共同正犯論をリードしてきた判例（大判昭和11年（1936年）5月28日刑集15巻71頁等）は、「練馬事件」に関する⑱最大判昭和33年（1958年）5月28日（刑集12巻8号1718頁）で、大きな転機を迎えた。本件では、順次共謀により複数の被告人が警察官を殺害したとされる事案である。最高裁大法廷は、次のように述べて共謀共同正犯を肯定した。

　　「共謀共同正犯が成立するには、二人以上の者が、特定の犯罪を行うため、共同意思の下に一体となって互に他人の行為を利用し、各自の意思を実行に移すことを内容とする謀議をなし、よって犯罪を実行した事実が認められなければならない。し

たがって右のような関係において共謀に参加した事実が認められる以上、直接実行行為に関与しない者でも、他人の行為をいわば自己の手段として犯罪を行ったという意味において、その間刑責の成立に差異を生ずると解すべき理由はない。さればこの関係において実行行為に直接関与したかどうか、その分担または役割のいかんは右共犯の刑責じたいの成立を左右するものではないと解するを相当とする。他面ここにいう『共謀』または『謀議』は、共謀共同正犯における『罪となるべき事実』にほかならないから、これを認めるためには厳格な証明によらなければならないこというまでもない。しかし『共謀』の事実が厳格な証明によって認められ、その証拠が判決に挙示されている以上、共謀の判示は、前示の趣旨において成立したことが明らかにされれば足り、さらに進んで、謀議の行われた日時、場所またはその内容の詳細、すなわち実行の方法、各人の行為の分担役割等についていちいち具体的に判示することを要するものではない」。

この論理を整理すると、共謀共同正犯成立要件は、(1)「共同意思の下に一体となって」、(2)「互に他人の行為を利用し」、(3)「各自の意思を実行に移すことを内容とする謀議をなし」、(4)「よって犯罪を実行した事実」という4つの要因から成っている。しかも、「共謀」の事実について「厳格な証明」を要求している。この大法廷判決を契機に、判例上、共謀共同正犯が定着したのみならず、学説も、共謀共同正犯に対して否定的傾向（教唆犯として処理する傾向）から転じてこれを好意的に受け止める傾向が強まった。すなわち、①共同意思主体説（数人が犯罪を共謀することによって「同心一体的」な共同意思主体を形成し、そのうちのある者が実行行為を行ったとすれば、それは共同意思主体の行動に他ならないから、当該活動の結果惹起された事態について共同意思主体の構成員全員がその寄与度に応じて刑事責任を負うべきだとする見解）、②間接正犯類似説（共謀者が共同意思の下に一体となり相互に了解しあって互いに相手を道具として利用しあう点に正犯性を認める見解）、③行為支配説（共謀者は実行担当者の行為を支配するから正犯者としての行為支配が認められるとする見解）、④包括的正犯説（共同正犯が正犯とされるのは、共同実行の意思のもとに、相互に他人の行為を利用・補充し合って犯罪を実現することにある。したがって、共同実行の意志に基づいた実行行為が行われた以上、実行行為者と単に謀議に参加したものとを問わず、すべて正犯とすべきだとする見解）が、それぞれ主張されてきたのである。

2　以後、長い間、練馬事件判決のこの論理が判例を指導してきた。しかし、その後45年を経て、その理論的枠組みを変更したのではないかと考えられる判例が登場した。いわゆる「スワット事件」に関する⑲最決平成15年（2003年）5月1日（刑集57巻5号507頁）がそれである。もちろん、これは、最高裁の大法廷判決ではなく、小法廷決定であるので、判例上は練馬事件判決を変更したものではないと理解されているが、学説からは、従来の枠組みを逸脱しているとの厳しい批判が寄せられている。その後も、類似の最高裁判例が続いている。

本件の事案の概要は、次のとおりである。被告人は、全国規模の広域暴力団組織山口組若頭補佐で、同時に、兵庫・大阪を本拠とし、配下に総勢約3100名の組員を抱える山健組組長の地位にあった。被告人は、平成12年（2000年）12月に遊興目的で上京する旨をその秘書に伝え、秘書はそれを被告人の専属のボディガード（スワット）に伝え、最終的に秘書2名とスワット4名が被告人の遊興に随行することになった。スワットらは、同年8月、山口組若頭が殺害される事件があったことから、同じく山口組最高幹部である被告人に対する襲撃を懸念して、秘書は被告人の状況について部下に連絡し、部下は東京で被告人を防御するためにけん銃等を用意するよう別の部下に依頼し、仲間にも連絡してスワットに渡すけん銃5丁に実包を装てんするなどして準備を整え、同月25日、被告人が上京した際にそれらをスワットらに渡した。被告人が上京すると、被告人、及び秘書、スワットらはこれまでの上京の際と同様、数列の車で隊列を組み、一体となって都内を移動した。その態勢は、1台目（先乗り車）に各自実包の装てんされたけん銃1丁を携帯したスワット2名、2台目（先導車）、被告人を乗せた3台目、4台目（スワット車）に各自実包の装てんされたけん銃1丁を携帯したスワット3名、5台目以降（雑用車）というものであった。

これより以前、警察は、このような行動の際にスワットらがけん銃等を所持している旨の情報を得たことから内偵捜査を続け、本件当時は、あらかじめ被告人ら一行の自動車等に対する捜索差押許可状の発付を得ておき、同月

26日午前4時過ぎごろ、遊興先の飲食店を出て自動車で宿泊先へ向かう途中の被告人らの車列に停止をかけ、一斉に捜索を実施した。その際、被告人車の後続のスワット車からけん銃3丁、実包21発が発見された。また、一足先にホテルに到着した先乗り車に乗車していた組員らは、警察の捜査を察知し、けん銃2丁を投棄したが、これもほどなく発見された。スワットおよび被告人らは拳銃の不法所持の嫌疑で現行犯逮捕された。

本件では、配下がけん銃を所持していたことに争いはなかったが、被告人と配下の共謀を裏付ける直接証拠が存在せず、共謀の存否、ひいては共謀共同正犯の成否が最高裁まで激しく争われた。最高裁は、次のような判断を示し、被告人らの上告を棄却する決定を下した。

「被告人は、スワットらに対してけん銃等を携行して警護するように直接指示を下さなくても、スワットらが自発的に被告人を警護するために本件けん銃等を所持していることを確定的に認識しながら、それを当然のこととして受け入れて認容していたものであり、そのことをスワットらも承知していた。

……事実関係によれば、被告人とスワットらとの間にけん銃等の所持につき黙示的に意思の連絡があったといえる。そして、スワットらは被告人の警護のために本件けん銃等を所持しながら終始被告人の近辺にいて被告人と行動を共にしていたものであり、彼らを指揮命令する権限を有する被告人の地位と彼らによって警護を受けるという被告人の立場を併せ考えれば、実質的には、正に被告人がスワットらに本件けん銃等を所持させていたと評し得るのである」。

(深澤武久裁判官補足意見)
「被告人は組長として実行行為者に対し圧倒的に優位な支配的立場にあり、実行行為者はその強い影響の下に犯行に至ったものであり、被告人は、自己の身辺の安全が確保されるという直接的な利益を得ていたものである。

本件犯行について、具体的な謀議行為を認めることはできないが、組長を警護するために、けん銃等を所持するという犯罪行為を共同して実行する意思は、組織の中で徐々に醸成され、本件犯行当時は、被告人も、実行行為者らがけん銃等を携行していることを概括的にではあるが確定的に認識していたものである。

被告人と実行行為者間に、上記のような関係がある場合、具体的な謀議行為が認められないとしても、犯罪を共同して遂行することについての合意が認められ、一部の者において実行行為が行われたときは、実行行為に直接関与しなかった被告人についても、他人の行為を自己の手段として犯罪を行ったものとして、そこに正犯意思が認められる本件のような場合には、共謀共同正犯が成立するというべきである。

所論引用の練馬事件判決（後述）は，犯罪の謀議にのみ参加し，実行行為の現場に赴かなかった者の共同正犯性を判示したものであって，被告人を警護するため，その身辺で組員がけん銃を所持していた本件とは，事案を異にするものである」。

　本決定の争点は、(1)共謀を認めるためには、謀議行為が存在し、そこに参加することが必要か、(2)謀議行為への参加は、共謀共同正犯の成立要件ではないと解した場合に、共謀共同正犯の成立要件としてどのような内容の意思連絡が要求されるか、(3)共謀共同正犯の成立には未必の故意で足りるか、という点にあった。前述の練馬事件判決は、一方では「共謀」を罪となるべき事実であるとして厳格な立証を要するとしたものの、他方では、謀議の行われた日時、場所、内容の詳細の具体的判示は不要であるとしており、少なくとも結果としての意思連絡（共同犯行の認識ないし共同実行の意思）が必要であることは明らかであるが、それを超えた「謀議行為」が要件とされるか否かは必ずしも明らかではなかった。スワット事件決定は、謀議行為に参加していない被告人にも共謀共同正犯の成立を認めたが、本決定は、実行行為者らが被告人を警護するため、その身辺でけん銃を所持していたものであり、被告人が実行行為の現場に赴かなかった練馬事件とは事案を異にするものであるとはいえ、総じて判例は、必ずしも謀議行為への参加を共謀共同正犯の成立に不可欠としているわけではない、と言える。その意味で、練馬事件判決の射程が画されたとも言える。スワット事件でも「実質的には、正に被告人がスワットらに本件けん銃等を所持させていたと評し得る」、と判示しており、基本的には練馬事件と同様の共謀共同正犯概念を採用していると思われる。

　しかし、スワット事件決定は、明示的な謀議行為や意思の連絡は認められなかったため、黙示的な意思の連絡、さらには相互利用補充関係が認められるか、が問題となった。同決定は、被告人に共謀共同正犯の成立を認めるにあたり、①被告人とスワットらとの間にけん銃等の所持につき黙示的に意思の連絡があったことのほか、②スワットらがけん銃等を所持しながら終始被

告人の近辺にいて被告人と行動を共にしていたこと、③被告人がスワットらを指揮命令する権限を有する地位にあったこと、④スワットらによって警護を受けていたこと、を指摘している。これは、共謀者間に意思の連絡が存在することを当然の前提としつつ（①）、そのうえで被告人と実行行為者の行動の密接性（②）、被告人の地位（③）や立場（④）にも着目して、本件の事実関係の下では共謀共同正犯の罪責を負わせることをも可能である、と認定したものと考えられる。一般に判例は「当該犯罪が自己の犯罪か他人の犯罪か」を共謀共同正犯と狭義の共犯との区別基準としていると理解されているが、その際に判例が具体的に判断資料として考慮しているのは、ⅰ）共謀者間の地位や関係、ⅱ）犯行の動機や意欲、ⅲ）謀議への関与の程度、ⅳ）犯行全体における寄与度、ⅴ）利益の帰属の有無、などの事情である。本件で被告人は、スワットらにけん銃等の所持を命じたわけではなく、スワットらが被告人の身を慮って自発的にけん銃等を所持したのであるから、ⅱ）の点は共謀共同正犯成立を肯定する事情とはならないし、また、ⅲ）の要素も、被告人と実行行為者との間に明示的な謀議のない以上、肯定事情となりえないであろう。残るは、ⅰ）の点、すなわち、被告人がスワットらに対し圧倒的に優位な支配的地位にあったこと、および、ⅴ）の点、すなわち、けん銃等の所持はほかならぬ被告人の警護を目的としたものであり、被告人はけん銃等の所持により生命・身体の安全という利益を得ていたことであり、最高裁は、これらを重視したと言えよう。さらに、けん銃等を携行するスワットらと被告人が終始行動を共にしており、しかも、そうした行動は今回が初めてではなく、暗黙の了解の下に以前から繰り返し行われていたことからすると、ⅳ）の点に関しても、被告人の行為は実質的に見てスワットらによるけん銃等の所持の実現に大いに寄与するものであったという判断から、総合的に判断すれば、被告人はスワットらと共謀のうえ自己の犯罪としてけん銃等を所持したと評価してよい、とする論評もある。これは、「因果的寄与度」[28]という観点からそう言えるのか、それとも非因果的要因からそう言えるのか。前者の観点からは、島田聡一郎教授が指摘されたように、本決定は、ス

ワットらによるけん銃等所持を「確定的に認識」していたので、あくまで具体的事情から意思連絡が認定できたから共謀共同正犯を認めた判例だと限定的に理解されるべきであり、「組長警護のためにけん銃を所持していた組員がいれば、組長はけん銃所持罪の共謀共同正犯になる」と一般化して理解されるべきではない、と言えよう。それは、心理的因果性という点を考慮してそう言えるものである。これに対して、非因果的要因から「役割の重要性」だけを強調してこれを肯定するならば、「組長警護のためにけん銃を所持していた組員がいれば、組長はけん銃所持罪の共謀共同正犯になる」と一般化して理解されることになろう。しかし、これは、共謀共同正犯を著しく拡大する契機を与えることになるので、妥当ではないと考える。そのような場合は、せいぜい教唆犯として処理すべきである。

　なお、「スワット事件決定も、必ずしも共謀共同正犯の成立を確定的故意のある場合に限定する趣旨ではなく、故意の存在を推測させる客観的な行動の乏しい共謀共同正犯にあっては特に故意の認定について慎重であるべきであるということを表現したものに過ぎないと解すべきであろう[30]」という指摘がある点にも留意する必要がある。

　3　さて、その後、類似の共謀共同正犯に関する判例で、やはり拡大を懸念する傾向が顕在化した。第2審の大阪高判平成16年（2004年）2月24日（判例時報1881号140頁）は、指定暴力団山口組5代目 P3組の若頭補佐である被告人が、定例幹部会に出席するため、前日来宿泊していたホテルを出発するに際し、自己の身辺警護の目的から秘書および配下組員と各共謀のうえ、それぞれ拳銃1丁をこれに適合する実包と共に携帯所持したという銃刀法違反被告事件において、第1審の無罪判決を破棄し、被告人と両名との間には各自の拳銃所持につきそれぞれ黙示的な意思の連絡があり、両名との間にそれぞれ共謀共同正犯が成立するとして、被告人を懲役6年の実刑に処した。上告審である⑳最決平成17年（2005年）11月29日（裁判集刑事288号543頁）も、特段の理由を示すことなく第2審判決を支持して上告を棄却した。長年に亘り共謀共同正犯是認論を展開してこられた西原春夫博士は、本決定について、第

1に、「共謀共同正犯は直接実行者の行動に対する認識・認容があれば成立するという安易な考え方が進んで行くという事態」、第2に、「組織における長の責任追及にこれが安易に用いられるという傾向」、第3に、「本件は結果犯ではなく挙動犯なので、その方向に処罰範囲が拡大していくこと」、以上の3点について拡大の懸念を指摘しておられる。

4　その傾向は、暴力団事件を超えて、㉑廃棄物の処理及び清掃に関する法律（廃棄物処理法）違反事件に関する最決平成19年（2007年）11月14日（刑集61巻8号757頁）でも確認される。事案の概要は、次のようなものであった。港湾運送事業や倉庫業等を営む被告会社の代表取締役等であった被告人5名は、被告会社が、千葉市内の借地において保管中の、いわゆる硫酸ピッチ入りのドラム缶約6000本の処理を、下請会社の代表者であるWに委託したところ、そのうち361本が北海道内の土地で捨てられたことにつき、被告会社の業務に関し、Wらと共謀のうえ、みだりに廃棄物を捨てたものとして、廃棄物の処理及び清掃に関する法律所定の不法投棄罪に問われた。硫酸ピッチは、不正軽油の密造過程で発生するものであり、土壌汚染や地下水汚染を引き起こすタール状の有害物質である。争点は、ⅰ）被告人らに不法投棄に関する未必の故意が認められるか（事実認定の問題）、ⅱ）共謀共同正犯の成立要件として未必の故意で足りるか、であった。

第1審（札幌地判平成18年（2006年）3月15日）は、被告人らは、本件ドラム缶が不法投棄されると確定的に認識していたものではないが、Wの代表者が無許可業者に処理させるなどして、最終的に不法投棄されることも十分ありうるが、本件ドラム缶を撤去して本件ドラム缶保管地の貸主に対する明渡期限を守るためには、Wに委託するほかなく、最終的に不法投棄に至ってしまってもやむをえないという未必の故意があったことが強く推認されるとして、未必の故意を認定し、被告人間、およびWらとの間での順次共謀を認定した。第2審（札幌高判平成19年（2007年）1月18日）も、控訴を棄却して有罪を維持した。特に①未必の故意については、「被告人らは、本件土地の明渡期限が刻々と迫る中、Dによる輸出は期待できず、早急に処理できる

業者も見つからず，行政の支援も無理となって，八方ふさがりの状態となり，あえて，これまで受け入れてこなかったWに処理を委託するほかはないと判断し，平成15年（2003年）8月27日の経営会議において，被告会社の名前を出さないと述べているWへの委託を決定したものであるが，この段階でもW代表者は被告会社からの正規の廃棄物処理業者を示すようにとの求めに応じることはなかった。以上のような経過だけをみても被告人らは，Wへの委託が，その後，いわゆる裏ルートに流れ，不法投棄に至るおそれが強いことを十分に認識しつつ，明渡期限を遵守するためには，そうなってもやむを得ないと判断したものと認められる」，と認定し，②共謀については，「共謀共同正犯が成立するには，二人以上の者が，特定の犯罪を行うため，共同意思の下に一体となって互いに他人の行為を利用し，各自の意思を実行に移すことを内容とする謀議をなし，よって犯罪を実行した事実が認められなければならない。そこでいう共謀共同正犯の要件としての謀議は，実行共同正犯におけるような意思の連絡では足りないが，当該犯罪についての客観的・具体的な謀議がある場合に限らず，その犯罪を共同して遂行することの合意があることで足りる。そして，共同遂行の合意があったというには，被告人の地位，立場，共犯者との関係，犯罪遂行過程における役割，犯行の動機等を総合的に勘案し，他人の行為を利用して自己の犯罪を行ったといえるような場合であることを要すると解される」，と判示した。本件では、①の事情に加え、被告会社が委託しなければ，本件犯行は起こりえず，その決定権は被告人らが握っていたこと，被告会社以外に費用を拠出した者はいないこと，業務委託契約の解除通知を受け取った際も本件ドラム缶の搬出作業を続行させたことを総合すると，被告人らは，自らは実行行為者とはならないものの、Wら関与者の行為を利用して自己の犯罪を行ったものというべきであるとして共謀を認定したのである。

最高裁も、被告人の上告を棄却する決定をしたが、その論理は、被告人らは，Wらが，ドラム缶を不法投棄することを確定的に認識していたわけではないものの、不法投棄に及ぶ可能性を強く認識しながら，それでもやむを

えないと考えて処理を委託したという前提から、「被告人5名は、その後W を介して共犯者により行われた同ドラム缶の不法投棄について、未必の故意 による共謀共同正犯の責任を負うというべきである」、というものであった。 すなわち、未必の故意による共謀共同正犯の成立をはじめて明示的に認めた のである。

　本件では、ドラム缶の処理については明示的な合意があるものの「不法投 棄」については明示的な合意形成は認められない。したがって、スワット事 件と同じく「黙示の共謀」で足りると認定された。スワット事件では、そも そも被告人によるスワットらへの黙示の働きかけが認定し難いのに対し、本 件では、ドラム缶の処理の委託という意思伝達行為が共犯者間に存在してい たのであり、単に不法投棄の意図が言語化されていなかったにすぎないとも 考えられるが、未必の故意と黙示の働きかけによる共謀共同正犯を成立させ ることには、疑問がある。また、最高裁が支持した原審の判断を見ると、被 告人らに利益が帰属していることを考慮しており、これは自己の犯罪として 行ったと評価できるか否かという主観説的な要素を検討しているものとみら れる一方で、決定権を握っていたことや1億4000万円を拠出したことについ て、犯罪遂行に際し重要な役割を演じたか否かという、実質的客観説的な要 素を検討しているものとみられる。しかし、後者の点について、被告人の実 行行為者に与えうる影響（実行行為者が犯行に及ぶ際の位置関係、実行行為者との身 分関係）をみると、スワット事件では、実行行為者との間に密接な関係およ び服従関係があったのに対し、本件では何ら実行行為者との間にそのような 関係がない。また、犯行からも時間的場所的に相当離れている。原審では、 被告人らが犯行について決定権を有していたとされているが、犯行のきっか けを作ったというだけであって、これだけでは、正犯性を認めるに足りない というべきである。謀議がない本件のような事案では、スワット事件同様、 被告人らに実行行為に匹敵しまたはこれに準じるような重要な役割を果たし たといえる事情があるか否かについて慎重な検討を要する。本件では、被告 人らに共謀共同正犯を認めるのは困難であり、幇助犯にとどまると考える。[32]

5 結　語──「因果的区別モデル」からの正犯と共犯の区別の試み

　以上、日本における正犯と共犯の区別に関する議論を分析してきた。総じて日本の判例は正犯の範囲を拡張する傾向にあるが、そこでは、非因果的要因から「重要な役割」が認定されているように思われる。しかし、それゆえに今こそ「因果的区別モデル」に基づいて限定の理論的努力をする必要がある。そこで、最後に、「因果的区別モデル」から「何が」「どのように」して「重大な寄与」として導かれるかを簡潔に示しておきたい。

　この点に関して嶋矢貴之准教授は、過失犯の共同正犯との関連で「重大な寄与」の有無という視点から言及され、「ある者の寄与がなければ、当該犯罪は成功せず、結果が発生しなかったと言える」か、および、「いわゆる実行行為と言えるような寄与を行ったが結果を直接惹起していない」場合に「重大な寄与」があったことを認めようとされる[33]。この発想は示唆深いものがあるが、それ自体、「因果的区別モデル」を展開しているのか、不明である。現に亀井教授は、嶋矢説を「役割分担モデル」に位置づけておられる[34]。しかし、「重大な寄与」があったか否かは、因果的にしか判断できないのではないか。その意味では、「重大な寄与」は、物理的因果力と心理的因果力の双方を含む「重要な因果的寄与」のことを意味すると解するべきである[35]。その際、各行為者の行為の危険性またはリスクが因果の流れの中でどの程度の強弱ないし太さを有しているかを十分に考慮すべきある。いずれが「川の本流」であるかを見定め、「川の本流」に支流が吸収されて合流してしまうのか、を検討すべきである。「川の本流」に支流が全面的に吸収されてしまえば、支流の本来の因果関係は切れ、せいぜい従犯になるにすぎないと思われる。「明確な本流」のみが正犯である。それぞれの川が同等の役割・大きさを備えて共に「本流」を形成すれば、共同正犯が認められることになる[36]。さらにその際、危険性（danger）とリスク（risk）を区別し、正犯は危険性レベルで把握し、狭義の共犯（教唆犯・幇助犯）はリスクレベルで把握すれば、「因果的区別モデル」からでも十分に明確化は担保されるであろう[37]。

注
1) 詳細については、高橋則夫『共犯体系と共犯理論』(1988年・成文堂)、島田聡一郎『正犯・共犯論の基礎理論』(東京大学出版会・2002年)、亀井源太郎『正犯と共犯を区別するということ』(弘文堂・2005年)、照沼亮介『体系的共犯論と刑事不法論』(弘文堂・2005年)、同「共犯の処罰根拠論と中立的行為による幇助」『神山敏雄先生古稀祝賀論文集第一巻 過失犯論・不作為犯論・共犯論』(成文堂・2006年) 569頁以下、豊田兼彦『共犯の処罰根拠と客観的帰属』(成文堂・2009年)、西田典之『共犯理論の展開』(成文堂・2010年) 等参照。
2) 甲斐克則=劉建利 [編訳] 『中華人民共和国刑法』(成文堂・2011年) 79-80頁。
3) 中国の共犯論の歴史および現在の理論状況を踏まえた日本刑法との比較研究として、謝佳君「中国古代刑法における共同犯罪」早稲田大学大学院法研論集140号 (2011年) 163頁以下、同「中国近代刑法における共同犯罪」早稲田大学大学院法研論集141号 (2012年) 197頁以下、同「中国刑法における共同犯罪——中華人民共和国成立から現行刑法典制定までの展開を中心に——」早稲田大学大学院法研論集143号 (2012年) 205頁以下、同「中国現行刑法における共同犯罪理論(1)(2・完)」早稲田大学大学院法研論集144号 (2012年) 125頁以下、145号 (2013年) 75頁以下がある。また、これらを含めてまとめた謝佳君氏 (現在、西南政法大学専任講師) の博士学位請求論文 (早稲田大学)『共同正犯と従犯の区別に関する研究——日中比較法的考察——』(2013年) は、筆者が主査を務めたが、本稿執筆に際して貴重な示唆を与えてくれた。この学位論文は、近々、日本で刊行予定である。なお、「二十一世紀第二回 (通算第八回) 日中刑事法学術討論会報告書」である西原春夫編『共犯理論と組織犯罪』(成文堂・2003年) は、日本刑法と中国刑法における共犯論の比較研究の先駆的研究書である。
4) 役割論を前面に据えて議論を展開するのは、亀井・前出注(1)である。なお、行為支配説からのアプローチとして、橋本正博「『共謀共同正犯』概念再考——行為支配説に基づく制約論——」前出注(1)『神山古稀祝賀第一巻』389頁以下、同『「行為支配論」と正犯理論』(有斐閣・2000年) 参照。
5) 日本刑法学会での報告題目は、それぞれ照沼亮介教授が「共同正犯の理論的基礎と成立要件」、橋爪隆教授が「共謀の限界について——共謀の射程・共謀関係の解消——」であった。
6) 中山研一『刑法総論』(成文堂・1982年) 444頁注(6)、467頁、浅田和茂『刑法総論 [補正版]』(成文堂・2007年) 405頁等。
7) 西田典之『刑法総論 (第二版)』(弘文堂・2010年) 346頁。
8) 亀井・前出注(1)94頁以下、114頁以下参照。
9) 森川恭剛「因果的共犯論の課題」九大法学68号 (1994年) 3頁、7頁、9頁。
10) 共犯の処罰根拠論の詳細については、大越義久『共犯の処罰根拠』(青林書院新社・1981年) をはじめ、高橋・前出注(1) 93頁以下、照沼・前出注(1)157頁以下、西田・前出注(1) 1頁以下等参照。この問題についての古典ともいうべきドイツの文献として、Klaus Lüderssen, Zum Strafgrund der Teilnahme, 1967 がある。
11) 亀井・前出注(1)97頁。

12) 亀井・前出注（1）101頁。
13) 亀井・前出注（1）101頁。
14) 亀井・前出注（1）104‐107頁。
15) 亀井・前出注（1）107‐108頁。
16) 福永俊輔「旧刑法における共犯規定と－共謀共同－正犯の意義」西南学院大学法学論集46巻1号（2013年）80頁。
17) 福永・前出注(16)80頁。
18) 福永・前出注(16)80‐81頁。
19) 福永・前出注(16)81頁。
20) 福永・前出注(16)81‐82頁。
21) 福永・前出注(16)82頁。
22) 亀井・前出注（1）110‐112頁。
23) 中森喜彦「実行行為を行う従犯」判タ560号（1985年）70頁。
24) 甲斐克則「共同正犯と幇助犯（3）」西田典之＝山口厚＝佐伯仁志編『刑法判例百選Ⅰ総論［第6版］』（有斐閣・2008年）161頁。
25) 亀井・前出注（1）128頁。
26) 西田・前出注（7）354頁。
27) 亀井・前出注（1）101頁。
28) 十河太朗「判批」現代刑事法6巻12号（2004年）85頁。
29) 島田聡一郎「判批」ジュリスト1288号（2005年）155頁。なお、同「共謀共同正犯論の現状と課題」川端博ほか編『理論刑法学の探究③』（成文堂・2010年）51頁および57‐59頁、町野朔「判批」西田ほか編・前出注(24)『刑法判例百選Ⅰ総論［第6版］』154‐155頁参照。
30) 松原芳博「判批」刑事法ジャーナル14号（2009年）117頁。
31) 西原春夫「憂慮すべき最近の共謀共同正犯実務――最高裁平成17年11月29日第一小法廷判決を中心に――」刑事法ジャーナル3号（2006年）62‐63頁。なお、本件を含む近年の共謀共同正犯論の動向全体については、松原芳博「共謀共同正犯論の現在」法曹時報63巻7号（2011年）1487頁以下参照。古い判例の分析については、下村康正『共謀共同正犯と共犯理論』（学陽書房・1975年）の随所参照。
32) なお、松原・前出注(30)112頁以下、特に117頁以下参照。
33) 嶋矢貴之「過失犯の共同正犯論――共同正犯論序説（2・完）」法学協会雑誌121巻10号（2004年）200頁、202頁。
34) 亀井・前出注（1）104頁。
35) この点について、山口厚教授は、「構成要件該当事実への重要な因果的寄与による、その実質的共同惹起の存在を基準とすることが妥当」だと説かれるが（山口厚『刑法総論［第2版］』（有斐閣・2007年）323‐324頁）、おそらく私見と同一方向にあるのではないかと思われる。なお、「重要な役割」についての興味深い分析として、島田・前出注(29)「共謀共同正犯論の現状と課題」60頁以下参照。
36) この点については、甲斐克則「過失の競合」刑法雑誌52巻2号（2013年）152頁参照

されたい。
37）　この点については、甲斐克則「刑法におけるリスクと危険性の区別」新潟大学法政理論45巻4号（2013年）86頁以下参照。

【付記】今回（第4回）の日中刑事法シンポジウムに参加予定であった島田聡一郎教授が本年（2013年）4月12日に、そして西田典之教授が6月14日にそれぞれ逝去された。共に共犯の専門家であったことから本シンポジウムに参加されることを楽しみにしていただけに残念でならない。本稿を謹んで両教授の御霊に捧げたいと思う。

2 中国特有の犯罪関与体系について

中国人民大学教授
劉　明　祥[1]
（劉建利訳・甲斐克則補正）

概要　中国刑法が採用した犯罪関与体系は、主犯と共犯を区別せず、単一制、すなわち単独犯人（または単独正犯）体系である。別の単一制刑法とは違い、中国の刑法は、犯罪に関与したすべての者を主犯と従犯の二種類に分け、それぞれ重さの異なる処罰を与える。これは、共同犯罪と単独犯罪が処罰上で異なるという特徴を際立たせ、打撃の重点と処罰の公平性、合理性を十分に表すことができ、そして、区分制が関与行為の形式（すなわち、正犯、教唆犯、幇助犯）によって処罰の軽重を確定するという欠点を補える。区分制と比べると、単一制は、正犯と共犯を区別しにくい問題がないだけではなくて、犯罪の確定がさらに科学的であり、処罰がさらに合理的であり、操作がさらに簡単であるという優位性もある。単一制の主な欠陥は、主犯と従犯の規定が明確でないことである。具体的な共同犯罪事件を処理するとき、客観的な判断基準がないため、司法人員の判断に委ねられ、随意的な主観判断が避けられなく、判断ミスや法律執行の不公平な現象が起こりかねない。だが、その欠陥は、立法改善、合理的な司法を通じて補える。
キーワード：中国特有　犯罪関与　共同犯罪　体系　主犯　従犯

　刑法中の犯罪行為関与論は、今日まで、明らかに２種類の異なる体系を形成してきた。一つは、犯罪に関与した者を関与役割の形態により、正犯と共犯（教唆犯、従犯）の関与形式に区別する区分制（二元的関与体系）であり、もう一つは、関与形式を区別しない単一制（一元的関与体系）である[2]。そこで、わが国の刑法がいかなる犯罪関与体系を採用しており、その特色または長所、短所が一体どこにあるかということは、刑法理論上必ず明らかにしなければならない問題になる。本論文は、その点について検討しようとするものである。

一　わが国の犯罪関与体系は単一制に属する

　犯罪関与とは、二人以上の者が同一の犯罪に関与する形態である。「犯罪関与は刑法上の概念ではなく、事実概念である」[3]。広い意味で言えば、犯罪関与は、共同故意犯罪、共同過失犯罪、間接正犯、すべての二人以上の者が一方では故意、他方では過失犯罪などの犯罪に関与したことを含む。狭い意味で言えば、犯罪関与は共同犯罪だけを指す[4]。

　犯罪関与者に対して、どの程度まで関与したら犯罪だと判断し、どのように処罰するかは刑事政策と犯罪関与論の重要な課題である。刑事立法では、区分制を採る国があり、すなわち、同じ犯罪に関与したすべての犯人は関与形態によって正犯と共犯に分けられ、正犯が犯罪の核心人物とされ、共犯が犯罪の従属犯とされる。そのため、正犯に与えられる処罰が原則共犯より重い。そのような共犯関与体系の特徴は、法律条文の中で、成立した犯罪が概念上「正犯」と「共犯」（つまり教唆犯と幇助犯）に区分されるだけではなく、刑罰の評価上も両者で区別される。正犯の刑罰がすべての共犯関与者の刑の基準になり、共犯は正犯の刑に照らして処罰され、または減軽して処罰される。しかも原則的には、正犯の処罰が共犯より重いものとなる。例えば、日本刑法第61条は「人を教唆して犯罪を実行させた者には、正犯の刑を科する。」、第62条は「正犯を幇助した者は、従犯とする。」、第63条は「従犯の刑は、正犯の刑を減軽する。」と規定する。このような体系において、正犯は通常構成要件該当行為（即実行行為）を実施した者、共犯（教唆犯と幇助犯）は構成要件以外の行為、つまり拡張された構成要件該当行為を実施した者だとされる[5]。

　単一制を採用している国もある。同一の犯罪を共同して実行したすべての犯人は、単独犯罪であれ、他人と共同して実施した犯罪であれ、他人を幇助した犯罪であれ、同等の関与者と見なされ、「正犯」または「犯罪人」と称される[6]。いかなる関与形式に属するかを問わず、関与形式により処罰する原則を決めるわけではない[7]。例えば、オーストリア刑法第12条では「直接正犯者のみならず、可罰的行為を実行するよう他人を規定し又はその他可罰的行

為に加工した各人も、可罰的行為を成した者である」、第13条では「数人が所為に関与したときは、そのうちの各人は、その者の責任に従って罰するものとする」と規定する。注意すべきなのは、この単独正犯（犯罪人）体系における「正犯」は、区分制における「正犯」とは違い、広い意味であり、犯罪に関与したすべての共同犯罪人を含む、つまり正犯と共犯を区別する体系における狭義の「正犯」のみならず、この体系における「共犯」（すなわち教唆犯、幇助犯）も含むことである[8]。したがって、単一制（単独正犯体系）の「正犯」を区分制における正犯と共犯の上位概念、すなわち「犯罪人」と定義するのは適切と思われる。

それでは、わが国の刑法は、いかなる犯罪関与体系を採用しているか。現在、多数の学者は、中国が正犯と共犯を区別する二元的関与体系（区分制）を採用したと考えているが[9]、一元的関与体系あるいは単独正犯体系を採用したと考える学者（中国台湾の有名な刑法学家林山田を含む[10]）もいる[11]。筆者の考えでは、中国が採用したのは、決して正犯と共犯を区別する二元的関与体系ではない。前述のように、区分制の最大な特徴は、数人が犯罪に関与した場合、正犯が処罰の核心的位置に、共犯（教唆犯、幇助犯）が従属的位置にあるということである。一般的には、正犯が犯罪を実行したからこそ、共犯（教唆犯、幇助犯）は犯罪になると認定される。「正犯に対する処罰は教唆犯より重く、教唆犯に対する処罰は幇助犯より重い。」[12]そのため、関与形態から正犯と共犯を区分することが、犯罪の認定に対しても、処罰の重さに対しても重要な意味がある。しかし、わが国では、たとえ正犯が犯罪を実行しなかったとしても、共犯が犯罪になる可能性がある。教唆犯についていえば、中国刑法第29条第2項は、「被教唆者が教唆された罪を犯さなかったとき」にも、教唆犯は処罰されるべきだと規定する。それは、共犯（教唆犯、幇助犯）の罪の確定が正犯に従属しないという特性を表している。共同犯罪に関与した者の処罰に関して、中国刑法では、共同犯罪人を共同犯罪における役割によって重さの異なる刑罰に処し、決して関与形式によって処罰するものではない。教唆犯の例を挙げると、中国刑法第29条第1項は、「人を教唆して罪を犯させ

た者は、共同犯罪において果たした役割に応じて処罰しなければならない」。しかも、司法の実務では、教唆犯は主犯として処罰され、教唆された実行犯（正犯）は従犯として処罰されることがよくある。つまり、教唆犯が核心的位置にあり重い刑に処され、教唆された実行犯が従属的位置にあり軽い刑を処罰されることがよくある。だが、ドイツ、日本などの区分制を採用した国家の通説——共犯従属説——によれば、共犯としての教唆犯が正犯より重要な位置にあり、正犯（実行犯）より重い刑罰に処されることはありえない。中国刑法の規定によれば、共同犯罪に関与した者の関与形式が正犯であれ、共犯であれ、各人の罪名にも、処罰にも決定的な働きがない。したがって、中国刑法が採用した犯罪関与（共同犯罪）体系が決して区分制ではないことは明らかである。

　そのほか、もし正犯と共犯にそれぞれ対応する区分制を採用したとすれば、正犯（実行犯）と特に幇助犯の定罪と処罰について明確な規定がないはずがない。なぜかというと、正犯が定罪と処罰の核心的位置にあるので、刑法が明文で規定しないわけがないからである。そのうえ、共同犯罪の事件においては、最も区別すべきなのが幇助犯である。ドイツ、日本などの区分制を採用した国からみれば、教唆犯に対する処罰が正犯と同じ、幇助犯に対する刑罰が正犯に照らして減軽される。したがって、区分制を採用した刑法では、ほとんど正犯と教唆犯、特に幇助犯に対して定罪と処罰の明文規定を置いてある。しかし、中国刑法における共同犯罪に関する規定では、「正犯」、「幇助犯」の概念が現れていない、または区分制の「正犯」と同じ、もしくは似ている概念もない。中国刑法第27条は、「共同犯罪において副次的または補助的な役割を果たした者は従犯である」と規定している。だが、ここでの「補助的な役割」を果たした者こそが幇助犯であり、中国刑法においては幇助犯に関する規定がないとはいえない、と主張する学者がいる。しかし、筆者からみれば、幇助犯の幇助行為が「補助的役割」を果たしたことを除き、実行犯（正犯）と教唆犯が共同犯罪において補助作用を担う場合も排除できない。それゆえ、両者が同じであるとは言い切れない。さらに、共同犯

罪おいて、幇助行為を実施したごく一部の幇助犯は補助的な役割ではなく、中心的な役割を果たし、主犯とされ、処罰を減軽する待遇が受けられない場合がある。例えば、共同犯罪における犯罪を組織、画策した組織者は、その行為が実行行為でもないし、教唆行為でもなく、関与形式から言えば、幇助犯の類型にまとめられ、幇助犯と認定されるべきである。だが、これは明らかに共同犯罪おける「補助的役割」を果たしたのではなく、中国ではこのような幇助犯を従犯として処罰を減軽するわけがない。

　中国刑法の犯罪関与体系は、単一制、すなわち単独正犯（犯罪人）体系を採用したというべきである。一般の認識によれば、単独正犯（犯罪人）体系では以下のような特徴がある。(1)犯罪の成立に条件を創造した者は正犯（犯罪人）である。(2)関与行為の形態上の区別を重視しない。(3)犯罪の成立につき、各正犯（犯罪人）の行為に従ってそれぞれ検討する。(4)各正犯（犯罪人）に対して同一の法定刑を適用する。(5)各正犯（犯罪人）の関与度と性質に応じて刑罰を決める[13]。筆者の考えでは、中国刑法の共同犯罪に関する規定は完全にこの五つの特徴に合致している。

　1、中国刑法第25条は、「共同犯罪とは、二人以上共同して故意による犯罪を犯すことをいう」と規定する。すなわち、二人以上の者が共同の故意に基づいて、刑法の保護する利益を侵害する行為を実施したら、共同犯罪を構成し、共同犯罪人となる。つまり、犯罪に関与した、あるいは条件を創造したすべての者は、共同犯罪人であり、全員共同犯罪人の概念に属する。また、犯罪に関与したすべての者が犯罪を構成する条件、すなわち共同犯人になる条件はまったく同じである。それは、区分制との重要な違いである。区分制における共犯（教唆犯、幇助犯）の成立条件と正犯（実行犯）の成立条件は、異なるのである。

　2、中国では、行為者が実行したのが法益を侵害する実行行為であれ、教唆行為あるいは幇助行為であれ、その行為が法益侵害の結果に因果関係があれば、またはその行為が法益侵害に条件を創造するのであれば、他人と共同犯罪を構成する可能性があり、共同犯罪人となる。関与形式が実行行為（正

犯行為)であれ、教唆行為であれ幇助行為であれ、犯罪を構成するかどうか、または犯人になるかどうかに対して重要な意味はなく、区別する必要もない。だが、区分制を採用した国では、正犯と共犯に対して罪を確定する条件が違うため、罪を確定する段階では、必ず正犯と共犯を厳格に区分しなければならない。

3、中国では、同一の犯罪を実行した関与者に対して、その行為が犯罪を構成するかどうかを判断するためには、主観面で他人との共同犯罪の故意があるのか、客観面でその行為が他人の行為と関連性があるのか、また、その行為が法益侵害の結果に影響を与えたか、さらに、その影響の大きさ、さらに、認識制御能力の大小、主観悪性の程度など個人的な罪責要素も考察し、総合的に評価、考慮しなければならない。他の関与者に犯罪を成立することを理由に特定の関与者の罪を確定するのではなく、さらに、その行為の形態を根拠にして罪を確定することもない。例えば、教唆行為または幇助行為（共犯行為）を実行した者が犯罪の成立を確定されたからといって、実行行為（正犯行為）を実施した者も必ず有罪とされるとは考えられない。しかし、区分制を採用した国では、共犯（教唆犯と幇助犯）が正犯に従属する特性があり、したがって、正犯が犯罪を実行しなければ、共犯も犯罪を構成するわけがないとされている。

4、中国では、各共同犯罪人に同じ法定刑を適用し、共犯（教唆犯と幇助犯）と正犯（実行犯）により異なる法定刑を適用する問題がないし、正犯の法定刑を処刑の基準にして、共犯の処罰を軽くしまたは減軽する規定がない。だが、もし区分制を採用したのだとすれば、一般的には正犯の法定刑を処刑の基準にして、共犯（例えば、教唆犯）がそれに照らして処罰される或いは刑を減軽される。

5、中国刑法の規定では、具体的な刑罰を決定するとき、各共同犯罪人の関与の程度、性質によって、共同犯罪における役割の大きさを確定し、それぞれ主犯、従犯あるいは脅迫犯と認定し、軽重の異なる刑罰を下し、区別対応の刑事政策の思想を十分に表わす。これに対し、もし区分制を採用したの

であれば、区別対応の刑事政策は、正犯に重罰、共犯に軽罰を与えることになろう。

また、中国刑法立法の沿革からみれば、「歴代封建法律は一貫して共同犯罪を主犯、従犯に分ける。唐代の法律は、『各共同犯罪者の中で、造意者を主犯にして、随従者の罪を一段階減軽する』と規定する。明の時代も、清の時代も同じような規定があった。造意者を主犯にし、犯罪を実行した他の者を従犯にすることは、中国封建統治階層の『誅心』（犯意殺し――訳者）思想の現れである」[14]。正犯と共犯を区別する区分制に属しないことは明らかである。民国時代の刑法は、ドイツ、日本の区分制を参考して、共同犯罪人を正犯、教唆犯と従犯に分けたが、新中国が成立した後、そのような立法形式は変更された。50年代の初めに発布した『反革命を処罰する条例』は、「多衆集合反乱」罪と「多衆集合監獄破り、暴動脱獄」罪の刑事責任を規定するとき、犯罪の「組織者」、「主謀者」、「指揮者」、「罪悪重大な者」、「積極的な参加者」などを区別し、犯罪人が共同犯罪おいて果たした役割の大きさによって、軽重の違う処罰を設けていた。刑法を起草する際、共同犯罪人の分類問題について多様の提案が提出された。例えば、1962－1963年第22原稿の修正を討論するとき、五種類の提案が出され、犯罪人を共同犯罪における分業によって分類する提案（区分制）もあったが、繰り返して比較研究を経て、1979年刑法の原本としての第33原稿では、役割により分類する（すなわち、単一制）法案を採用した。すなわち、共同犯罪人を共同犯罪における役割の大きさによって、主犯、従犯に分ける。ただし、「教唆犯の定罪については確かに特殊性があることを考慮し、単独に1条文を作る……形式上主犯と従犯に分かれるが、実際には依然として共同犯罪上の役割によって処罰する」[15]。1997年に修正された現行刑法では、共同犯罪人の分類を修正しなかった。以上のことから、中国の現行刑法は、共同犯罪人の分類につき、民国の時期に採用した正犯と共犯を区別する区分制を採用するのではなく、中国古代の共同犯罪人を主・従に分ける法律伝統を継承し、共同犯罪人を共同犯罪で果たした役割により主犯と従犯の2種類に分け、軽重の異なる処罰を規定するも

のであり、明らかに単一制に属する。

　そのほか、もう一つ言及すべきなのは、犯罪関与問題に対して、イタリアの現行刑法が単一制を採用する典型的な立法例であることである[16]。中国刑法の共同犯罪に関する規定はイタリア刑法の規定とよく似ている。両国の刑法とも「共同犯罪」という概念を刑法の一節の見出しとして、それに関係する条文を纏める。それに、中国刑法第25条の「共同犯罪の定義に関する規定は『イタリア刑法典』第110条の規定と非常に似ている」[17]。規定されている具体的な内容から見れば、イタリア刑法は「共同犯罪」という節では、第111条、第116条、第117条、第118条、第119条など中国の刑法に規定されていない内容を除き、ほかの条文が規定している内容は中国刑法とよく似ている。中国の立法精神と完全に一致しているさえ言える。例えば、イタリア刑法第112条は、「共同犯罪を提唱する若しくは組織する者、又は共同犯罪で主導者の役割を果たした者」、「18歳未満の未成年を教唆して……犯罪を実行させた者」は、「判決すべき刑罰を重くする」と規定している。これは、中国刑法第26条、すなわち、「犯罪集団を結成し、若しくは指導して犯罪活動を行った者、又は共同犯罪において主要な役割を果たした者は」主犯とし重罰するという規定、第29条第1項、すなわち、「18歳未満の者を教唆して罪を犯させた者は、その刑を重くしなければならない。」という規定の立法精神に一致している。また、イタリア刑法第144条、すなわち、「共同犯罪に関与した者が犯罪の準備又は実行段階でただ軽微な役割を果たしたにとどまる場合は、刑を減軽する。」という規定は、中国刑法第27条、すなわち、「共同犯罪において副次的又は補助的な役割を果たした者」が従犯であり、「刑罰を軽くし、減軽し又は免除する」という規定とほぼ同じである。さらに、イタリア刑法第115条によれば、「他人を教唆して犯罪を実行させる場合、もし教唆が受け入れられ、犯罪が実行されなかったときは、同じ規定が適用される。(すなわち、保安処分に処する——筆者による補足)」。「教唆が受けられなく、且つ教唆されたのが重罪であるとき、教唆人を保安処分に処することができる」。これは、中国刑法第29条第2項、すなわち、「教唆された者が教唆された罪

を犯さなかったとき」、依然教唆犯として処罰され、処罰を軽くする又は減軽することができるという規定と、立法精神において共通している。また、イタリア刑法第113条の規定では、「過失犯罪において、危害の結果が数人の行為により起こされた場合、すべての者を当該犯罪の規定される刑罰に処する」。これは、中国刑法第25条第2項、すなわち、「二人以上共同して過失による犯罪を犯したときは、共同犯罪として刑罰しない。刑事責任を負うべき者は、それらが犯した罪に応じてそれぞれ処罰する。」という規定によく似ている。そのほか、イタリア刑法が単一正犯（犯罪人）体系を採用しているが、「共同犯罪」という節では「正犯」という言葉が出てこず、それに対して「共同犯罪」「共同犯罪人」の概念が多く用いられている。これも中国の刑法と全く同じである。一般の認識では、イタリア刑法中の「共同犯罪人」は単一正犯体系における「正犯者」と同義である[18]。

　ある学者の考えでは、「中国『刑法』第25条における共同犯罪に関する規定は単一制に法的文脈を提供したが、中国『刑法』では、共同犯罪人に関する分類において、主犯、従犯、脅迫犯の役割による分類法以外に、教唆犯に対する規定もわざわざ作った。中国刑法第29条の規定では、教唆犯は人を教唆して罪を犯させた者である。この規定は正犯と共犯を区別する法律上の根拠を提供した。つまり、刑法各則が規定している具体的な犯罪行為は正犯行為であり、論理上教唆犯などの共犯行為を含めていない。そのため、中国の刑法が単一制を採用した可能性があるとは思えない[19]」。だが、筆者からみれば、中国刑法で教唆犯についてわざわざ規定を作ったことから、中国が単一制ではなく、正犯と共犯を区別する区分制を採用したと判断するのは誤解かもしれない。前述のように、イタリア刑法は単一制を採用したが、その刑法の第115条には、「他人を教唆して罪を犯させる場合」、もし「犯罪が実行されなかったら」、「教唆犯」に対してどう処罰するか、という規定がある。オーストリア刑法も単一制を採用しており、その第33条において、「他人を教唆して可罰的行為を実行させた場合」を、「特別な重罰を構成する事由」の一つとする明文の規定を作った。こう考えると、刑法が教唆犯およびその処

罰原則についてわざわざ規定を作ることは、単一制ではなく区分制を採用したことの法律上の根拠にならない。「刑法各則が規定している具体的な犯罪行為は正犯行為で、論理上教唆犯など共犯の行為を含めていない」ということについては、これもまた区分制の観念に基づいて中国刑法各則が規定した犯罪行為を解釈するものであり、中国立法の実情に一致していないように思われる。確かに、日本などの正犯と共犯を区別する区分制を採用した国家では、刑法各則が規定している具体的な犯罪行為が正犯行為（または実行行為）だけに限られ、予備行為、教唆行為、幇助行為を含まないと主張する学者も少なくない。これは日本などの国の刑法では、原則的には予備行為を処罰せず、未遂行為に対しても法律に明文規定がある場合のみ処罰しており、それゆえ、刑法各則が規定する基本犯罪は既遂をモデルにし、構成要件に該当する行為は正犯行為（または実行行為）だと考えられるからである。例えば、日本刑法第199条では、「人を殺した者は、死刑又は無期若しくは五年以上の懲役に処する。」。第201条では、「第199条の罪を犯す目的で、その予備をした者は、二年以下の懲役に処する。ただし、情状により、その刑を免除することができる。」。第203条では、「第199条及び前条の罪の未遂は、罰する。」。これらの規定からみれば、基本罪としての殺人罪における「殺人」は、殺人予備と殺人未遂を含まない。それゆえ、ここで規定された殺人罪の構成要件行為は実行行為（または正犯行為）、且つ既遂行為（未遂行為を含まない）のみに限られる。しかし、中国刑法は原則的にすべての故意犯罪の予備行為、未遂行為を処罰する。刑法各則の条文で規定している具体的な故意犯罪およびその法定刑は、予備犯にも、未遂犯、実行犯、教唆犯、幇助犯にも適用される。中国刑法各則第232条を例にすると、その規定では、「故意に人を殺した者は、死刑、無期懲役又は十年以上の有期懲役に処する。」。この規定は日本刑法第199条ときわめて似ているが、中国の刑法には日本刑法第201条（殺人予備罪）と第203条（殺人未遂罪）のような規定がないので、中国刑法と日本刑法における同じ「殺人」の概念を同一に理解してはならない。中国刑法における「殺人」は殺人予備、殺人実行、殺人教唆、殺人幇助など多様の行為を

含み、「殺人実行」という一つの状態を指しているのではなく、さらに、殺人既遂（殺人未遂を含まない）だけに限られると理解すべきではない。再び単一制を採用したオーストリアの例を挙げると、その刑法第75条では、「人を殺害した者は、10年以上20年以下の自由刑又は終身自由刑に処する」。この規定は中国刑法第232条とよく似ている。その中の「人を殺害する」がただ殺人の実行行為を指すのではなく、殺人予備、殺人教唆、殺人幇助などの多様の行為も含んでいることが明らかである。そうでなければ、オーストリア刑法が単一制を採用したことと衝突する。

　ついでに、最近ある学者が以下のように指摘する。中国刑法における共犯体系は解釈論上区分制に帰し、そして、関与者の類型と関与程度という二重操作を実行する「二重区分制」である。第一は、分業分類法によって、構成要件の面から共犯人を正犯、組織犯、教唆犯、幇助犯に分け、共犯人分業の定性および相互関係の問題を解決するためのものである。第二は、役割分類法によって、さらに共犯人を主犯と従犯に分け、共同犯罪人の量刑の問題を解決するためのものである。[20] 筆者からみれば、中国刑法には、共同犯罪人を主犯と従犯に分け、軽重の異なる処罰を与え、区別して対応するという明文規定があるので、多くの学者が中国刑法が区分制を採用しているという誤解に陥った。だが、中国のこの「区分制」は、ここで論議する犯罪関与体系としての区分制とは違い、意味が完全に異なるから、厳格に区別すべきである。前述のように、犯罪関与体系としての区分制は、正犯と従犯を区別するためのものであり、つまり、犯罪関与形式から共同犯罪人が正犯と共犯（教唆犯と幇助犯）に分かれ、正犯が犯罪の核心役で、従犯が犯罪の従属者で、共犯の定罪が正犯に従属する特性を有し、共犯は原則的に正犯より刑罰が軽い。ある意味では、数人が犯罪に関与した場合、異なる関与者を区別することは区分制の旨である。処罰の軽重が区別の肝心な所で、正犯に重罰を与え、共犯に軽罰を与えるのは正犯と従犯を区別する目的またはその旨である。だが、中国の刑法における主犯は実行犯である可能性もあるし、教唆犯、さらに幇助犯である可能性もある。一方、従犯は幇助犯である可能性も

あるし、教唆犯、実行犯である可能性さえもある。したがって、中国刑法が共同犯罪人を処罰する際に採用した主従犯の区別は、ドイツ、日本などの刑法が採用した正犯と従犯の区分との間には本質的な相違がある。これは、中国刑法が犯罪関与で区分制を採用していないことを説明する。こう考えると、「二重区分制」説には2種類の性質の異なる区分を同列に扱う弊害がある。

二　中国の犯罪関与体系の優位性

中国が採用した単一制犯罪体系はドイツ、日本などの国の区分制と比べると、明らかな優位性を有する。

(一) 正犯と共犯が区別しにくい弊害を克服した

正犯と共犯を区分する関与体系を採用する場合、正犯と共犯を厳格に区別しなければならない。学説上、正犯と共犯を区別するため、多様の理論が提出され、最も影響力があるのは、以下の四種類であり、いずれも根本的、合理的に正犯と共犯を区別できていない。

1、客観説。この説は、行為の客観面から正犯と共犯を区別すべきだと主張する。客観説は、さらに形式的客観説と実質的客観説の二種類に分けられる。形式的客観説では、犯罪の構成要件該当行為を実施した者が正犯、構成要件以外の行為を実施した者が共犯だとする。形式的客観説は行為者の主観的な考えを完全に考慮しないので、他人を利用して犯罪を実行させる裏の操縦者を、せいぜい教唆犯と認定する。間接正犯も自ら構成要件該当行為を実施しないため、正犯にはなれず、せいぜい共犯と認定される。これでは、明らかに行為の違法性と非難性の程度が、適切に評価されえない。また、分業によって現場で自ら構成要件該当行為を実行していない者は幇助犯と認定するしかできない。これもまた、正犯と共犯の区別の困難を招く。この難問を解決するため、「実質的客観説」を提出した者がいる。しかし、それは正犯と共犯を区別する説ではなく、形式的客観説の解決できない問題を解くために提出されただけで、限界があり、依然として共同正犯と幇助犯をはっきり

区別できず、また、正犯、間接正犯と教唆犯に境界を付けることもできない。[21]

　2、主観説。この説は、行為者の主観面から正犯と共犯を区別すべきだと主張する。それもまた、故意説と利益説に分けられる。前者によれば、もし関与者が正犯の意図で行為を実施したら正犯と認定し、もし共犯の意図で行為を実施したら共犯と認定する。後者によれば、自分の利益のために犯罪行為を実施した者が正犯であり、他人の利益のため犯罪行為を実施した者が共犯に属する。だが、行為者の主観面は深く心に隠されているもので、判断しにくい。また、多くの事件の行為者がなぜ犯罪をするかというと、他人の利益のためでもあるし、自分の利益のためでもあり、言い換えると、直接的には他人の利益のためだが、間接的には自分の利益のためという場合、正犯と認定するか共犯に認定するかが難問になる。そのうえ、もし行為者が他人の利益のために犯罪を行ったら、自ら構成要件該当行為を実施したとしても、共犯と認定するしかできない。それは、正犯と共犯の区分に客観的な基準を失わせ、構成要件設定の根本的な目的に違反する。

　3、総合説。客観説と主観説は正犯と共犯の区別における立脚点を異にし、それにそれぞれ偏りがあるので、合理的で有効な区分基準を提供できない。ドイツ刑事裁判史上非常に有名な「バスタブ事件」[22]を例に挙げると、もし客観説をとれば、姉を幇助して赤ちゃんを殺した妹は正犯であり、妹を教唆して赤ちゃんを殺した裏の操縦者としての姉はただ共犯（教唆犯）にすぎず、従属的位置にあり、軽い刑罰に処されることになるが、それは理不尽である。もし主観説をとれば、姉は主犯であり、妹は従犯（幇助犯）である。しかし、自ら構成要件該当行為を実行した者がただ主観的に他人の利益のためにやったという理由から、幇助犯と認定することは明らかに構成要件の規定を捨てるものである。主観説と客観説が判断した結果の相違を調和させるため、学説上二者を整合して折衷するいわゆる「総合説」が現れた。これはまた、客観主義を主として、主観説を補佐にする総合説と、主観説を核心にして、客観説を補佐にする総合説の２種類に分かれた。総合説には主観説或

いは客観説だけで認定する偏差を避ける優位があるが、色々な面で問題が存在する。まず、判断の認定基準がなく、いつ主観説、いつ客観説を基準にするかは明確ではなく、絶えず主観と客観の間をためらうので、判断基準を選択する際に恣意性が避けられない。次に、方法論にも欠陥がある。周知のように、物事の間に交換性があるものこそ、調和する、あるいは折衷することができる。だが、主観説と客観説は互いに相容れないので、総合するまたは折衷することができない。

　4、支配説。正犯は犯罪事実の核心役で、つまり犯罪事実の発生および過程と結果に支配関係を有する者であり、共犯は犯罪事実の端役である。ドイツ学者 Roxin は、この説の発展に大きく貢献した。彼は、犯罪事実支配を行為支配、意思支配、機能的行為支配の３種類に分ける。行為支配とは主に構成要件を実現する者をいう。数人が共同して犯罪に関与した場合、行為支配の役割を果たす者は、もちろん正犯である。意思支配とは関与者の間に縦の前後関係があるとき、裏の関与者につき意味支配があるとし、間接正犯とする。機能的行為支配とは、数人の関与者の間に対等の横の関与関係があるとき、機能的行為支配があれば、すべての関与者が共同正犯であるとする。機能的行為支配を基礎にして、共同犯罪の成立には四つの条件を満たさなければならない。すなわち、各正犯の間に、行為形成の共同性、行為を引き受ける共同性、地位の対等性、帰責関係の対等性があることである。「犯罪事実支配説は……実は正犯理論中の客観実質説である」[23]。「犯罪事実支配説は正犯と共犯に境界を付ける面で、他の説より優位性を有するが、その発展が今なお限界があり、義務犯（Pflichtsdelikte）と特別犯（Sonderdelikte）の関与問題、特に構成要件の成立関係に関連する正犯と共犯の区別に対して、完備の解決方法を提供していない。この点につき、Roxin も承認しなければならない」[24]。そのほか、「支配説は正犯と共犯を区別する説として認められるが、正犯の認定に重点を置くものであり、共犯に対する認定が未だ明らかにされていない」[25]。

　学説史から言うと、「正犯と共犯の区分問題では、ドイツ、日本の伝統的

な共犯理論は、構成要件を中心とする形式的客観説を厳守するが、近頃学説の主流の地位を占めるのは関与者の共同犯罪における支配力あるいは役割の大きさを重視する実質的客観説であり、区分基準が実質的客観化する動向にある。……伝統的な形式客観説を徹底的に貫くなら、構成要件該当行為の実行に関与しなかったが、共同犯罪で重要な役割を果たした者は共犯に認定され軽い刑罰に処される。それは、必ず刑罰の不均衡を引き起こす。刑事処罰の合理性を追求するため、正犯と共犯を判断するとき、ドイツ、日本学界および実務界は、次第に実行行為の伝統的な境界を突破し、実質的に解釈する——構成要件該当行為の実行に関与しなかったとしても、共同犯罪の違法事実に支配力があれば、あるいは重要な役割を果たせば、正犯と認定されうる。それに対して、構成要件該当行為の実行に関与したとしても、違法事実に支配力がなければ、あるいは犯罪の結果に対する役割が小さければ、共犯（主に幇助犯を指す）に認定されうる。こうして、正犯という形式上の分業基準によって分類され、確定された犯罪類型は、実際には実質上の役割分類基準で確定される『主犯』の範疇に入った」[26]。これは、一定程度、正犯と共犯を合理的に区別するのが大変難しいだけでなく、ますます法則から外れる発展の傾向にあるということである。すなわち、本来の理念で正犯と共犯を区別するのではなく、二者の境界をぼんやりさせ、ただいかに合理的に処罰するかを操作するので、区分制の基礎を動かした。しかし、これも止むを得ない選択である。なぜなら、刑法が正犯と共犯を区別する関与体系を採用したからには、具体的な事件を処理する際に、すべての関与者がそれぞれ正犯かそれとも共犯かを確定しなければならず、そうでなければ、罪を確定して処罰することができないからである。しかし、合理的に正確に正犯と共犯を区別する基準は発見できない。中国の正犯と共犯を区別しない関与体系を採用すれば、そのような問題はなくなる。そのうえ、数人が犯罪に関与した場合、すべての関与者に罪を認定できるかどうか、認定した後どう処罰するかという問題さえ解決できればよい。だが、正犯と共犯の区分は、関与者の定罪と処罰に決定的な意味を持たない。この点について、後述する部分で詳し

く展開する。

(二) 犯罪の確定がさらに科学的である

　周知のように、犯罪は、社会に危害を及ぼし、刑法に違反する行為であり、または、犯罪は、構成要件に該当し、違法且つ有責な行為である。どんな犯罪にも客観的に違法行為、すなわち法益を侵害する行為があり、主観的には有責性がある、すなわち故意または過失、さらに非難可能性がある。単独犯罪については、もちろん、特定の行為者の行為とその主観面の過ちを判定の対象とする。だが、数人が犯罪に関与した場合、判定の方式と定罪の基準は、単独犯罪と異にすべきか。これについて、単一制と区分制には大きな差異がある。前述のように、区分制を採用したほとんどの学者の考えでは、数人が犯罪に関与した場合、正犯は犯罪の核心人物で、共犯（教唆犯と幇助犯）は犯罪のヘりの人物、あるいは従属者であるので、共犯は正犯に従属する特性を有し、共犯の罪を確定する際に正犯の情況を考慮しなければならず、正犯が犯罪を実行しなければ、共犯に罪を確定し処罰すべきではない。共犯従属性理論の本質は、共犯行為（教唆、幇助行為）が直接に法益を侵害することはなく、正犯の行為に通じて間接的に法益を侵害するので、刑法各則では正犯行為（実行行為）だけを規定し、刑罰も原則的に正犯だけに及ぼし、教唆犯と幇助犯に対する処罰が刑法拡張に基づくものだというものである。[27]すなわち、国は、刑事政策の必要から考えて、刑法総則で教唆犯と幇助犯を処罰する特別の規定を作り、共犯の定罪と処罰の法律上の根拠とする。そのため、数人が共同犯罪に関与した場合、罪を確定するとき、正犯と共犯を厳格に区分しなければならず、特に共犯に対する定罪が単独犯罪と同じく対応するわけがない。しかし、それは、処罰の抜け穴を引き起こす。例えば、行為者が大金で相手を買収して、大規模の殺人テロ活動を行わせるようとしたが拒絶された場合、区分制を支える共犯従属性理論によれば、教唆された者が教唆された罪を犯さなかったので、教唆者に罪を確定し、処罰を与えることができない。このように処理すれば、間違いなくこの種の危険な犯罪を放任することになる。

しかし、私たちの採用する単独正犯理論によれば、数人が犯罪に関与した場合、すべての者に対して単独犯罪と同じように、犯罪を構成するかどうか、いかなる犯罪を構成するかを認定すべきである。重要なのは、行為者の行為が法益侵害の事実と結果に因果関係があるかどうかを判断することである。因果関係がなければ、その刑事責任を追及することはできない、つまり罪を言い渡すことはできない。因果関係があれば、さらに行為者に責任能力があるか、主観的に非難可能性があるかを考察する。もし答えが否定的であったら、同じく犯罪を構成すると認定することはできない。たとえその行為と危害結果の間に因果関係があり、主観的に故意があり、刑事責任能力があり、且つ他の関与者も有罪と認定されたとしても、その主観と客観の事実に対して総合的に評価し、情状が確かに軽微であれば、犯罪の成立を認定すべきではない。関与の形式、すなわち犯罪に関与するとき、実行行為を実施したのか、教唆行為を実施したのか、それとも幇助行為を実施したのかは、犯罪成立するか否かに決定的な影響力を及ぼさない。

　区分制の基礎としての共犯従属性理論は、正犯だけが直接犯人で、共犯（教唆犯と幇助犯）はただ正犯に従属する間接犯人であるため、二者を区別すべきとする。この観点は、もちろん一定の合理性を有するが、一つ重要な所を見逃すものであった。すなわち、すべての犯罪は人の主観意志が表に現れた行為が他人の利益を侵害した現象である。人の意志が実現するには、直接故意犯罪といえば、「いつまでも道具を利用してこそ、侵害が実現できる」あるいは犯罪の目的を達成できる。道具の利用には自分の体（あるいは手足）を利用する可能性もあるし、外在の動植物あるいは物を利用する可能性もあるし、他人を道具とする可能性もある。こう考えると、いかなる犯罪でも「永遠に間接犯罪」である。「人が不法構成要件を実現するため、技術上道具を利用することは当たり前であり、利用したのが完全に自分の肉体であるのか、一部分が他人の肉体、あるいは人体以外の物であるのか、その区別は刑法で犯罪を処罰する目的から言えば、まったく意味を持たない。そのため、いわゆる不法構成要件の該当性は、自分で不法構成要件を実現する行為に限

らないのであり、不法構成要件の実現を支配できれば、全部自分の肉体を利用する場合であろうと、一部分が他人の肉体、あるいは人体以外の物を利用する場合であろうと、すべて不法構成要件に該当するのである」[28]。そうだとすると、数人が犯罪に関与した場合、すべての関与者を単独犯罪と同じように、その客観行為、主観悪性、およびその行為の社会への危害程度（違法性程度）など各種の要素を総合して判断することがまさしく適切である。例えば、行為者が敵の子供を殺したい場合、自ら刀で子供を殺す可能性があるし、凶悪な犬を放ち、子供をかみ殺す可能性もある。また、責任能力のない者を唆して殺害させる可能性もあるし（間接正犯）、さらに責任能力のある者を教唆して殺害させる可能性もある（教唆犯）。以上の各状況は、行為の具体的な表現形式を異にするが、すべて行為者が外部の条件（あるいは犯罪の道具）を故意に利用して被害者の死亡を引き起こしたので、実際には同じく評価すべきであろう。言い換えると、行為者は自ら刀で被害者を殺したのか、凶悪な犬を放って被害者をかみ殺したのか、責任能力のない者あるいは責任能力のある者を教唆して被害者を殺害したのかは、定罪、すなわち犯罪成立の判定においては、まったく同じである。行為者が人を殺すために、責任能力のない者を教唆したが、相手に拒否され、目的を達しなかった場合、間接正犯になるので、殺人罪（殺人未遂または殺人予備に属する）を構成するのに、行為者が責任能力のある者を教唆したが、同じく相手に拒否され目的を達しなかった場合、共犯（教唆犯）になるので、共犯従属性理論によれば、正犯が殺人行為を実行しなかったので、教唆犯も殺人罪を構成しない、というように判定することはできない。さもなくば、行為者が同じ目的に基づき、同じ行為（他人を利用して人を殺す）を実施し、行為も同じような状態にあるのに、有罪と無罪との異なる結論が出てくることになる。

　その他、単独正犯理論によって罪を認定する場合、共同故意犯罪と共同過失犯罪の定罪原則を一致させるメリットがある。中国刑法第25条第2項では、「二人以上共同して過失による犯罪を犯したときは、共同犯罪として処断しない。刑事責任を負うべき者は、それらが犯した罪に応じてそれぞれ処

罰する。」。共同過失犯罪人の定罪に対して、中国の司法実務ではずっと単独犯罪と同じような定罪規則を採用してきた。すなわち、行為者の行為が危害の結果と因果関係があるかどうか、結果に与える影響、あるいは役割の大きさを考慮すると同時に、主観面では過失があるかを考察する。主観と客観の両側の条件が備われば、犯罪の成立が認定される。結果の発生に関わった他の者が犯罪を構成するかどうか、行為の表現形式がどうであるかは行為者の定罪に決定的な意味を持たない。このような定罪方式は合理的であるというのが中国の刑法学界の通説的観点である。それに、ドイツ、日本など正犯と共犯を区別する立法体系を採用した国は、中国の台湾地域も含め、共同過失犯に対して中国と同じような定罪方式を採っている。つまり単独犯罪と同じように罪を認定する。そこでは、同じく数人が犯罪に関与した場合において、数人が共同して過失犯罪を犯したときは、関与者個人の行為、犯罪の結果、ひいては主観面の悪性から犯罪を構成するかどうかを判定し、その行為が他人に従属するかどうかは考慮しなくてもよい。それに対して、どうして数人が共同して故意犯罪を行ったら、その行為の形式、つまり実行行為か、教唆行為か、それとも幇助行為かを考慮し、罪を言い渡すときに、共犯従属原則を採らなければならないか。これは、まさに区分制の一つの大きな欠陥だと言えよう。中国台湾の学者黄栄堅が述べたように、「故意犯罪の場合、通説ではもちろん『自ら』不法構成要件を実現したからこそ不法だと言える。そのため、もし甲が乙に殺人をさせたら、甲は殺人罪を構成しない。だが、通説が過失犯罪を処理する状況を見てみると、そのやり方が違ってくる。例えば、甲は運転免許もなく、技術も下手な乙に運転させ、その結果、乙は人をひき殺した。この実例では、甲は自ら車を運転して人をひき殺したのではないが、実務の見解は、間違いなく甲が過失による殺人罪を構成すべきだと判定するであろう。不思議なことに、過失で人を殺した場合には、行為者が自ら人を殺すことを要求しないのに、故意に殺人をした（故意に人を死なせる）場合には、行為者が『自ら』人を殺さなければならないと要求する根拠がどこにあるのか」[29]。

(三) 処罰が更に合理的である

　何人も犯罪を犯したら処罰を受けるべきことは、当然のことである。単独犯罪とは異なり、数人が犯罪に関与した場合、数人の行為によって法益侵害の結果または事実が惹起され、それぞれの行為が法益侵害の結果または事実に与える影響の大きさがかなり異なることに鑑みれば、処罰の軽重にも差があるべきである。これこそが、公平的、合理的であると言える。また、共同犯罪について、組織者または故意に犯罪を提唱した者は、犯罪の源であり、刑事政策の面から考えても、重要な役割を果たした者と認定され、重く処罰されるべきである。ある意味では、数人が関与した犯罪と単独犯罪の最大の違いは、罪の認定ではなく、処罰である。それぞれの関与者の行為が法益侵害の結果または侵害事実を惹起した際には、その役割はかなり違うので、引き受ける法律責任にももちろん差異があるべきであり、この差異は主に処罰の軽重に現れる。正犯と共犯を区別する区分制を採用しても、両者を区別しない単一制理論を採用しても、同じ事件のすべての関与者に軽重の異なる処罰を与える点では、意見が一致している。ただし、区分制は、犯罪行為の関与形式を根拠にして、犯人を正犯と共犯に分け、正犯に共犯よりも重い処罰を与え、それによって、その区別に対応した刑事政策思想と処罰の公平合理性が現れる。単独正犯体系では、量刑の際にすべての犯人の関与の程度と性質を考慮して、軽重の異なる処罰が与えられる。

　中国刑法が採用した犯罪関与体系は、原則的には単一制に属するが、他の国が採用した単一制と大きな異なる点がある。すなわち、すべての共同犯罪関与人を主犯と従犯に分け、それぞれ軽重の異なる処罰を与えるという点が[30]それである。それは、共同犯罪が単独犯罪と異なるという特徴を強調していることが明らかである、打撃の重点と処罰の公平性、合理性を十分に表現している。また、それは、関与行為の形式によって処罰の差異を確定するという区分制の欠陥を補っている。構成要件の実行行為を実現する正犯は、すべての共同犯罪案件において重要な役割を果たすものではなく、共犯（教唆犯と幇助犯）より重い刑罰を科す必要があるわけではない。教唆犯が主要な役

割を果たし、教唆された実行犯が副次的な役割を果たした事件は、司法実務においては珍しくないし、幇助犯と幇助された実行犯がほぼ同程度の役目を果たした事件も時折発生する。例えば、甲は金庫のパスワードを提供し、乙はそのパスワードで金庫を開け、多くの財物を窃取した後、二人で盗品を等分した。甲はパスワードを提供しなければ、乙は金庫を開け財物を窃取することはできないため、幇助犯（共犯）としての甲が果たした役割は、実行犯（正犯）としての乙のそれより小さいとは言いがたい。ドイツ、日本などが採用した正犯と共犯を区別する関与体系においては、甲が乙より軽く処罰されるのは、明らかに不合理である。だが、中国の刑法においては、甲と乙が犯罪で果たした役割が相当であることから、甲も乙と同じように主犯として、同じ処罰を与えるのは何の問題もない。

また、数人が共同の故意に基づいて、構成要件行為の実行に関与した場合、つまり共同正犯の場合、実行に関与した一人ひとりの役割がかなり異なり、脅迫されて犯罪に関与した被脅迫犯もいるかもしれない。ドイツ、日本など区分制を採用した国では、共同正犯に対する処罰が原則的に同一であり、処罰上の相違化がはかれず、個別に対応した刑事政策思想が実現できない。しかし、中国刑法では、いわゆる共同正犯の場合においても、その中のすべての関与者に対して、役割の大きさによって、それぞれ主犯又は従犯（被脅迫犯も含む）と認定し、軽重の異なる処罰を与える。これが区分制より更に合理的であることは明らかである。ドイツ、日本の刑法学界においても、その問題を意識して次の観点を提出した論者がいる。すなわち、構成要件行為を実施した実行犯が、共同犯罪における役割が小さければ、従犯と認定すべきであり、いわゆる「実行行為を行う従犯」がこれである。それに加えて、ドイツ、日本では、この主張を受け入れ、採用した判例も少なくない。それは、区分制の採用がもたらした処罰上の不合理性という瑕疵を補うためである。

さらに、関与者の行為形式だけから判断すれば、それは実行行為ではなく、幇助行為の可能性さえあるが、共同犯罪における役割が大きいのにもか

かわらず、共犯（あるいは従犯）として処罰されるのは、明らかに合理性に欠けている。この問題を解決するために区分制を採用したドイツ、日本などの国の判例・通説は、便宜的な解釈または方法を選択した。最も典型的な実例は、犯罪の一部を見張る者は共同正犯と認定され、同時にいわゆる共謀共同正犯と認められるというものである。窃盗の見張り行為だけを論じれば、明[32)]らかに窃盗の実行行為と解釈できず、幇助行為と見なすことしかできない。だが、見張り行為を行う者は、共同窃盗において果たした役割が、直接財物を窃取する者より小さいとは言いがたいため、その処罰も軽くすべきではない。これは、一部の見張行為者を共同正犯と認定する根本的な原因である。また、いわゆる共謀共同正犯は、共謀に関与したが直接に犯罪を実行しない場合、おそらくは犯罪組織者、すなわち裏の操縦者であり、共同犯罪で果たした役割は、犯罪を直接に実行した者より大きいかもしれないのにもかかわらず、その行為形式のみを考え、せいぜい教唆犯として認定され、場合によっては教唆犯としてさえ認定されないこともある。教唆犯と認定される条件としては、犯罪意図をもたない者をして故意に犯罪意図を引き起こすことであり、すでに犯罪意図を有し、偶然集まって共同して犯罪を計画する共謀者は、他者に精神的幇助を提供した幇助者と認定されるにすぎないからである。このような裏の画策者あるいは操縦者をただ共犯（あるいは従犯）としてのみ処罰するのは、明確に罪と罰の不均衡を招き、処罰の公平さを損なう。そのため、区分制を採用した国家、地域は、いわゆる共謀共同正犯、すなわち共謀関与者を共同正犯として認定し、より重い処罰を与えることを承認しなければならない。このように処理することも、致し方がないであろう。中[33)]国刑法では、一部の犯罪の見張りを行う者、犯罪を組織し指導する裏の操縦者を、共同犯罪における主な役割を根拠にして、主犯と認定するのは、合法的であるばかりでなく、情理にもかなっている。区分制を採用したドイツ、日本などは、処罰の合理性を求めるがために、関与者が共同犯罪における役割の大きさを重視しなければならず、それを根拠にして、事実上、正犯の概念を主犯化とした。つまり、主要な役割を果たした犯人を正犯と認定するこ

とで、分業の標準によって正犯に分類される犯罪の種類を、実際には役割の分類法で確定する「主犯」とした[34]。これと比べると、むしろ、中国刑法のように、すべての共同犯罪に関与した者を犯罪で果たした役割に応じて正犯と従犯に分け、軽重の異なる処罰を与えることを明確に規定したほうがよいかもしれない。

(四) 認定がさらに簡便である

　正犯と共犯を区別する区分制と比べると、中国が採用した単独正犯（犯罪人）体系は、認定がさらに簡便であるというメリットがある。前述のように、区分制は、定罪と量刑の段階で、犯人が正犯か、それとも共犯かを確定しなければならないが、この区分が非常に困難であり、理論上、英知を結集させ、煩わしい区分標準、区分方案を求めるだけではなく、実務においても具体的な事件を処理するときも、きわめて認定が行いにくいのである。しかし、中国の単独犯人体系を採用すれば、数人が犯罪に関与した場合、単独犯罪の定罪規則と同じであるため、関与者が客観的に法益を侵害する行為（組織行為、実行行為、教唆行為、幇助行為を含む）を実行したか、主観的に犯罪の故意があるか、二つの面から犯罪を構成するかどうか、が確認できる。量刑する際は、他人と共同犯罪を構成したかどうかを考慮し、もし共同犯罪を構成するとすれば、主犯か、それとも従犯かを確定し、これに相応する規則によって軽重の異なる処罰を与え、さもなければ、単独犯と同じように処罰する。それは、明らかに区分制より簡単明瞭であり、司法人員にとって利用しやすい。しかも、区分制が直面している、いくつかの議論のある複雑な問題は、われわれの単独犯人体系を採用すれば、単純化することができ、簡単に解決できる。

　周知のように、区分制を採用したとしたら、共同正犯と幇助犯の区別が困難になる場合がある。前述のような見張り行為を共同正犯として認定すべきか、それとも幇助犯として認定すべきか、ということのほかに、また、いわゆる「択一的事実貢献」をどう認定するか、ということも厄介な問題になる。「択一的事実貢献」とは、数人が共同犯罪に関与し、最初から一人の行為だ

けが構成要件結果を惹起することが決められている場合を指す。例えば、数人の殺し屋集団が共同の謀殺計画に基づき、それぞれ各道に潜伏して、被害人を待ち伏せ、最終的にはその中の一名の殺し屋が被害者を殺害した場合である。これに対して、区分制を採用したドイツでは、被害者を殺した殺し屋だけが正犯であり、他の待ち伏せていた者が全員共犯であるという論者もいるし、待ち伏せていた者もすべて正犯（共同正犯）であると主張する論者もいる。さらに、状況によって異なる処理をすべきだとする論者もいる。すなわち、待ち伏せていた者もすべて共同正犯である場合もあるし、待ち伏せをしていたが、殺人を実行しなかった者がただ共犯である場合もある。[35]筆者の考えでは、このような事件はかなり複雑であり、例えば、待ち伏せをする者が一つの家の幾つかの部屋の入り口で待ち伏せ、または１つの団地、１つの都市の幾つかの道で待ち伏せをする場合、二者には大きな相違があって、これらを一律に論じてはならない。合理的に処罰するために、状況によって、それぞれ異なる処理をする（すなわち、待ち伏せる者をすべて共同主犯に認定する場合もあるし、共犯と認定する場合もある。）のは適当である。だが、どのように区別するかは、一つの難しい問題である。統一的な区別基準がないため、法律を適用する統一性を保障することができない。しかし、われわれの単一正犯体系によれば、待ち伏せる者もすべて殺人の共同犯罪故意があり、それに、分業によってそれぞれ待ち伏せ、且つ人を殺すという共同犯罪行為を実行したので、すべての人の行為が殺人行為を構成する重要な部分であり、故意殺人罪を構成する。量刑の際に、各人が共同犯罪における役割の大きさ（例えば、誰が主謀者、組織計画者、誰が主謀の意図を進める者であったか）によって、誰が主犯で、誰が従犯かを確定し、軽重の異なる刑罰を処する。

　また、区分制を採用すれば、間接正犯と共犯の区分も一つの大きな難問である。どちらも自ら犯罪を実行せず、他人の行為を利用して法益を侵害し、自己の犯罪の目的を実現したからである。そのため、両者を正確に区別するのは容易ではない。また、正犯の定罪基準と共犯のそれとが異なり、処罰の軽重にも相違があるので、その区分が適当なものでなければ、正確に定罪す

ることができず、量刑も適切にできないという事態が生じる。例えば、責任無能力者を利用する場合、もし十二、三歳の者を教唆して殺人を行ったとしたら、殺人罪の間接正犯か、それとも共犯（教唆犯）を構成するか、その点に関しては、ドイツ、日本の刑法学界では大きな争いがある。もし共犯だとすれば、教唆された責任無能力者がその教唆を受け入れなかった場合、共犯従属性説によれば、教唆者は犯罪を構成しないことになる。もし間接正犯だとすれば、相手方がその教唆を受け入れなかったとしても、責任無能力者を教唆して殺人をさせるのは、依然として犯罪を構成する（殺人未遂罪または殺人予備罪を構成する）。したがって、異なる主張を採用して同じ案件を処理したら、有罪と無罪という異なる結論が出ることとなる。さらに、過失行為を利用する例をあげてみよう。もし医者が毒薬を混入させた注射液を看護師に手渡し、患者に注射させた場合、看護師が少し観察してさえいれば、すぐに毒薬に気付くが、看護婦の不注意によって患者に注射し、死亡させたとしよう。医者が殺人罪を構成する間接正犯であるか、それとも共犯（教唆犯）であるか、この点についてもドイツ、日本の刑法学界において争いのある問題である。もう一つ、軽罪故意を利用する場合、すなわち、甲は、貴重な財物の背後に隠れている乙を殺害したくて、経緯を知らない丙に発射させ、乙を銃殺した場合である。丙には軽罪故意（他人の財物を壊す故意）だけがあり、殺人故意がない。それでは、丙を利用して乙を殺させた甲が間接正犯となるか、それとも共犯（教唆犯）となるかについて、区分制を主張する論者も異なる観点を有している。また、いわゆる「故意のある道具」を利用する場合、特に「身分なき故意ある道具」の場合、最も典型的な実例は、公務員である夫が公務員身分のない妻を利用して賄賂を受け取ることである。区分制を採用するドイツ、日本では、夫が間接正犯を構成することを認める意見もあれば、夫が直接正犯と判定する意見もあれば、夫が教唆犯、妻が幇助犯（これはいわゆる「正犯なき共犯」）を構成するという主張もある。解釈が異なると、夫に有罪を言い渡すかどうか、および処罰の軽重について大きな差が生じる。それ以外に、いわゆる「正犯の背後の正犯」を承認するかどうかも、

間接正犯と共犯の区分にかかわる難問の一つである。これは、利用された責任能力のある人が故意に構成要件行為を実行したため直接正犯として刑事責任を負う場合、裏の利用者が間接正犯（正犯の後の正犯）として刑事責任を負うかどうか、という問題である。最も典型的な実例を挙げよう。Ｂはある夜、Ｘの必ず通る辺鄙な交差点でＸを殺そうと思い、それを知ったＡは自分が殺そうとするＹをそこまで誘い、ＢはＹをＸと誤って殺害した。また、暴力団の親分が子分に他人を殺害するように指示することもある。このような事件では、利用された者は、もちろん殺人罪の直接正犯であるが、裏の利用者、指導者は、殺人の実行行為を行わなかったため、ただ単に共犯（教唆犯、幇助犯）として処罰するとすれば、明らかに合理性を欠き、正犯（間接正犯）として処罰すべきであるが、それは、間接正犯の理論と衝突する。間接正犯、はもともといわゆる「正犯の背後の正犯」を含んでいないからである。

　中国刑法の規定に基づき、われわれの主張する単独正犯理論を運用すれば、ドイツ、日本の刑法学界で論争されている、前述のような正犯と共犯の区別に関する複雑な問題は完全に簡略化して処理することができ、司法実務においても容易に認定でき、運用しやすいのである。前述のように、単独正犯体系の解釈論によれば、数人が犯罪に関与した場合、関与者の行為と結果の間に因果関係さえあり、主観的な悪性があれば、罪を確定して処罰することができる。関与者の行為が実行行為である可能性もあるし、組織行為、教唆行為、幇助行為である可能性もある。それに、他人の行為を利用して法益侵害結果を惹起するのは、凶器、動植物を道具として利用して法益を侵害することと本質的な相違はなく、同じく評価すべきであるとする。したがって、前述の十二、三歳の子供を教唆して殺人をさせるのは、精神状態が正常な大人を教唆することと、罪を認定するには大差がない。相手が教唆を受け入れない場合、教唆者に対しても同様である。十二、三歳の子供を教唆して犯罪させるとき、相手が教唆を受け入れなかったら、教唆者は犯罪を構成し、それに対して、大人を唆して犯罪させるとき、相手が教唆を受け入れな

かったら、教唆者は犯罪を構成しないというドイツ、日本で起こるような状況は中国ではありえない。医師が重大な過失をした看護師を利用して人を殺すこと、甲が他人の財物を損壊する故意しか持っていない丙を利用して財物の裏に隠れている乙を殺す（丙が経緯を知らない）ことなどは、すべて他人を利用して殺人する状況に属し、動物を道具として利用し、殺人を行うのと同じ性質を有する。それゆえ、利用者が故意殺人罪を構成したという認定については、いかなる疑問も存在しない。間接正犯の概念も存在する必要がない。

しかし、区分制を採用したドイツ、日本などの国々の伝統的な考えでは、刑法典各則が規定しているのは実行行為であり、刑法典各則に規定されている実行行為を実行した者こそが正犯であり、他人を利用する場合、利用された者が犯罪を構成せず、あるいはより軽い他の犯罪を構成する可能性があり、間接正犯の概念を取り入れなければ、利用者に罪を確定して処罰することができず、または、共犯として軽く処罰することしかできないかもしれない。これは、明らかに不合理である。この区分制の欠陥を補うため、論者たちは、間接正犯の概念を創出した。だが、前述の公務員の身分にある夫が妻を利用して賄賂を収受し、いわゆる「身分なき故意ある道具を利用する」場合、妻がもともと賄賂を収受することはできないが、夫が彼女を利用して賄賂を収受することができるかどうか、つまり、間接正犯を構成するかどうか、が問題となる。もし夫を教唆犯、妻を幇助犯に認定すれば、つまり、いわゆる「正犯なき共犯」を認めれば、区分制理論の基礎としての共犯従属性説と衝突する。いわゆる「正犯の背後の共犯」を承認すれば、前述のような、他人の認識の錯誤を利用して自分を殺そうとする者を殺害した事案、あるいは暴力団の親分が子分に他人を殺害させるように指示する事案の処理については、もちろん一定の合理性がある。しかし、これでは、利用者と被利用者が同一の犯罪を構成することがありえないという伝統的な間接正犯理論と衝突することになる。われわれの主張する単独正犯理論を採用すれば、他人の行為を利用して犯罪するのは、利用者が自ら外在的条件（例えば、道具を

利用するなど）によって犯罪を実施すると見なすため、前述の公務員が妻を利用して収賄する事件では、もちろん、夫が収賄罪を犯したと認定され、収賄罪の刑が言い渡されることになる。他人の認識対象の錯誤を利用して殺人する事例、暴力団の親分が子分を指示して殺人を行わせる事例では、区分制を採用して、利用者、教唆者を共犯として処罰するのは適切ではないという問題はある。だが、中国刑法の規定によれば、利用者、教唆者に対して故意殺人罪と判定し、利用された者よりも重い処罰または同じ処罰に処しても、解釈論上はほとんど差し障りがない。いわゆる「正犯なき共犯」あるいは「正犯の後の正犯」のような概念も、存在する必要がない。

三　中国犯罪関与体系の欠陥とこれを補う方法
（一）単独正犯体系が構成要件の明確性を損なうという問題について

　単独正犯体系は、構成要件の面では正犯と共犯（教唆犯と幇助犯）を区別しないので、区分制に賛成する論者は、この体系が刑法典各則の構成要件を基礎にする実行行為の概念を否定し、構成要件の明確性を損なう、と批判する。それに、単独正犯体系によれば、犯罪の関与者は皆正犯であり、正犯不法と共犯不法の本質的な区別を無視したと言えるに違いない。[36]

　筆者によれば、われわれが主張している単独正犯の原理から見れば、刑法典各則に規定されている構成要件行為は、実行行為に限らず、教唆行為、幇助行為、予備行為も含む。これは、もちろん、区分制を採用し、構成要件行為を実行行為だけに解釈するほど明確ではないが、中国刑法が採用している単一制の犯罪関与体系は構成要件の明確性を損なうと断言するのは、妥当ではない。正犯と共犯を区別する関与体系を採用し、刑法典各則に規定されている構成要件行為を実行行為として解釈すると、もちろん、構成要件の明確性を確保することができる。しかし、このように解釈するのも、実際には単独犯罪を立脚点とするがゆえのものである。単独犯罪の場合、犯罪を実現したければ、自ら構成要件該当行為を実行しなければならない。だが、数人が犯罪に関与する場合、行為者が犯罪を実現する、あるいは犯罪の目的を達す

るためには、自ら構成要件行為を実行しなくても、他人の行為を利用して犯罪を実現する、あるいは犯罪の目的を達することができる。教唆犯罪と幇助犯罪は、このような状況にある。教唆犯、幇助犯は刑法典各則に規定された構成要件行為を実行しなかったのに、なぜ犯罪を構成するのか。この問題を解決するため、論者たちは、いわゆる修正された構成要件理論を提案した。この修正理論によれば、教唆犯と幇助犯も構成要件該当行為を実行したことになる。ただし、それは、実行犯が実行した構成要件行為と違い、刑法総則によって修正された構成要件該当行為である。これによれば、正犯と共犯を区別する関与体系を採用する国では、刑法典各則に規定されている構成要件は、単独犯のパターンの狭義の構成要件該当行為（実行行為に限る）を含むだけではなく、数人が関与するパターンの広義の構成要件該当行為、すなわち修正された構成要件該当行為（教唆行為と幇助行為）も含むと解される。そうだとすれば、なぜ直接に構成要件該当行為は教唆行為と幇助行為、ひいては予備行為を含むと解釈しないのか。このような直接な解釈は、なぜ構成要件の明確性を損なうと思われるのだろうか。

そのほか、単独正犯体系においては、すべての犯罪関与者は正犯であり、これは、正犯不法と共犯不法の本質的な区別を無視すると思われるが、私見からすれば、正犯不法と共犯不法の間にはもともと本質的な差異はなく、ただ単に違法の程度あるいは社会に対する危害性の大きさについて差異があるにすぎない。

(二) 単独正犯体系が処罰範囲を拡大するという問題について

単独正犯体系思想の源は、因果関係論の条件説であり、つまり、法益侵害結果に寄与した者は皆正犯である。また、すべての関与者に対しても、自身の不法と罪責によって処罰すべきかどうかを判断し、定罪と処罰が他人の行為に従属するという問題がない。そのため、区分制に賛成する学者は、単一制が処罰範囲を拡大すると非難し、その典型例は、教唆未遂と幇助未遂が処罰される行為にあるとされるが、この非難は明らかに合理性に欠けている。[37]

筆者の考えによれば、単独正犯体系を採用すると、確かに処罰範囲を拡大

する危険性はあるが、中国現行刑法の関連規定を正確に理解し、適切に運用すれば、処罰範囲を拡大する問題を有効に免れることができる。前述のように、数人が犯罪に関与する場合、すべての関与者を単独犯罪と同じく、実行行為が社会に与えた影響の大きさ及びその主観の罪悪をそれぞれ考慮し、犯罪を構成するかどうかを確定する。もしその行為が法益侵害結果に与える影響が小さいものであり、主観の罪悪の程度も低ければ、犯罪の情状が著しく軽いといえるので、刑法第13条「但書き」の規定が適用でき、犯罪とは判定されない。他の関与者が犯罪を構成し、刑罰を受けるべきであるが、それが、同一事件のある関与者の罪を確定しなければならない理由になってはならない。例えば、甲、乙が丙を脅迫して窃盗に関与させ、三人が現場で3000元の財物を盗み取った後、甲、乙は財物を等分し、丙は盗品をもらえなかった。丙は17歳で、未成年である。この案件を総合してみれば、甲、乙が窃盗罪を構成し、丙は犯罪を構成しないと判定できる。また、もう一つ例をあげると、AとBはDを傷つけようとして、Cに木の棒一本を提供するように要求し、Cは事実をはっきり知っているのにもかかわらず棒を提供し、結局、AとBは、Cからもらった棒でDを軽く傷つけ、傷害罪と認定され、皆、執行猶予付きの有罪判決を受けた。Cは幇助者として、その行為が社会に与える影響が小さいので、彼が処罰されないのも情理にかなうであろう。

　被教唆者あるいは被幇助者が犯罪を実行しなかった場合、われわれの主張する単独正犯原理によって、教唆未遂者と幇助未遂者も処罰され、処罰範囲の拡大を引き起こすという意見がある。筆者の考えによれが、この意見は妥当ではない。前述のように、われわれの考えでは、各関与者を処罰するかどうかは、単独正犯と同じく、その行為が社会に与える危害性（あるいは違法性）およびその程度を考察するが、教唆未遂と幇助未遂の場合、行為の社会危害度が教唆既遂、幇助既遂より低く、犯罪の程度に達しなければ犯罪を構成しない、と認定すべきである。そのため、単独正犯原理によれば、すべての教唆未遂と幇助未遂を犯罪として処罰するわけではなく、その行為が社会に与える危害性の程度によって処罰するかどうかを判断する。そもそも処罰

すべきではない教唆未遂者と幇助未遂者に罪を確定し、刑罰を言い渡す必然性はないので、処罰範囲が拡大される問題も、もちろん存在しない。それに対して、処罰の抜け穴を補うこともできるかもしれない。前述の通り、区分制理論の基礎としての共犯従属性説によれば、被教唆者或いは被幇助者が犯罪を実行しなかった場合、教唆未遂者と幇助未遂者に罪を確定し、処罰することができない。しかし、もし非常に危険な犯罪を教唆または幇助する場合、例えば、他人を教唆または幇助して、観衆の多い劇場へ赴かせ、威力の大きい時限爆弾で観衆を爆撃し、被教唆者、被幇助者が犯罪を実行しなかったにすぎない場合、この事案について、教唆犯、幇助犯を処罰しなければ、危険な犯罪の発生を放任することは疑いようもない。これでは、法益の保護、社会秩序の維持にとっては、きわめて不利である。

　ことによると、中国刑法25条の規定「共同犯罪とは二人以上共同して故意による犯罪を犯すことをいう」を理由として、関与者に共同の故意があり、共同行為（教唆、幇助行為も含む）もあるから、共同犯罪を構成すべきなのに、このように一部の関与者が共同犯罪を構成しないと判定する理由はどこにあるのか、と疑問を呈す者がいるかもしれない。私見によれば、他人の犯罪に関与する者が必ずしも他人と共同犯罪を構成するとは限らない。共同犯罪は、二人以上の関与者がそれぞれ犯罪を構成し、それに、共同の故意と共同の行為があるからこそ成立する。行為者が犯罪を構成しなければ、共同犯人とはならないからである。その中の関与者を犯人に認定しない法律の根拠も、刑法13条の「但書き」の規定である。この規定はすべての各種類の犯罪にも適用され、共同犯罪もその例外ではない。実際に、ドイツ、日本など大陸法系の国々の刑法では、中国刑法13条「但書き」のような規定がないが、解釈論上は、可罰的違法性或いは実質的違法性論を運用して、違法性（あるいは社会危害性）の程度の低い行為を犯罪から排除している。

（三）　単独正犯体系が既遂と未遂を区別しにくい問題について

　「単一行為者体系では、犯罪事実の実現に加功したすべての者も、刑法の評価上の行為者である。そのため、行為の既遂、未遂に対する判断は、実行

行為者の行為で決めるのではなく、行為者自身の行為を独立の判断基準とする。この考え方は、既遂、未遂の理論に合わないようである。刑法における既遂、未遂の判断基準は、構成要件行為の実行に着手したかどうかを根本的な根拠として判断し、もしまだ着手段階に入っていなければ、未遂と判断できず、せいぜい着手の予備段階あるいは計画段階である。単一行為者体系では、実行行為者の既遂、未遂を判断するのは、もちろん問題なく、この構成要件規定は、主として実行行為者を基準とするものである。しかし、実行行為者の犯罪行為を誘発あるいは助力する行為に対する既遂、未遂の判断については、依然として個別行為を基準にして、実行正犯の行為をもって決めなければ、既遂、未遂を判断する法理を動揺させることになる。こうなると、着手の概念が崩壊してしまう」。したがって、「単独正犯体系が直面している主たる難問は、行為の既遂、未遂を判断する問題である」[38]。

　筆者の考えでは、単独正犯体系は、確かに、このような問題がある。しかし、この問題を解決する方法がある。筆者の主張している単独正犯理論では、すべての関与者個人の行為を基礎にして、罪を確定し、処罰を与えるが、関与者が他人の犯罪（例えば、他人を教唆、幇助して犯罪を行わせる、あるいは責任能力のない者を教唆して犯罪を実施させる）を利用する場合を含んでいない。行為者がその利用行為を実施さえすれば、犯罪の実行に着手したとし、既定の目的を達せなかった場合も犯罪未遂として処理される。前述のとおり、他人を利用して被害者を殺害し、傷害する犯罪は、動物あるいは自然の道具を利用して被害者を殺害し、傷害する犯罪と、本質的な差異がなく、利用し始めるときのみが実行に着手したと言えるわけではなく、侵害しようとする法益は現実的、緊迫的な危険に晒されたかどうかも考えなければならない。例えば、凶悪な犬を利用して人を傷つける場合、行為者が凶悪な犬を現場に連れてくる前に、さらには侵害の指示を出す前に、被害者の身体の健康に対して緊迫的危険はまだ存在しないため、傷害行為の実行に着手したと認定できない。同じく、他人を教唆、幇助して被害者を傷つける場合、被教唆者あるいは被幇助者が傷害行為を実施するときを、実行に着手する起点とすべきで

あり、これこそが、傷害未遂を構成できるのである。被利用者が犯罪の実行に着手する前に停止したのは、犯罪予備と見なすことしかできない。

(四) 単独正犯体系における主従の地位が不明であるという問題について

前述のように、中国は、共同犯罪者の処罰上、主犯と従犯を区別に対応する政策を採用している。すなわち、主犯は法律に規定されている基準刑を適用して処罰され、従犯はより軽く処罰され、減軽され、または免除される。刑法の明文規定によれば、「犯罪集団を結成し、若しくは指導して犯罪活動を行った者、又は共同犯罪において主要な役割を果たした者は主犯である」。「共同犯罪において副次的又は補助的な役割を果たした者は、従犯である」。だが、「主要な役割を果たした」、あるいは「副次的な役割を果たした」とは一体何か、それは明らかではない。司法実務では、司法人員に委任することとなっている。客観的な判断基準がないため、主観的な随意性が免れがたく、判断のミスまたは司法不公平が現れる可能性も十分にある。区分制度と比べると、これは中国刑法が採用している主犯と従犯を区別する単一制の明らかな欠陥である。しかし、この欠陥も立法の改善と合理的な司法で補うことができる。

まず、立法について言えば、一部の異議がなく、確定できる主犯と従犯を刑法で明確に規定すべきである。一般的には、行為は表面に現れる客観現象であり、行為の表現形式を判断すれば、主観的な随意性を免れることができる。数人が犯罪に関与する場合、行為の形式は、組織行為、実行行為、教唆行為および幇助行為に分けられる。共同犯罪で組織、指導する行為を実行すれば、間違いなく主要な役割を果たした者であり、主犯と認定すべきである。中国の現行刑法では、「犯罪集団を組織、指導して、犯罪活動を行った者」は主犯であると明確に規定しているが、一般的な共同犯罪における組織者、指導者に対する明文規定がない。筆者からみれば、それを主犯の範囲に入れる必要があり、刑法26条の規定「犯罪集団を組織、指導して」を、「共同犯罪活動を組織、指導して」に修正すべきだと思う。実行行為を実行した者はほとんど主犯に認定できるが、例外的な場合も多く、従犯としてしか認

定できない。教唆行為を実行した者は中国古代の刑法ですべて「首犯」に認定され(すなわち、「造意為首」)、それに、1979年の刑法法典を制定する際に、教唆犯を明確に主犯として処罰する草案がいくつか提出されたが、「学者の多数意見では、実務から見れば、教唆犯が必ずしも主犯であるとは限らないので、すべて主犯として処罰するのは不合理である。そこで、……立法機関は、またそれを「共同犯罪における役割に応じて処罰する」に改正し、新たな刑法法典が採択されるまでに維持された」[39]。問題は幇助行為を実行した幇助犯をどう処罰するかであり、それは、中国現行刑法で明確に規定されていない。言うまでもなく、共同犯罪行為では、幇助行為の危害性が一番小さいため、通常は、幇助行為を実行した幇助犯を従犯と認定するのは妥当である。だが、前述のように、例外があり、すなわち、犯罪の完成に決定的な役割を果たした幇助犯を従犯と認定するのは妥当ではない。したがって、中国刑法は、以下のような規定を増設する必要がある。すなわち、「他人を幇助して犯罪を実施する者は、犯罪の完成に決定的な役割を果たした場合を除き、従犯として処罰する」。ここにいう「犯罪の完成に決定的な役割を果たした」とは、幇助犯の提供した特定の補助がなければ、犯罪は完成できない、ということである。前述した金庫のパスワードを相手に教え、大量な財物を盗ませる事件は、その適例である。

　次に、司法から論じれば、具体的な共同犯罪事件を処理するとき、刑法の規定によって主犯と従犯を厳格に認定すべきである。中国刑法26条の規定では、「犯罪集団を組織、指導して、犯罪活動を行った者」(つまり、犯罪集団の主要人物)は、もちろん主犯である。犯罪集団の認定基準によって、犯罪集団を正確に認定し、犯人が集団犯罪において結成、指導、計画、指揮の役割を果たしたかどうかを主に考察すれば、通常、正確な判断を下すことは難しくない。また、「教唆犯は犯意を誘発した者であり、共同犯罪で、通常、主な役目を担っているので、主犯の処罰原則に応じて処理すべきである。だが、数少ないながらも、副次的な役割を担う場合もある。例えば、他人を唆して、実行犯の犯罪活動を手伝わせる場合、又は脅迫されて他人を教唆し、

犯罪を犯させる場合などがそうである。このような教唆犯に対しては、従犯の処罰原理で処理すべきである」。したがって、教唆犯を主犯か従犯と認定するのかは、司法実務においてはそれほど難しくない。幫助犯については、前述のように、個別の共同犯罪で決定的な役割を果たした者を除き、大部分の者を従犯と認定することしかできない。これも、司法実務で簡単に把握または執行できることである。問題になるのは、数人が共同して犯罪を実行した場合、誰が主犯で、誰が従犯かが多くの事件において確実に判断しにくいことである。一般的な考えでは、犯人の以下の状況を総合して考察すべきであるという。すなわち、(1)犯罪を実行する前の動き。例えば、自発的に他人を誘って犯罪活動に関与させたか、悪知恵を与えたか。(2)犯罪を実行する際の動き。例えば、積極的に犯罪活動に関与したか、その行為が危害結果発生の主な原因であるか。(3)犯罪を実行した後の動き。例えば、犯罪の所得を支配したか、逃げ隠しを組織、指導したか、反捜査活動を行ったか、など。

最も厄介なのは、司法実務で同一の共同犯罪案件において、誰が主要な役目を果たして、誰が副次的な役目を果たしたか(つまり、誰が主犯、誰が従犯であるか)が確定できないという問題である。この難問に対して、現行法下で問題を解決する案を出すことを試み始めた者がいる。その案を概括すれば、主として以下の3種類がある。第一に、すべて主犯として処理する。共同犯罪関与者が主犯か従犯か、その地位が分からない場合、すべての犯人を主犯として処理する、と主張されている。主犯の認定が従犯の存在を前提とせず、従犯がいなくても同じく主犯を認定できるからである。それに、主犯の地位を確定したからこそ、法律に基づいて適切な刑罰に処することができるという。第二に、すべて従犯として処罰する。共同犯罪人の「主要な役割」あるいは「副次的または幫助的な役割」について疑問があるとき、「疑問があるとき、処罰を軽くし、または執行を猶予すべきだ」という原則に応じて、すべての犯罪関与者を従犯として処罰する、とされる。第三に、主犯と従犯を区別しない。犯罪関与者の主従地位が不明の場合、強引に主従を区別

せず、関与者の役割の大きさに相違がある場合、量刑によって区別する、とされる。これが、現在の司法実務における通常のやり方である[44]。

　筆者の考えでは、数人が共同犯罪に関与し、誰が主要な役目を果たしたか、誰が副次的な役目を果たしたか（つまり、誰が主犯で、誰が従犯であるか）が確定できない場合、正確に事件を処理するため、まず、中国刑法が採用した単一正犯体系の特徴、つまり、その立法精神を明らかにしなければならない。1979年の中国刑法では、ただ漠然とした規定を創った。「主犯に対して、各則にすでに規定された場合を除き、処罰を重くすべきである」。「従犯に対して、主犯に照らして処罰を軽くし、又は免除する」。刑法を改正するとき、「主犯を重く処罰し、従犯を軽く処罰すべきだと規定したら、主犯と従犯に対する処罰の判断基準がなくなる[45]」。そのため、改正後の現行刑法では、主犯を重罰する規定が削除され、「従犯に対して、処罰を減軽し、又は免除すべきである」という規定が保留された[46]。したがって、中国現行刑法の規定では、共同犯罪人に対する処罰の基準刑は、主犯の刑である。従犯に対しては、主犯の基準刑に基づき、処罰を軽くし、減軽しまたは免除する。共同犯罪に関与したすべての人が、原則として主犯の刑を基準に処罰すべきである。もし犯人が共同犯罪で副次的、補助的な役割しか果たさなかったことが証明できたら、従犯と認定すべきであり、法律に基づいて処罰を軽くし、減軽しまたは免除する。それによって、罪刑に相応した、または区別対応の刑事政策精神を十分に表わすことができる。逆に、もしすべての関与者が共同犯罪で同じ役割を果たしたら、皆、副次的、補助的な役割ではなく、主犯と認定して、基準刑の処罰を適用すべきである。したがって、上述した、すべての犯人を主犯として処理する案は妥当であろう。司法実務では、通常、主犯と従犯を区別しないやり方を取っており、処理の結果はすべて主犯として処理する結果と同じであるが、中国刑法の規定では、共同犯人に対して主犯と従犯に分けて軽重の異なる処罰を与え、同一の事件で、もし主犯と従犯が区別できなければ、区別してもしなくてもかまわず、すべて主犯と認定するのが合理的である。数人の関与者が共同犯罪を構成したと認定したが、主犯

と従犯を確定しない、というやり方は、中国刑法の規定に合っていない。前述したすべて従犯として処理する方案は、「疑問がある犯罪は軽く処罰する」という刑事処罰原則に合致していて、人権保障に有利である[47]」と主張する論者がいるが、もし同一の事件ですべての犯人が果たした役割が同じであるので、皆従犯に認定されたら、「主犯なき従犯」という不思議な現象が現れ、基準刑で案件を処理できず、または量刑のバランスが取れない問題が発生する。例えば、3人が共謀して残酷な手段で1人を殺害した場合、3人の果たした役割が相当する。もし3人を全員共犯として処罰すれば、すべて軽く処罰するべきで、実務の慣例によれば、3人とも死刑に処することができない。同じ手段で殺人したのがもし単独正犯であれば、きっと死刑に処されるであろう。もし主犯と従犯が区別できる共同犯罪の事件であれば、少なくとも主犯格の一人は死刑に処され、つまり基準刑が死刑である。ただし、誰が主要な役割で、誰が副次的な役割（あるいは役割が相当する）を果たしかを確定することができず、すべて共犯として軽く処罰するのは、明らかに量刑基準に背離し、量刑が軽いという現象が現れるかもしれない。それに、事件の実状からみれば、数人の関与者が共同犯罪で、誰が主要な役割を果たし、誰が副次的な役割を果たしたかが確定できない場合、これはちょうど彼らの果たした役割が相当することを意味し、副次的な役割だけ果たした人がおらず、つまり共犯がいないので、「疑問がある犯罪を軽く処罰する」という原則を適用する余地がないのである。

注
1）　中国人民大学刑事法律科学研究センター教授。
2）　区分制を採用した国は、ドイツ、スイス、フランス、スペイン、オランダ、日本などがある。単一制を採用した国は、オーストリア、ノルウェー、デンマーク、イタリア、スウェーデン、ブラジル、旧ソ連、チェコなどがある。柯耀程『変動中の刑法思想』中国政法大学出版社2003年版　第181頁。
3）　黄栄堅『基礎刑法学（下）』（第3版）中国人民大学出版社2009年版　第488頁。
4）　中国人民大学刑事法律科学研究センター編　『刑事法注目すべき問題の国際的な視野』北京大学出版社2010年版　第149頁。

5）　山中敬一『刑法総論Ⅱ』成文堂1999年版　第743頁。
6）　ドイツ語では"Täter"と称し、我が国の学者はほとんどそれを"正犯"と訳す。しかし、我が国の台湾学者柯耀程教授はそれを"行為人"と訳す。黄栄堅教授の考えでは、「これはドイツ文章の意味に適切する訳文だ。でも、ここのいわゆる行為人は犯罪行為人を指し、だから直接犯罪人と称する」。黄栄堅『基礎刑法学（下）』（第3版）中国人民大学出版社2009年版　第492頁。
7）　柯耀程『変動中の刑法思想』中国政法大学出版社2003年版　第184－185頁。
8）　江溯「犯罪参与体系における行為概念と行為人概念」、『昆明理工大学が学報』（社会科学版）2009年第4期。
9）　陳興良「共犯論：二元性と単一制の比較」、中国人民大学刑事法律科学研究センター編『刑事法注目問題の国際視野』北京大学出版社2010年版、第150頁；張明楷『刑法学』（第3版）法律出版社2007年版　第315頁。
10）　林山田『刑事法論叢（二）』台湾大学法律学部1997年　第315頁。
11）　劉洪「二種類の犯罪参与体系理論比較研究」、『福建公安高等専科学校学報』2007年第5期；江溯『犯罪参与体系研究』中国人民公安大学出版社2010年　第253頁。
12）　黄栄堅『基礎刑法学（下）』（第3版）中国人民大学出版社2009年版　第491頁。
13）　高橋則夫『共犯体系と共犯理論』成文堂1988年版　第6頁。
14）　高銘暄『中華人民共和国刑法の誕生と発展』北京大学出版社2012年版　第29頁。
15）　高銘暄『中華人民共和国刑法の誕生と発展』北京大学出版社2012年版　第32頁。
16）　高橋則夫『共犯体系と共犯理論』成文堂1988年版　第33頁。
17）　陳興良「共犯論：二元制と一元制の比較」中国人民大学刑事法律科学研究センター編『刑事法注目問題の国際視野』北京大学出版社2010年版　第154頁。
18）　Kienapfel, a. a. O., S. 31.　高橋則夫『共犯体系と共犯理論』成文堂1988年版　第34頁。
19）　陳興良「共犯論：二元制と一元制の比較」中国人民大学刑事法律科学研究センター編『刑事法注目問題の国際視野』北京大学出版社2010年版　第154－155頁。
20）　銭葉六「二重区分制における主犯と共犯の区別」『法学研究』2012年第1号。
21）　柯耀程「刑法参与論の発展と検討」劉明祥などが責任編集者『刑事法の探究』（第4巻）中国人民公安大学出版社2011年版　第406頁。
22）　この事件の経緯：ある未婚母は、色々な圧力に迫られ、生まれたばかりの赤ちゃんを殺すことを決意した。彼女は出産後、体が虚弱で、また手を下すにも忍びないので、その妹に代わって実行することを懇願し、殺す方法をその妹に教えた。つまり、赤ちゃんが入浴する時を利用して、赤ちゃんを浴槽の中で溺死させ、それから赤ん坊が生まれた後、自然に死亡したと偽称する。その妹は未婚母の辛さを忍びなく思い、その要求を承諾し、赤ちゃんを溺死させた。
23）　柯耀程「刑法参与論の発展と検討」劉明祥などが責任編集者『刑事法の探究』（第4巻）中国人民公安大学出版社2011年版　第411－412頁。
24）　劉艶紅「正犯理論の客観的な実質化を論じる」『中国の法律学』2011年第4期。
25）　柯耀程「刑法参与論の発展と検討」劉明祥などが責任編集者『刑事法の探究』（第4巻）中国人民公安大学出版社2011年版　第411－412頁。

26) 銭葉六「二重区分制における主犯と共犯の区別」『法学研究』2012年第1号。
27) 西田典之『共犯理論の展開』成文堂2010年版　第22頁。
28) 黄栄堅『基礎刑法学（下）』中国人民大学出版社2009年版　第494頁。
29) 黄栄堅『基礎刑法学（下）』中国人民大学出版社2009年版　第502頁。
30) 被脅迫犯とは、従犯の中で特別に軽く処罰する種類である。我が国刑法第28条では、「脅迫されて犯罪に参加した人、その犯罪の経緯によって処罰を減軽或いは免除する。」通説によれば、脅迫されて犯罪に参加した後、犯罪時に積極的に参加して、重要な効果を発揮した者は、被脅迫犯として認定できない。これは、共同犯罪で副次的或いは補助的な効果だけ発揮した者、つまり脅迫されて犯罪に参加した共犯だけが被脅迫犯になれることを表わしている。
31) 亀井源太郎『正犯と共犯を区別するということ』弘文堂2005年版　第120 - 128頁。
32) いわゆる見張り行為とは、共同犯罪に基づき、故意に犯罪現場或いは周辺で、他人が犯罪を実行するためにパトロールし、周辺の動静を観察し、情報を知らせる行為をいう。
33) 亀井源太郎『正犯と共犯を区別するということ』弘文堂2005年版　第180 - 183頁。
34) 陳家林『共通主犯に関する研究』武漢大学出版社2004年版　第24頁。
35) 銭葉六「二重区分制における主犯と共犯の区別」『法学研究』2012年第1号。
36) 江溯「単独正犯体系に関する幾つかの反駁」『現代法律学』2011年第5号。
37) 江溯「単独正犯体系に関する幾つかの反駁」『現代法律学』2011年第5号。
38) 柯耀程『参与と競合』元照出版社2009年版　第44 - 45頁。
39) 高銘暄『中国人民共和国刑法の誕生と発展』北京大学出版社2012年版　第209頁。
40) 高銘暄、馬克昌『刑法学』中国法制出版社2007年版　第205頁。
41) 高銘暄、馬克昌『刑法学』中国法制出版社2007年版　第200頁。
42) 曹堅『共犯問題に対する研究』上海社会科学出版社2009年版　第12頁。
43) 張明楷『刑法格言の展開』法律出版社2003年版　第314頁。
44) 呉光侠『主犯論』中国人民公安大学出版社2007年版　第307頁。
45) 高銘暄『中華人民共和国刑法の誕生と発展』北京大学出版社2012年版　第207頁。
46) 現行刑法における従犯の処罰に関する規定では、ただ元法律規定の「主犯に照らして」という文言を削除した。
47) 王志遠「中国参与犯処罰原則及びその実行の苦境」『国家検察官学院学報』2012年第1号。

3 罪数論・競合論

中央大学教授
只 木 　 誠

I 罪数論・競合論とは

　日本刑法学において、「罪数論・競合論」は、刑法総論の最後の段階にあって、犯罪論と刑罰論の間をつなぐ領域として位置づけられている。これは、罪数論・(犯罪)競合論が、実体法では、ある所為についての違法・責任判断を経た段階で、量刑の基礎を提供する領域の議論であることを示している[1]。そして、罪数論は、実体法よりもむしろ手続法において、とりわけ、実務において重視されてきたところである。

　このように、罪数論・競合論は、研究者にとっては実務的な領域の印象が強く、また、その実務においてはといえば、「かすがい」となる犯罪を「呑んで」、すなわち、「除いて」起訴するということも、ときに便法として考えられることから、なかなか学問的、理論的研究の対象とはなりにくい分野であるとされてきた。しかし、そもそも、罪数論は、上述のように、実体法に属する理論でありながら、実際には、手続法である刑事訴訟法上の諸問題を論じる上でむしろ重要な役割を果たしてもきたのであり、実体法上においても、刑の量刑の基礎となるものである以上、軽んじられてよいものではない。

II 罪数論の歴史
1．ヨーロッパ

　観念的競合と実在的競合(併合罪)を区別する考えの源は、古くはローマ

法に、そして、今日的な意味での競合論は、普通法時代の刑法学にまで遡ることができる。私法と公法とが未分化の時代にあって、個々の法律違反が訴権を基礎づけたことによって、当時においてさえ、すでに競合論が観念されていたのである。競合論は現行法のもっとも古い部分であるといわれているのは、これがためである。

その後、中世ヨーロッパ刑法学においては、「犯罪の数だけの刑罰」という厳格な併科主義が一般的であったが、次第にその過酷さが自覚され、加重主義ないし吸収主義が採られるようになった。これに伴い、競合論はドイツ普通法学において以降、発展の道をたどることとなった。このようなところから、罪数論は、観念的競合や連続犯の事例について、これを併科主義・加重主義から救済しようとする意図のもとになされた理論であるともいわれているのである[2]。

2. 日本

わが国では、複数の罪の処断については、旧刑法では、数罪倶発（併合罪）の場合にいわゆる違警罪を除いては吸収主義によることを原則としており、すなわち最も重い罪によって処断することを規定していた（旧刑法100条1項）。これは、東洋の寛刑思想の現れとみることができる。これに対し、ある罪を犯した者がさらに別の罪を犯した場合、その罪が先に行われた罪よりも軽い犯罪あるいは同じ程度の犯罪であっても、それらの点が考慮されず、また、その犯罪を犯した回数が一度であっても複数であっても処断の点で同一の刑をもって処断されるというのでは不当であるという批判が加えられ[3]、現行法では、原則として、欧米の法思想に則った併科主義・加重主義を採ることとなった[4]。この移植は、東洋の刑罰思想が西洋的刑罰思想に取って代わられたという、一つの継受の姿とみることができよう。

III 罪数論総論

1. 罪数の意義

(1) **罪数の意義と罪数の諸形態**　罪数とは、犯罪の個数のことである。

刑法では、一個の構成要件（罰条・罪名）を基本としてその成立要件の充足を検討するが、現実には数個の構成要件が競合して成立しているということが多く、その場合、一個の犯罪なのか数個の犯罪なのか、数個の犯罪が成立した場合には、それらはいかなる関係に立つのか（競合論）が問われることになる。というのも、一罪か数罪か、また、いかなる数罪かは、犯罪地の確定、犯罪時の確定に関わるほか、実体法上は処断刑など刑罰を適用する際に、訴訟法上は公訴不可分の原則や一事不再理効（憲法39条、刑訴法337条1号）の範囲を論じるに当たって重要となるからである。

　一個の犯罪が成立する場合を本来的一罪といい、科刑上も訴訟法上も一罪として扱われる。これに属するのが、単純一罪、法条競合、そして包括一罪であるが、包括一罪、とりわけ、いわゆる混合的包括一罪は、本来的一罪というよりも数罪的性質を有する科刑上一罪に近いと考えられる。

　その科刑上一罪に属するのが観念的競合（刑法54条1項前段）と牽連犯（同後段）である。これらは実体法上は数罪として評価されることが多いが、訴訟法上はいわば一罪として扱われる。したがって、科刑上一罪が一罪か数罪かの議論は、それほど意義のあるものではない。

　一方、数罪とされるものとしては併合罪（実体法上の数罪：実在的競合、刑法45条）と単純数罪があり、前者は、確定判決を経ていない、すなわち同時審判が可能である数罪のことを指し、後者は、併合罪の関係に立たない数罪をいう。科刑上一罪にあっては吸収主義により「その最も重い刑」によって処断されるのに対して、併合罪であれば、有期の自由刑につき加重主義により処断される。

(2) **罪数の決定基準**　　罪数を決定する基準については、構成要件が一回充足されることで一罪を認める構成要件標準説が学説上有力である。もっとも、この説によれば、引き続き行われた2回の窃盗行為もまた（包括）一罪とされることから、どのような場合に一回の構成要件的評価となるのかがさらに問われなければならない。たしかに、犯罪とは構成要件に該当する行為であるから、罪数を決するに際して、構成要件的評価のもつ意義は重要であ

るが、行為の違法性（法益侵害の個数）や行為者の責任（意思決定の一回性）を考慮してはじめて、構成要件的に一回であると評価・判断されるのである。したがって、「構成要件標準説を罪数決定基準とした場合の意義・重要性には限界がある」とされている。

(3) **罪数判断は「法理」か**　罪数関係について判例が示した判断のその内容は、「法理」として不変なものか、それとも具体的事案のもとで変わり得るものかについては、争いがある。判例では、罪数判断を「法理」としないとする思考が、周知のように、すでに古くから、牽連犯についてみられるところである。例えば、文書偽造と行使は、一般には牽連犯の典型のように扱われているのであるが、事案によっては併合罪ともなり得るというのが判例・通説である。このように罪数判断の「法理」性を否定するのであれば、同日に下された３つの最大判昭和49年5月29日刑集28巻4号114頁、同151頁、同168頁が判示するところの、酒酔い運転の罪と業務上（改正後の自動車運転）過失致死傷罪とは併合罪となり、酒酔い運転の罪と無免許運転の罪とは観念的競合となり、無免許運転の罪と車検切れ自動車供用の罪とは観念的競合となるとする罪数判断も、それが「法理」ではない以上、固定的なものではなく、例外を許さないものではないことになる。罪数判断が具体的事案を基礎になされるべきであるとするならば、罪数判断が一般的、画一的なものであるとする考えは妥当ではないのである。

従来から指摘されているように、酒に酔った状態で自動車を運転しようとして自宅のガレージから車道に出たところで他の自動車・通行人と衝突し自動車事故を発生させたような事例では、酒酔い運転の罪と業務上過失致傷罪とは観念的競合とすべきであると思われる。同様の理由で、反対に、上記判例によれば観念的競合とされる酒酔い運転の罪と無免許運転の罪とは、仮に無免許運転中に酒を飲み始めた場合には、例えば、一人をある場所に不法に監禁し、その後に他の一人を同一場所に監禁した場合と同様に、併合罪としてよいのではあるまいか。前者のガレージ前の事故の事例では、自然的観察・社会的見解上「一個の行為」が看取され、そこでは規範意識の突破、ま

た、注意義務違反が別個に生じているわけではなく、一方、後者の、無免許運転中に飲酒した場合では、二個の規範意識の突破が認められ、いずれも、観念的競合の一罪性の根拠に沿った解決になっていることからも、そのように理解することが可能であると思われるのである。

(4) **罪数と刑事訴訟法** 上述のごとく、罪数関係を評価し、一罪か数罪かを決することは、実体法上の問題のみならず、訴訟法上の諸問題にとっても、重要な役割を担っている[9]。

第1に、一個の犯罪事実（一罪）の一部について告訴または告訴の取消があったときは、その犯罪事実の全部についてその効力が及ぶとされるが、これを告訴の客観的不可分の原則という。この原則は、実体法上の「一罪」について貫かれるとされる原則であり、数罪であるとの判断となれば、この原則は及ばなくなる。第2に、逮捕・拘留の効力の及ぶ客観的範囲にかかる「一罪・一逮捕・一拘留」の原則があり、これは、実体法上一個の犯罪については、①これを分割して逮捕・拘留を繰り返すことはできない、②原則として再逮捕・再勾留はできない、とするものである。第3に、例えば業務上横領事件の被告につき、新たな横領行為が発覚した場合、それが実体法上数罪である併合罪であれば、検察官において追起訴が必要となり、実体法上一罪である包括一罪であれば、訴因変更を行うことになる。第4に、起訴状記載の公訴事実欄には訴因を明示することが必要であるところ、実体法上数罪の併合罪や、（種々の争いはあるが）科刑上一罪であれば、他の罪と区別することができる程度に訴因を特定する必要があり、これに対して、実体法上一罪の包括一罪（例えば常習累犯窃盗）であれば、その包括的な記載が許されることになる。また、公訴事実の同一性の範囲内であれば訴因を追加、撤回、変更することができるとされ、公訴事実の同一性が訴因変更の認められる条件と考えられているところ、公訴事実の同一性については種々の議論があるが、その単一性については、実体法上の罪数論が基準となっている。そして、最後に、一事不再理効は、継続犯、常習犯はもとより、科刑上一罪を構成するすべての罪に及ぶとされている。もっとも、このような実体法上の

「一罪」が手続法上も「一罪」であるとはいえない場合、いかなる範囲において一事不再理効は効力を有するかが問題となっている。

2．本来的一罪・単純一罪

単純一罪とは、一個の構成要件に該当する一個の犯罪事実が認められる場合をいう。その典型は、「一回の殴打」を一人に対して加えるように、一個の行為で一個の結果を発生させ、一個の構成要件（罰条）的評価が問題となるにすぎない場合である。そのほか、法条競合や結合犯もこれに含まれる。

法条競合（法条単一）とは、数個の罰条が適用可能なようにみえても、構成要件相互の論理的関係から結局一個の罰条しか適用し得ない場合をいう。その中には、横領罪に対する業務上横領罪のように、2つの罰条が一般法と特別法の関係に立つ特別関係、傷害罪に対する暴行罪のように、一方の罰条が他方の罰条を補充する関係に立つ補充関係、横領罪と背任罪のように、2つの罰条が互いに択一的な関係に立つ択一関係、殺人未遂罪に対する殺人既遂罪のように、一方の罰条が他方の罰条を吸収する場合である吸収関係などがある。[10]

結合犯とは、それぞれ独立した構成要件が結合して別の新たな構成要件となっている犯罪をいう。[11]その典型例は強盗罪であり、本罪は暴行・脅迫罪と盗取罪の結合犯である。また、強盗犯人が強盗の際に人を殺害したときには、強盗罪と殺人罪の結合犯として強盗殺人罪が成立するのである。

3．包括一罪

包括一罪とは、外見上は複数の構成要件に、あるいは、一個の構成要件に複数回該当する行為であっても、その違法内容、責任内容の単一性を理由として、一個の罰条によって包括的に評価できる場合をいう。単純一罪と観念的競合や牽連犯などの科刑上一罪との中間に位置し、本来的一罪の一形態と解されている。その中には、(1)無免許医業の罪（医師法17）などの営業犯や、集合犯（刑法175条の常習犯など）に属する各犯罪、(2)狭義の包括一罪、すなわち、逮捕監禁罪など、相互に手段・目的、ないし原因・結果の関係にある数種の行為態様が並列して規定されている構成要件を数個の行為で実現する

場合、(3)接続犯、などの類型がある。

　接続犯とは、複数の同種の行為が、同一の法益侵害に向けられ、時間的・場所的に近接して行われるため、全体を包括して観察して一罪と認められるものをいう。同一人を引き続き数回殴打するのがその例であるが、この場合には、単一の不法、すなわち一個の不法が単に量的に増加したにすぎないとみられることと、単一の責任、すなわち意思の存在が一個であることが一罪性の実質的根拠であるとみることができる。最判昭和24年7月23日刑集3巻8号1373頁では、約2時間の間に3回にわたって同一倉庫から米俵3俵ずつ合計9俵を窃取した事案につき、3回の窃取行為は短時間に同一機会を利用したもので、「いずれも米俵の窃取という全く同種の動作であるから単一の犯意の発現たる一連の動作である」として併合罪ではなく一罪であると認定された。もっとも、あまりに広く接続犯を肯定すべきではなく、この事案は限界事例であるとする指摘もある。複数の犯罪行為は、併合罪を基本として考えるべきである。

　そのほか、一個の管理下にある所有者を異にする数個の物の窃取は一個の窃盗罪に包括され、一個の殺人が既遂に至るまでの数回の未遂行為は一個の殺人既遂罪に包括される。さらに、不可罰的（共罰的）事前行為、不可罰的（共罰的）事後行為も包括一罪として理解されている。前者は、予備と未遂犯・既遂犯の関係のように、後者は、窃盗によって得た財物を毀棄した場合の窃盗罪と器物損壊罪の関係のように、一方の罰条が適用された場合には、他の罰条はそれによって包括的に評価され、別罪としては成立しないものをいう。これについては、近時、横領（他人の不動産に対する抵当権の設定・登記）した物を再度横領（同一不動産の所有権を無断で移転・登記）した事案につき、後者の横領を不可罰的事後行為としていた判例を変更して、後行行為のみを横領罪として処罰できるとした（最大判平15年4月23日刑集57巻4号467頁）判例がある。

　なお、一発の弾丸で人を殺害しその衣服をも損傷した場合、器物損壊罪を吸収して殺人罪のみが成立するとされるが、このような吸収一罪も包括一罪

に加えられることがある。東京地判平成7年1月31日判時1559号152頁でも、眼鏡レンズの損傷は傷害行為に随伴するものと評価することができ、器物損壊の点は傷害罪によって包括的に評価され、傷害罪と器物損壊罪がともに成立するものではないとされている。しかし、このような場合、身につけている眼鏡には器物損壊は成立せず、しかし、例えば、眼鏡を手に持っていたとすれば同罪が成立するということであれば、この判断の差に合理性があるとは思われない。検察官が起訴価値がないとして器物損壊罪につき起訴しないのであれば格別、そのような事情がなければ、後に述べる観念的競合の明示機能からすれば、本事案のような例においては、傷害と器物損壊という、保護法益を異にする2つの刑罰法規による評価が求められべきである。

最後に、混合的包括一罪とは、異なる構成要件にまたがる包括一罪をいう[16]。最高裁においては窃盗罪または詐欺罪と二項強盗による強盗殺人未遂罪（最決昭61年11月18日刑集40巻7号523頁）につき、下級審判例においては、強盗罪と傷害罪（仙台高判昭34年2月26日高刑集12巻2号77頁など）、そして詐欺罪と偽造有印私文書行使罪（東京地判平成4年4月21日判例時報1424号141頁）につき認められている。例えば、他人に暴行を加えた後に強盗の意思を生じてあらたに暴行を加えたところ、傷害の結果が生じたが、当該傷害が強盗の犯意が生じた前後いずれの暴行によるものかが明らかでない事案で、傷害と強盗罪の併合罪とすることはできず、いわんや強盗致傷罪の成立を肯定することはできず、とはいえ、暴行罪と強盗罪の併合罪とすれば、傷害の事実が不当にも評価されないままであることから、傷害罪と強盗罪の混合包括一罪が肯定されることになったのである（これも、後述する「明示機能」の一適用場面である）。窃盗罪または詐欺罪と二項強盗による強盗（殺人未遂）罪型の類型は、最高裁による判断であり、また、強盗罪と傷害罪型の類型は下級審段階では確定した判例として定着しており、その点でいずれも先例として大きな意義を有し、その結論もまた妥当であろうと思われる。

4．科刑上一罪
(1) 観念的競合
a) 意義　観念的競合とは、一個の行為が同時に二個以上の罪名（罰条、構成要件）に触れる場合をいう（刑法54条1項前段）。例えば、拳銃の弾丸を発射させ、窓ガラスを損壊し室内にいる人を殺害したならば、器物損壊罪と殺人罪との観念的競合となり、殺人罪の刑によって処断されることになる。

実在的競合たる併合罪に比して観念的競合が軽く処断される根拠については、観念的競合においては、違法や責任が併合罪の事例に比して減少しているからであると解するのが有力であるが、一個の行為によることを理由とした「処罰の一回性」にこれを求める見解もある。もっとも、後者から観念的競合の吸収主義を説明し得るか、疑問があるところである。したがって、現在では、一罪性の判断、一罪処理の根拠は、実体法上の要請に求めるとする説が支配的となっている。[17]

b) 成立要件　「一個の行為」の判断基準については、自然的観察・社会的見解によるとするのが判例（最大判昭和49年5月29日刑集28巻4号114頁など）の立場であるが、学説では、構成要件に該当する実行行為の「重なり合い」を手がかりとするとの見解が有力であり、判例もこのような思考方法までも否定するものではないと理解されている。「二個以上の罪名に触れ」るとは、一個の行為が実質的に数個の構成要件に該当することであり、この点で外見上のみ数個の構成要件に該当する法条競合とは異なる。

c) 問題となる場合　判例・通説によると、無免許運転や酒酔い運転などの継続犯といういわば「線」と業務上過失致死傷罪などの即成犯といういわば「点」との重なり合いは併合罪とされ、継続犯、即成犯がそれぞれ「線」と「線」、「点」と「点」として重なるときには観念的競合であると解されているようである。このような基準によれば、酒酔い運転と自動車運転過失致死傷罪とは併合罪（上述最大判昭和49年5月29日）、無免許運転と酒酔い運転とは観念的競合（最大判昭和49年5月29日刑集28巻4号151頁）となる。なお、不作為犯の罪数に関して、道路交通法の救護義務違反罪と報告義務違反罪と

は「ひき逃げ」という一個の社会的動態であるとして観念的競合とされているが（最大判昭和51年9月22日刑集20巻8号1640頁）、これについては批判も少なくない。

(2) 牽連犯

犯罪の手段または結果である行為が他の罪名に触れる場合をいう（刑法54条1項後段）。牽連犯の規定は、わが国独自のものであるが、その一罪性の根拠も、観念的競合と同様に考え得る。この手段と結果の関係の理解については、両者の関係が具体的事例において類型的に通常の関係にあることを要するとする客観説が判例（最判昭57年3月16日刑集36巻3号260頁）、また通説であり、両者において客観的牽連性が認められるには、判例において、数罪間に罪質上通例認められる抽象的牽連性と、具体的事案においてもかかる性質を有しているという、具体的牽連性が必要であるとされている（最大判昭24年12月21日刑集3巻12号2048頁、前掲最判昭57年3月16日）。

判例に現れた牽連犯の事例としては、①文書等偽造と同行使罪（手段・目的型）、②文書等行使と詐欺罪・横領罪などの財産罪（観念的競合型）、そして、③住居侵入罪と窃盗罪・殺人罪（住居侵入型）といったものがあり、おおかたこれらの3類型に分類可能である。これに対して、放火罪と保険金詐欺罪、殺人罪と死体遺棄罪、窃盗教唆罪と盗品等有償譲り受け罪では、判例において牽連関係が否定されている。このようなことから、牽連犯については、「最高裁判例によって認められたもののみが、牽連犯である」という評価も存している。また、近時の判例（最判平成17年4月14日刑集59巻3号283頁）においては、恐喝の手段として監禁が行われた場合の罪数関係につき牽連犯としていた大審院判例を変更し、これを併合罪と解するに至った。このように、判例においても、そして立法論においても、牽連犯の成立範囲は次第に縮小されつつある。

Ⅳ　今日的課題―罪数論「の／という」アポリア

罪数論にはいくつかの隘路（アポリア）が存しており、それについては、

実体法上、手続法上の各領域で十分に解決されていない問題が未解決のままにおかれて、そのしわ寄せとして罪数論が解決の役割を担わされていることに原因の一端が存するともいうことができる。例えば、立証上の困難さと、それにもかかわらず、例えば「傷害」（前掲仙台高判昭和34年2月26日参照）という発生結果を罰条で明示するという罪数評価上の要請から混合的包括一罪という競合形式が生じているのがその例である（前掲最決昭和61年11月18日）。以下では、罪数論をめぐるいくつかの隘路を紹介し、将来に向けて解決すべき課題について、検討していきたい。

(1) 二重評価の意義

ある犯罪事実（所為）を法的に評価するにあたっては、二重評価の禁止の原則を意識しなければならない。ところで、「二重評価」とは、一般には、同一の行為者の一個の犯罪事実の評価に際して、これを重ねて評価することであると解されており、したがって、例えば、道交法に違反して交差点に進入したAとBの自動車が衝突し、Aの自動車に乗っていたXが死亡したという事案において、AとBの行為にそれぞれXの死という結果を結びつけ、両者に自動車運転過失致死罪を成立させることに、二重評価の問題は生じないことに留意すべきである。同一行為者につき、一個の事実を二重に評価するわけではないから、二重評価の禁止に背離しないからである。

(2) 観念的競合の明示機能―罰条適用上のアポリア

［事例①］ Aが暴行・脅迫を用いてX女から現金を強取し（強盗は既遂）、その際に劣情をもよおし、強いてX女を姦淫しようとしたが遂げることができなかった（強姦は障害未遂）[19]。この場合、主流判例（東京高判平成5年12月13日高刑集46巻3号312頁など）のように、241条の強盗強姦（下限は7年）未遂罪の成立のみを肯定し、同罪につき未遂減軽を施せば、その処断刑は懲役3年6月となる。しかし、これはAが現金を強取してそのまま逃走したという、強盗既遂罪（下限は5年）のみが行われた場合の処断刑である懲役5年と比較して、はるかに軽いことになる。強いて姦淫しようとしたという行為が付け加わることで、かえって刑が軽くなってしまうことになるのである。

[事例②] 強盗犯人Aは、殺意をもって被害者Xを殺した。この事例について、現在の通説・判例は、240条の強盗致死罪の一罪を適用する。しかし、この場合、死という結果が故意で引き起こされたのか過失で引き起こされたのか、罰条の適用において明らかにされていない[20]。

これらについて、事例①では、強盗強姦未遂罪に加えてさらに強盗既遂罪を観念的競合として併せて適用することで、強盗は既遂であったということを示しつつ、かつ、処断刑の下限については、強盗罪の刑の下限である懲役5年という遮断効によって刑の権衡に関する不都合を解消することが可能となる。また、事例②では、強盗致死罪に加えて、さらに殺人罪を観念的競合として併せて適用することで、所為の不法内容を明らかにすることができるのである。

このような罰条の適用のあり方に対しては、①の事例では「強盗」を、②の事例については「死」という結果を、それぞれ、二重に評価している点で許されない解釈であるとの批判がなされている。しかし、わが刑法と法体系を同じくする、わが刑法の母法であるドイツ刑法では、そのような解釈は、まさに判例・通説の採るところである。そのような理解の背景には、行為者の行った犯罪事実（不法内容）につき複数の構成要件（罰条）を観念的競合として適用することによって可能な限り犯罪事実を評価し尽くそうとする「観念的競合の明示機能」を罰条評価の基礎にするという思想が存している。したがって、むしろ観念的競合における二重評価は、不法内容を明示する上で必要でさえあることになる。すなわち、わが国の「二重評価の禁止」の議論の元となっているドイツ刑法典において、明文において禁止されている二重評価とは[21]、量刑事情の「二重利用」であって、罰条評価としての二重評価ではないのである。

そして、現にわが国の判例においても、二重評価は往々にしてなされている。すなわち、②の事例である、強盗犯人が殺意をもって人を殺害した場合について、旧判例（大判明治43年10月27日刑録16輯1764頁）は、強盗致死罪と殺人罪の観念的競合となるとしていた。そして、現在でも、被害者を殺意をも

って強姦し、被害者を死に致した場合には、181条の強姦致死罪と199条の殺人罪との観念的競合と解するのが確定した判例（最判昭和31年10月25日刑集10巻10号1455頁）の立場であり、強盗犯人が、殺意をもって被害者を強姦し、殺害した場合については、強盗強姦罪と強盗殺人罪との観念的競合とするのがやはり判例の立場である（最判昭和33年6月24日刑集12巻10号2301頁）[22][23]。前者では、「死」という結果が二重に評価され、後者では「強盗」が二重に評されているのである。ここに明らかなように、許されない二重評価とは量刑事情の二重利用をいうのであり、また、併合罪としての二重評価が二重処罰にあたるから許されないとすれば[24]、観念的競合の明示機能という視点からは、複数の罰条によって「所為」の違法を評価し尽くすという方法の方が、むしろ望ましい解釈の仕方であるといえよう[25]。

　二重評価は禁止されるべきではなく、むしろ、法的評価の方法として必要なのである。二重評価が許されないとするのは、ドイツ法で禁止されているDoppelverwertungを、「二重評価」と訳したことにあると思われるのだが、Doppel「verwertung」は、二重「利用」であって、二重「評価」、すなわちDoppel「wertung」ではないのである。許されないのは、二重処罰であって、二重評価ではないことをいま一度確認しておきたい。

(3) 錯誤論と罪数——錯誤論のアポリア

　しかし、その一方で、上記とは反対に、観念的競合の明示機能という点から、観念的競合を認めたことに疑問が残る判例も存する。最判昭和53年7月28日刑集32巻5号1068頁は、AがBを殺害し財物を奪おうとして発砲したところ、弾はBのみならず、Aの認識していなかったCにも命中し、二人に重傷を負わせたという、併発事実の錯誤の事例において、殺人の故意のないCに対しても強盗殺人未遂罪を認め、両名に対する強盗殺人未遂罪の観念的競合が成立するとした。しかし、一個の故意しか存在しないのに、複数の故意犯を認めることはできるのであろうか。近時、東京高判平成14年12月25日判タ1168号306頁は、被告人Aが斎場において、Xに向けてけん銃を発射したところ、弾はXに命中し同人を死亡させたほか、Yにも命中し同

人を死亡させ、さらに、Ｚに傷害を負わせたという事案について、原審が、各事実につき観念的競合としてＸに対する殺人罪の刑で処断するとして、Ａを無期懲役に処したところ、検察側が、量刑不当を理由として控訴（求刑死刑）したのに対して、いわゆる数故意犯説を前提とするとしても、「Ｙ及びＺに対する各殺意を主張して殺人罪及び殺人未遂罪の成立を主張せず、方法の錯誤（と数故意犯説【筆者註】）の構成による殺人罪及び殺人未遂罪の成立を主張した以上、これらの罪についてその罪名どおりの各故意責任を（量刑において【筆者註】）追及することは許されない」として、これを排斥したものである。

　この平成14年判例は、量刑に際しては、数故意犯説の構成によって成立する複数の故意責任を理由として行為者に故意責任を追及することは、基本的にできないとした。これは、これまでも指摘されていた、いわゆる数故意犯説が内包していたところの責任主義に抵触するという問題性を直視し、そのうえで量刑上妥当な指針を示したものである。そして、そのかぎりで妥当な判断というべきである。とはいえ、観念的競合として適用される刑罰法規は劣位法（吸収される法）を含め量刑規範となると考えるならば、一個の殺人の故意しかないところに数個の殺人罪の成立を肯定したその罰条の適用には、疑問が残るといわざるをえない。数故意犯説は、複数の罰条による所為の評価という明示機能とは関係しないのである。そこには、評価すべき複数の故意犯は存在しないからである。罪名と科刑の一致をいうなら、すなわち、この標語を、罪名に対応する刑を科すという趣旨で理解するなら、数故意犯説による構成は、これに反しているというべきではなかろうか。数故意犯説は、「擬制的に殺意を認めた場合には、それは量刑評価の対象にならない」とする。かりに数故意犯説を採用するのであれば、法令の適用において示された罰条が示しているのは擬制的な故意か否かを分ける指針を早急に示されなければならないのではなかろうか。

(4)　かすがい作用——競合形式適用上のアポリア

　「かすがい作用（現象・理論）」とは、本来であれば併合罪となる数罪が、そ

れぞれがある罪と科刑上一罪の関係にあることで、全体として科刑上一罪となることをいう[29]。このかすがい作用を認めると、3個の殺人が戸外で行われたときには3つの殺人罪の併合罪となるのに対して、これが住居内で行われたときには、住居侵入という更なる一罪が加わることで、全体が牽連犯という科刑上一罪となる（最決昭和29年5月27日刑集8巻5号741頁）という不都合が生じる[30]。そこで、これに対しては、一個の殺人罪と住居侵入罪とを牽連犯とし、これを他の2つの殺人罪との併合罪とする説や、3つの殺人の併合罪と一個の住居侵入罪との間に牽連犯を認める説などが主張されている（「かすがい外しの理論」）。加えて、そのほか、当事者主義・訴因制度から、検察官がかすがいに当たる部分を除外して起訴することも（これは被告人に本来有利な措置であることからも、判例のいう「合理的裁量の範囲」にかかわらず）可能であると解すべきなのではないかと思われるところである。

(5) **共犯の罪数——訴訟法上のアポリア**

共犯に成立する犯罪の個数（共犯の狭義の罪数）については、正犯が行った犯罪の数をもって共犯の罪数が決せられるとする考え方が主流である。例えば、一個の行為で正犯の2つの行為を、あるいは2人の正犯者を助ければ、2個の幇助罪が成立するとするのである。これに対して、犯罪が複数成立した場合の相互の犯罪の関係（科刑上一罪の成否。共犯の広義の罪数）については、共犯行為が一個であれば2個の幇助罪は観念的競合であるとする共犯行為標準説が判例・通説である（最決昭和57年2月17日刑集36巻2号206頁）。しかし、この見解をそのままに展開すると、問題が生じる。すなわち、Aが、Xに器物損壊、Yに強盗、Zに殺人を一個の行為で教唆し、X、Y、Zのそれぞれが比較的長い時間的間隔をおいて犯罪を実行したというような場合、実体法上では、観念的競合の成立範囲が格段に広がること、また、共謀共同正犯として起訴された場合（併合罪）と処断刑を異にすることになることが挙げられ、手続法上では、一事不再理効の範囲が広がること（Xに対する教唆で確定判決が出た後にYやZに対する教唆が発覚した場合や、右確定判決後に犯罪が行われた場合に、併合罪の場合と異なり、科刑上一罪の場合には一事不再理効の範囲が科刑上一罪

の関係にある事実全体に及ぶとされていることから、それらについては起訴し得ない)[31]、また、併合罪と解されれば既に時効の完成している数罪について、最後の正犯行為が行われるまで時効が引き延ばされること（刑訴法253条参照）などがあげられているのである。

これらの課題は、今後罪数論を理論上も実務上も発展させていく上で、基礎となるべきテーマであるといえよう。

注
1) 罪数論は量刑論とも深く関連しているが、今回の検討では、割愛することにする。只木誠「罪数論・量刑論」法律時報81巻 6 号46頁及びそこに掲載されている文献参照。
2) 小野清一郎『犯罪構成要件の理論』(1953年) 351頁以下、只木誠『罪数論の研究〔補訂版〕』(2009年) 1 頁以下参照。
3) 倉富勇三郎ほか監修『刑法沿革綜覧』(1923年) 2148頁。
4) 松尾浩也「併合罪と刑の吸収」団藤重光編『注釈刑法(2)のⅡ』(1969年) 591頁、岡田朝太郎『刑法総論』(1924年) 605頁など参照。
5) 罪数論・競合論に関する最新の文献として、西田典之・山口厚・佐伯仁志編『注釈刑法 第 1 巻』(2010年) 709頁〔山口厚〕参照。
6) 山口・前掲書709頁。
7) この点が問題となり得る判例として、最決平21年 7 月 7 日刑集63巻 6 号507頁、最決平22年12月20日刑集64巻 8 号1312頁参照。
8) この点で疑問となるのが、最決昭和50年 5 月27日刑集29巻 5 号348頁である。この決定では、運転技術が未熟で、しかも酒に酔った状態で運転を開始し、約100メートル進行した地点で衝突事故を起こした事案において、酒酔い運転と重過失傷害罪とを併合罪としたのであるが、本案件においては、酒酔い運転と重過失致傷とは、時間的・場所的関係からも「一個の行為」によるものとして、観念的競合とされるべきではなかったであろうか。
9) 平良木登規男「罪数論と刑事訴訟法」現代刑事法 (2004年) 38頁など参照。
10) もっとも、法条競合については、特別関係と吸収関係（強盗罪と暴行罪・脅迫罪）のみを認める説（西田典之『刑法総論〔第 2 版〕』(2010年) 413頁）、特別関係、補充関係（現住建造物放火罪（108条）及び非現住建造物放火罪（109条）と建造物等以外放火罪（110条））及び択一関係を挙げる説（山口・前掲書709頁）など、その理解については一様ではない。それは、法条競合と包括一罪の理解の相違に由来する。
11) 結合犯についても、法条競合とする理解以外に、包括一罪とするものなど、異なった理解が存する。
12) そのほか、例えば、有償処分あっせんのため運搬・保管し、つづいて有償処分をする行為、同一人に対し賄賂を要求し、約束し、さらに収受する行為も、狭義の包括一

13) 2個の速度違反を包括一罪ではなく併合罪とした最決平5年10月29日刑集47巻8号98頁は、この点で参考になろう。
14) 窃取した預金通帳と印鑑で銀行の窓口で預金の払い戻しを受けるように、事後行為が新たな犯罪（この場合には詐欺罪）を構成する場合には、別罪が成立するのはいうまでもない。
15) もっとも、2つの横領行為は併合罪であるのか、包括一罪であるのかについての判断は、いまだ留保されている。単一的不法と単一的責任が肯定される限り、包括一罪と解することができよう。
16) 只木・前掲書164頁。
17) 西田典之・山口厚・佐伯仁志編『注釈刑法 第1巻』（2010年）744頁［鎮目征樹］、林幹人『刑法総論〔第2版〕』（2008年）448頁参照。
18) 鎮目・前掲書760頁。
19) 只木誠「観念的競合における明示機能」研修754号3頁参照。
20) ［事例②'］AがXを殺害しようとして遂げず、その際にXに重傷を負わせた場合、殺人未遂罪の適用のみを適用するとしているのが判例・通説の立場である。しかし、この場合、傷害の結果が生じているか否かは、罰条の適用には示されていないことになる。そこで、本文で示したような事例②と同様の解決策（傷害罪との観念的競合とする）が考えられる。
21) なお、林美月子「量刑における二重評価の禁止」神奈川法学26巻1号135頁参照。
22) これに対する批判として、山口厚『刑法各論〔第2版〕』（2007年）116頁。
23) 126条3項と殺人罪が成立し観念的競合となるというのが確立した判例である。
24) 東京高判平成13年10月4日東高時報52巻1～12号66頁参照。
25) このような理解に立つ近時の判例として、東京地判平成17年3月23日判タ1182号129頁や、大阪地判平成4年9月22日判例タイムズ828号281頁がある。後者は、強盗の目的で、相手方の反抗を抑圧するに足りる程度の脅迫を加えたにもかかわらず、被害者に反抗抑圧の程度に至らない畏怖心を生じさせたにとどまり、その結果、被害者が財物の持ち去りを黙認して交付した場合、強盗未遂と恐喝既遂の罪が成立し、両罪は観念的競合の関係にあるとしている。
26) 方法の錯誤の事例で、一個の故意で複数の客体に結果が生じた場合、複数の故意犯を認めることができるとする説をいう。
27) この点で大量殺人を意図して爆弾を投棄するという概括的故意の事例と事情を異にする。この場合には、複数の故意既遂犯、未遂犯を観念的競合とすることに意義があるのである。しかし、択一的故意の場合には、複数の人間に命中する可能性がないことを意識している場合には、私見によれば、一個の犯罪のみが肯定されるべきである。
28) 安廣文夫「刑法好きの若頭と強盗犯の同士討ち」只木誠編『刑法演習ノート21』（2013年）363頁。
29) なお、川出敏裕「判批」『刑法判例百選Ⅰ総論〔第6版〕』（2008年）212頁。
30) かすがい作用は、複数の罪が観念的競合の関係にある場合にも、認められている。

もっとも、かすがい作用の認められる範囲は、判例において狭められつつあることも事実である。川出・前掲判批212頁、只木誠「判批」『平成17年度重要判例解説』（2006年）170頁参照。
31)　西田典之「判批」警察研究55巻9号（1984年）77頁、大塚仁ほか編『大コンメンタール刑法〔第2版〕第5巻』（1999年）〔安廣文夫〕510頁。

4 罪数論体系の再構築

西北政法大学教授
王　　政　勲
（訳者：成蹊大学教授　金光旭）

　罪数とは、行為者が社会を危害する行為を行った場合に成立する犯罪の個数を意味する。行為者の行為に一個の犯罪が成立する場合が、一罪の形態であり、数個の犯罪が成立する場合が、数罪の形態である。行為者の行為を一罪と評価するのか、それとも数罪と評価するのかは、事実認定及び量刑に影響するだけでなく、刑法の時間的効力及び空間的効力の問題や、公訴時効、恩赦等の問題、さらには、事件管轄、公訴・自訴の選択といった訴訟法上の問題とも密接な関連性を有するのである。

　刑法の体系において、罪数論は、犯罪論に属すると同時に、併合罪制度の運用にも関連するため、刑罰論にも属する問題領域である。1980年代の刑法教科書では、併合罪制度の中で罪数の問題を若干取り上げるのが一般的であったが、その後は、犯罪論の中に独立の章を設けて罪数問題を検討するようになり、罪数の形態を、未遂・既遂形態、共犯形態の問題と並んで、犯罪形態の一つとして位置付けるようになった。もちろん、併合罪としての処罰そのものは、依然として刑罰論に属する問題とされている。

　通常の場合は、一罪か数罪かの判断は必ずしも難しいことではない。しかし、一部の事件においては、その事実関係の複雑性、法律規定の錯綜性及び法文意義の多義性に起因して、罪数の認定は必ずしも容易ではなく、罪数の問題は、刑法理論及び刑事実務におけるもっとも困難なテーマの一つとされ続けた。未遂と共犯の問題と同様、各国の刑法は、その位置づけこそ異なるものの、罪数の形態について明文の規定を置くのが一般的である。たとえ

ば、日本、イタリア、ロシア、韓国では、刑法典のうち、犯罪関連の規定中に罪数を定めており、ドイツや台湾では、刑法典のうち、刑罰関連の規定中にこれを定めている。

I 罪数論体系に関する現行学説上の問題点

　旧ソ連刑法に範をとった中国の刑法は、旧ソ連の刑法と同様、観念的競合や牽連犯についてはなんら規定を設けていない。1979年の刑法と1997年の刑法は、いずれも刑罰制度の中で併合罪を規定するにとどまっている[1]。

　それが一因となって、犯罪論の中で、罪数論はもっとも認識が混乱している問題領域の一つといってもよい。既存理論の多くは、論理的矛盾を孕んでいるだけでなく、中国刑法の実定法規や実務からかけ離れすぎているため、そこで提唱される多くの概念は、実務における事件処理になんら役に立たないものになっている。また、これによって、罪数論は、初学者にとってももっとも難解な理論になっている。法学部の在学生が、大学時代の学習を振り返る際に、その理解がもっとも浅く印象に残っていない問題として挙げているのは、ほかならぬ罪数論なのである。

　私見によれば、現在の罪数論には、以下の問題点が存在する。

　第1に、論理上の矛盾を抱えている。通説によれば、一罪と数罪を区別する基準は構成要件であり、すなわち、「罪数を区別する基準は、構成要件的評価の回数であり、行為者の犯罪事実が1個の構成要件に該当する場合は一罪となり、数個の構成要件に該当する場合は数罪となる」とされる[2]。しかし、この基準では、学説及び実務による実際の問題処理のかなりの部分について、必ずしも説明することができない。①まず、たとえば、手榴弾を投げつけて、一人を殺害し、一人に怪我を負わせ、かつ文化財を損壊したような観念的競合の場合、殺人罪、傷害罪、文化財損壊罪の三つの犯罪の構成要件を充足しているにもかかわらず、学説と実務は一致して一罪として処理すべきとしている。②つぎに、たとえば、契約詐欺のような法条競合の場合、詐欺行為が同時に詐欺罪と契約詐欺罪の構成要件を充足しているにもかかわら

ず、これを数罪として処理すべきとする意見は皆無なのである。③最後に、たとえば、時期を異にして法益主体の異なる3人を傷害したようないわゆる同種数罪の場合、傷害罪の構成要件を3回充足しているにもかかわらず、実務ではこれを一罪として処理している。すなわち、わが国の実務では、同種数罪は併合罪とならないのである。以上の問題点のほかにも、そもそもわが国の構成要件理論には様々な欠陥があるため、構成要件的基準は、一罪と数罪を区別する適切な基準になりえないと思われる。実際にも、通説は、観念的競合、連続犯、牽連犯等の処理においては、構成要件的基準を貫徹していないのである。

第2に、中国の実定法規や実務の運用からかけ離れている。現在の罪数理論は、旧ソ連、台湾、日本、ドイツなど様々な法域の刑法理論に範を採ったものであり、その理論の内部に一貫性が見られないだけでなく、中国の実定法規や実務の運用に立脚しているとは到底いえない。たとえば、連続犯について、ほとんどの教科書はそれを取り上げて論述を加えている。通説によれば、連続犯とは、連続した同一の故意により、数個の独立した犯罪行為を連続的に実行し、同一の罪名に触れる犯罪形態であって、これについては一罪として処理すべきとされる。しかし、連続犯という概念は、そもそもイタリア刑法等において、本来は数罪の一種である連続犯について、処罰が過酷になるのを避けるために、併合罪処理の例外として定めたものである。これに対し、わが国では、連続犯と非連続犯とを問わず、判決の宣告以前の同種数罪については、すべて一罪として処理するのであって、連続犯と非連続犯を区別する実益は全くないのである。たしかに、刑法89条では、犯罪行為が連続状態にあるときは、公訴期限は、「犯罪行為の終了日から起算する」と定めているから、連続犯を認める意義があるようにも見える。しかし、同条2項は、第1項に続いて、「公訴期限内で再び罪を犯したときは、前罪の公訴期限は、後罪を犯した日から起算する」と定めているから、その結果として、後罪と前罪とが連続犯であるか否かに関係なく、後罪が行われた日から公訴期限を記算することになる。したがって、公訴時効の観点から見ても、

連続犯の概念を用意する必要がないのである[3]。

また、日本の刑法理論には、結合犯という概念があり、刑法上独立に存在する複数の犯罪を結合して一個の犯罪として定める場合を意味する。たとえば日本刑法における強盗強姦罪等がこれにあたる。そこで、わが国の多くの教科書でも、罪数論の中で結合犯を取り上げて検討しているが、わが国の刑法にはそもそも結合犯を定めた規定が存在しないから、この概念の導入も、わが国の実務や理論にとって意義のあるものと思えないのである。

吸収犯も、現在の罪数理論における重要な概念である。通説によれば、吸収犯とは、一般の日常観念又は罰条の内容からして、一方の行為が他方の行為に吸収され、吸収行為についてのみ１個の犯罪が成立する場合をさすとされる。その上で、吸収犯の特徴として、①数個の行為が存在し、それぞれに独立の犯罪が成立すること、②数個の犯罪の間に吸収関係が存在すること、の２点が挙げられている[4]。また、日常観念に基づく吸収とは、一般の経験則から、一方の犯罪が当然に他方の犯罪の方法又は結果である場合や、前行為が後行為の必須の段階又は後行為が前行為の当然の発展結果である場合をさすとされ、その例として、窓を損壊して逃走する行為や、窃盗遂行後に賍物を譲渡する行為などが挙げられている。一方、罰条の内容に基づいた吸収とは、条文の内容上、一方の犯罪の構成要件が他方の犯罪の構成要件に包摂されている場合をさすとされ、その例として、たとえば、武装反乱罪・暴動脱獄罪・多衆被拘禁者奪取罪の実行過程における、殺人、傷害、放火、戦時住民殺害財物略奪罪の実行における、強盗、殺人、傷害などが挙げられている。吸収関係にある場合は、軽い犯罪が重い犯罪に吸収され、併合罪にはならないとされる。しかし、私見によれば、この吸収犯の概念も不要である[5]。いわゆる経験則に基づいた吸収関係は、牽連犯との区別がほとんど不可能であり、無理をしてそれを区別しても実益がないと思われる[6]。また、罰条の内容に基づいた吸収関係も、実は法条競合にあたるものであって、二つの罰条の間には一方が他方を包摂する関係が存在するのである。

第３に、罪数形態についての分類が過度に複雑化し、かつ混乱している。

たとえば、単純一罪、本来的一罪、科刑上一罪、評価的一罪、法定上一罪、包括一罪、処断上一罪等の概念が提唱され、それぞれの概念の下でさらに細分類が試みられている。しかし、こうした分類は、徒に理論を複雑化するものであって、実際の問題の解決には必ずしも結び付かないものである。

II 罪数評価の基準と分類

一罪と数罪を区別する基準として、諸外国では、犯意を基準とする説、行為を基準とする説、法益侵害を基準とする説、構成要件を基準とする説、個別化説、混合基準説など、様々な見解が対立しており、統一した理論が存在するわけではない。

私見によれば、典型的な一罪と典型的な数罪の区別は明瞭であり、上記のどの説によっても、典型一罪と典型数罪を区別することは可能である。論理的に考えれば、構成要件基準説が妥当のように見える。なぜなら、構成要件には犯罪個別化機能があり、犯罪の区別は構成要件によってのみ可能になるからである。そこから、一罪となるのは1個の構成要件に該当する場合であり、数罪となるのは数個の構成要件に該当する場合である、といった結論が導かれるのである。

しかし、この基準には限界がある。1個の構成要件に該当する行為に数罪が成立しないのはその通りであるが、逆に、数個の構成要件に該当する行為に当然に数罪が成立するとはいえないからである。たとえば、観念的競合、法条競合、牽連犯、同種数罪の場合は、いずれも数個の構成要件に該当する場合であるが、併合罪として処理するわけにはいかのである。一罪か数罪かが問題になるのは、典型的一罪と典型的数罪の中間に存在する非典型的な犯罪形態であり、まさにこうした非典型的形態について、現在説得力のある理論が見当たらないのである。

典型的一罪と典型的数罪との中間に存在する非典型的形態は、その非典型性の原因が様々であり、典型的一罪の原型との距離もそれぞれ異なるから、一元的な基準をもって一罪か数罪かを評価することは困難であり、また、そ

の必要性もないと思われる。こうした非典型的形態については、具体的な状況に応じて具体的に分析するほかないであろう。

　このように、罪数形態の分類について、学説上共通の理解に至っていないのが現状であるが、私見によれば、非典型的形態については、行為の個数を分類の基準とする方法がもっとも簡便であると思われる。一行為は必ず一罪となるが、その中にはいくつかの特殊な一罪形態が存在する。数行為は、通常は数罪となるが、一定の例外もある。罪数論は、まさにこうした例外について検討しなければならいのである[7]。

Ⅲ　一行為による一罪の形態

　行為者に1個の行為しかない場合は、1個の犯罪しか成立しない。その中には、一見数罪が成立するように見えるものもあるが、結果的にはやはり一罪として処理することになる。

1、継続犯

　継続犯とは、持続犯とも呼ばれ、犯罪が既遂に達した後も、相当の期間にわたって同一の法益に対する侵害が持続する犯罪類型をさす。わが国の刑法89条は、公訴時効について、「公訴の期限は、罪を犯した日から起算する。犯罪行為が連続的又は持続的な状態にあるときは、犯罪行為の終了日から起算する」と定めており、継続犯の存在を前提とした規定を設けている。不法監禁罪や、略取罪が継続犯の例である。

　継続犯には次ぎの特徴がある。①実行行為は1個である。すなわち、主観面においては、行為を支配する犯意が1個であり、客観面においては、行為の持続時間の長短にかかわらず、行為が1個であるといえる場合でなければならない。行為の持続や、行為地の移転、行為の断続があったとしても、数行為と評価されるわけではない。1個の行為と評価されない場合は、継続犯は成立しない。②同一の法益を持続的に侵害することである。継続犯の行為は、既遂成立以前と以降にわたって存在し続けるものであり、したがって、その前後にわたって侵害する法益も同一の法益である。もし侵害法益に変化

が生じた場合には、前後の行為を持続的な同一の行為と評価することはできない。たとえば、遺棄後の殺害行為、不法監禁中の傷害、強姦行為がその例である。③継続犯は、既遂が成立後に犯罪状態が継続する場合である。すなわち、行為と不法状態がともに継続している必要がある。継続犯は即成犯とは異なる。後者は、行為の終了と同時に犯罪が終了する場合、すなわち、犯罪の既遂と同時に犯罪状態が終了する場合を意味し、たとえば、窃盗の場合、行為が終了後、不法状態が継続しているにもかかわらず、犯罪は終了したものと評価されるのである。他方、行為が継続するだけでは、継続犯は成立しない。たとえば、3回連続発砲して人を殺した場合は、不法状態の継続がないため、継続犯は成立しない。したがって、継続犯が成立するためには、既遂後に行為と不法状態の双方の継続が必要である。その意味で、継続犯の場合は、未遂の問題は生じない。たとえば、不法監禁直後に被害者が逃げ出した場合や、犯人が贓物を隠匿した直後に検挙された場合は、いずれも既遂が成立することになる。④継続犯の場合は、行為が相当の期間にわたって継続する必要がある。すべての犯罪の遂行には一定の時間を要するが、継続犯が成立するためには、相当の時間の経過が必要である。必要とされる相当の時間は、罪質や、情状、法益侵害等に鑑み、各種継続犯に応じて具体的に検討する必要があろう。たとえば、略取罪や不法監禁罪は、比較的に短時間でもよく、遺棄罪は比較的に長い時間が必要であろう。時間が経つほど、法益侵害の度合いも大きくなる。

　継続犯は、実益のある概念である。非継続犯の場合は、共犯が成立するためには、既遂以前に共同実行の犯意と行為が存在することが必要であるが、継続犯の場合は、既遂が成立し犯罪状態が継続中に加担しても、共犯が成立しうる。たとえば、甲が乙を略取又は監禁した後に丙が参加した場合でも、丙に共犯が成立する。また、継続犯の量刑にあたっても、行為と犯罪状態の持続時間は、法益侵害の程度の評価と密接に関連する要素となる。さらに、継続犯の公訴時効は、犯罪行為の終了日から起算することとなっている。最後に、刑法の遡及力に関しては、継続犯の持続時間が新旧両法に跨る場合

は、新法が適用されることになる。
２、結果的加重犯
　結果的加重犯とは、故意に実行した基本犯の構成要件に該当する行為により、基本犯の構成要件的結果より重い結果を発生させ、この加重結果について加重された法定刑が定められる犯罪類型をさす。傷害致死罪がその例である。結果的加重犯には、次の特徴がある。①基本的構成要件を充足することである。すなわち、結果的加重犯は、基本的構成要件を満たしていることを前提とし、行為者が基本的構成に該当する行為を実行して、加重結果を惹起した場合に、その加重結果について刑事責任を負うものである。行為者の主観面においては、構成要件的故意が存在することが必要であり、したがって、過失犯については結果的加重犯の形態は存在しない。②加重結果の発生が必要である。加重結果は、基本的構成要件の結果より重い結果であり、それは、基本的構成要件行為と密接な関係をもち、それとの因果関係が認められなければならない。加重結果がなければ、結果的加重犯の成立余地もないのである。わが国の刑法に見られる結果的加重犯として、傷害致死罪、強盗致死罪、強姦致死罪、虐待致死罪、婚姻自由暴力干渉致死罪、不法監禁致死罪等がある。これらの犯罪において、基本的構成要件結果と加重結果がともに発生した場合は、行為とその双方の結果との間に因果関係が認められなければならない。基本的構成要件の結果が発生せず、加重結果のみが発生した場合は、行為と加重結果との因果関係が認められれば足りる。因果関係は、直接的な因果関係でも間接的な因果関係でもよい。傷害致死罪、強盗致死罪、強姦致死罪が前者の例であり、虐待致死罪、婚姻自由暴力干渉致死罪が後者の例である。③加重結果について、行為者の責任が肯定されなければならない。不可抗力等により加重結果が発生した場合は、結果的加重犯は成立しない。責任形式は、故意でも過失でもよいが、過失の場合が多い。傷害致死罪の場合は、死亡結果についての責任形式は過失でしかありえない。強盗致死傷罪、強姦致死傷罪の場合は、加重結果が重傷であれば、責任形式は故意でも過失でもよいが、加重結果が死亡であれば、責任形式は過失又は未必の故

意に限定される。虐待致死罪、婚姻自由暴力干渉致死罪の場合は、責任形式は過失に限定される。④法定刑が基本犯より重い。重い結果が発生したが、刑法上加重された法定刑が定められておらず、単に重い結果に対応した犯罪に照らして処罰する旨が定められている場合は、これは転化犯であって、結果的加重犯ではない。たとえば、292条2項は、「多衆集合して乱闘し、人に重傷害を負わせ又は死亡させたときは、この法律の第234条（傷害罪。訳者注）又は第232条（殺人罪。訳者注）の規定により罪を認定し、処罰する」と定めているのが、その例である。結果的加重犯には、独自の罪名を与えられておらず、基本犯の罪名が適用されることになっている。量刑の際には、結果的加重犯の罰条が適用され、基本犯の罰条は適用されない。

3、観念的競合

　観念的競合とは、1個の行為が数個の罪名に触れる犯罪形態をさす。すなわち、1回の意思決定に基づいて1個の行為を実行し、数個の法益を侵害して、数個の罪名に触れる場合である。たとえば、手榴弾を投げて、一人を死亡させ、一人を負傷させ、文化財1個を損壊した場合がこれにあたる。わが国の刑法には、観念的競合についての規定が存在しないが、学説及び実務のいずれもこの概念を用いている。観念的競合の場合は、1個の罪名だけでは、行為全体を評価しきれず、よって数個の罪名をもって評価する必要がある。他方で、複数の法益侵害を惹起して、数個の罪名に触れるものの、それが完全な典型的な数罪とも異なっており、行為者は1回の意思決定に基づいて1個の行為しか行っていないから、それを数罪として刑事責任を追及するのも妥当でなく、よって科刑の際には併合罪として処理しないのである。

　観念的競合には、以下の特徴がある。①1個の行為を実行したことである。故意と過失は問わない。②1個の行為が数個の罪名に触れた場合である。1個の行為により数個の結果を惹起し、複数の法益を侵害したために、外形上、形式上、数個の犯罪が成立する。観念的競合については、もっとも重い罪名により処罰することになる。

　通説によれば、数罪の重さの比較は、法定刑の軽重を基準とすべきとされ

るが、筆者は、新法と旧法のいずれを適用するかの問題を検討する際に、法定刑の軽重の比較は容易ではなく、しかも妥当な結論を導き得ない場合があるので、処断刑の軽重を基準とすべきことを主張したことがある。[8] 観念的競合についても、同じことがいえるので、行為の触れる数罪の処断刑を比較した上で、そのもっとも重い罪名を適用すべきと思われる。

4、法条競合

　法条競合とは、1個の行為が同時に複数の犯罪の構成要件に該当するが、それらの罰条の間に一方が他方を全部又は部分的包摂する関係があるため、一罪のみが成立する場合をさす。たとえば、通常の詐欺罪と契約詐欺罪の関係がこれにあたり、ある詐欺行為が両方の構成要件に該当する場合は、契約詐欺罪のみが成立することになる。

　刑事立法が発達するに伴って、立法機関が、一般法に加えて特別法を、あるいは一般法に加えて補充法を、軽い法に加えて重い法を定めることはしばしば見られる現象であり、これによって、罰条が複雑に錯綜することになるのである。たとえば、詐欺罪と特殊詐欺罪との関係、窃盗罪と特殊窃盗罪との関係、過失致死罪と交通事故罪・重大責任事故罪・医療事故罪との関係が、法条競合にあたる。

　法条競合には以下の特徴がある。①1個の行為が同時に数個の罰条に触れることである。すなわち、行為者が1個の故意に基づいて1個の行為を実行した場合でなければならず、数個の行為を行った場合は、法条競合にならない。②罰条の間に競合関係が存在することである。ここでいう罰条とは、現行の有効な罰条でなければならず、新法と失効した旧法との間には、法条競合の問題は生じない。たとえば、旧法時代のことであるが、1979年の刑法における横領罪と、その後の単行法で規定された横領罪とは法条競合の関係にない。また、犯罪の構成要件が完全に一致していない場合でも、法条競合にならない。たとえば、横領罪と収賄罪とは法条競合の関係にないのである。

　法条競合には、二つの形態がある。

　第1は、包摂関係の法条競合である。これは、一つの罰条の全部の内容が

他方の罰条の一部分を構成する場合であり、たとえば、詐欺罪と金融詐欺罪、窃盗罪と銃器弾薬窃盗罪との関係がこれにあたる。包摂関係の典型的な類型は、一般法と特別法の関係にある場合である。すなわち、特別法に違反する行為が同時に一般法にも触れ、したがって本来なら一般法でも処理できるが、立法者が、ある特殊の法益を保護するために、当該特殊の法益を侵害する行為を独立の犯罪として定めたことにより、一般法と特別法の関係が生まれるわけである。たとえば、詐欺罪と保険詐欺罪の関係、窃盗罪と銃器弾薬窃盗罪の関係がこれにあたる。包摂関係のもう一つの類型は、全部法と部分法の関係にある場合である。すなわち、ある犯罪の構成要件が他方の犯罪の必須の発展段階又は手段を構成し、前罪の構成要件が後罪の構成要件に含まれる場合である。たとえば、武装反乱罪・暴動脱獄罪に含まれる殺人・傷害行為や、強姦罪に含まれる強制わいせつ行為、密航結集罪に含まれる密航移送行為・出境証明書騙取行為等がその例である。強姦罪と強制わいせつ罪の例で説明すると、強姦の過程で強制わいせつ行為が伴わないことは考えにくいので、強姦過程における強制わいせつ行為は強姦行為の一部であると解する必要がある。その反射的結果として、強制わいせつ罪におけるわいせつ行為については、強姦過程以外のわいせつ行為をさすと解することになるのである。[9]

　一般法と特別法の関係にある包摂関係については、「特別法は一般法に優先する」原則によって処理すべきである。たとえば、契約詐欺行為については契約詐欺罪を適用すべきである。全部法と部分法の関係にある包摂関係については、「全部法が部分法に優先する」原則によって処理すべきである。たとえば、強姦中の強制わいせつ行為については、強制わいせつ罪と評価せず、それを強姦罪の中で評価すべきであり、暴動脱獄の過程における殺人、傷害行為についても、これを殺人罪や傷害罪と評価せず、暴動脱獄罪のみの成立を認めるべきである。

　第2は、交差形態の法条競合である。これは、二つの罰条の構成要件が部分的に交差する場合であって、一つの罰条の内容の一部が他の罰条の内容の

一部分を構成する場合である。たとえば、過失致死罪と交通事故罪の関係、詐欺罪と国家公務員偽称詐欺罪の関係等がこれにあたる。交差関係については、「重い罪は軽い罪に優先する」原則によって処理すべきである。

　法条競合と観念的競合は、いずれも１個の行為が数個の罪名に触れる場合であるが、以下の点で相違が見られる。第１に、法条競合の１個の行為は１個の意思決定に基づいて、１個の結果を惹起しているのに対して、観念的競合の１個の行為には数個の意思決定が伴う場合が多く、かつその行為によって数個の結果が惹起されている。第２に、法条競合は法規範の問題であり、法規範の錯綜によってもたらされる問題である。すなわち、罰条の錯綜によって条文間の包摂関係や交差関係が生じ、それによって、１個の行為が数個の罪名に触れる状況が生まれるのである。これに対し、観念的競合は事実の問題であり、行為の実行によってもたらされる問題である。すなわち、行為者の１個の行為により複数の法益を侵害し、数個の結果を惹起したために、数個の罪名に触れる状況が生まれるのである。第３に、法条競合の場合、罰条間に包摂又は交差関係があるが、観念的競合の場合は、このよう関係は見られない。第４に、法条競合の場合は、数個の罰条の中から１個の罰条を適用し、すなわち、一般法に対する特別法の優先原則によって処理するが、観念的競合の場合は、単に「重い罪の刑で処罰する」という原則で処理するにすぎない。

Ⅳ　数行為による一罪の形態

　行為者が数個の独立の行為を行ったが、立法上又は実務上それを一罪として処理する場合もある。これは「行為の一体性」によるものである。「一体性とは、数個の犯罪の構成要件を一体的に捉えることを意味し、すなわち、数行為が、同一の又は類似の犯罪動機により同一の行為過程を形成するような場合は、個々の犯罪構成要件に該当する行為は全体の行為の一部をなし、その独立性を失うことになる。数行為を併合罪として処理しない理論的根拠は、まさにここにある。もしこのような内在的一体性を有しない場合は、各

構成要件該当行為は独立して存在し、すなわち典型的数罪の場合にあたるので、併合罪として処理されることになる[10]」。

1、集合犯

集合犯とは、刑法が数個の同じ種類の行為をあらかじめ一罪として定め、その構成要件自体が、同種類の行為の反復を予定している犯罪類型をさす。前田雅英教授は次のように指摘する。「集合犯は、構成要件自体が数個の同種類の行為を予想している。たとえば常習犯の場合、賭博常習者が数回の賭博行為を行っても常習賭博一罪にしかならない。また、営業犯の場合も、無免許医業行為を繰り返しても無免許医業罪一罪が成立するにすぎない[11]」。通常の犯罪についての構成要件的記述と異なって、集合犯の構成要件の記述においては、その動詞の語意の中に、同種類行為の反復が含まれているから、同種類の行為を数回行った場合でも、集合犯一罪が成立するにすぎず、併合罪として処理しないのである。

台湾の学者は、集合犯には、偽造犯、収集犯、頒布犯、販売犯が含まれるとし、日本の学者は、集合犯には、常習犯、職業犯、営業犯が含まれるとしている[12]。わが国の刑法では常習犯は定められておらず、職業犯[13]、営業犯、徐行犯が、集合犯にあたるといえよう。

営業犯とは、営利の目的で、同種類の犯罪行為を複数回反復することを意図し、かつ、それを業務とする犯罪のことを意味する。たとえば、刑法303条が「営利の目的で、賭博を業とする者」と定めているのが、その例である。ここでいう「賭博を業とする」とは、行為者が営利目的で、賭博を職業として、賭博行為を繰り返し行うことを意味する。したがって、同罪においては、賭博行為の反復がその実行行為であり、よって、「賭博を業とする」の意義の中に、多数回の賭博行為がもともと予定されているのである。

職業犯は、営業犯に似た概念であるが、行為者が同種類の犯罪行為の反復を意図し、かつ、それを業務とする犯罪をさす。不法医業罪がその典型例であり、医師免許を持たない者が医業をその業務として、医療行為を反復する行為がこれにあたる。「医業」とは、医師としての業務活動をさし、その中

には、医療行為の反復やそれに基づいた報酬の取得が含まれるのは当然である。したがって、営業犯の場合と同様、上記の意図をもって、上記の行為を１回行った場合でも、多数回行った場合でも、一罪が成立するにすぎない。

徐行犯とは、行為者が概括的故意の下で、一定の期間にわたって、数個の同質の違法行為を連続的に実行した場合であって、それぞれの違法行為が独立しては犯罪を構成しないが、数個の違法行為の累積で犯罪を構成する犯罪類型をさす。わが刑法における虐待罪、部下虐待、捕虜虐待罪がこれにあたる。徐行犯には次の特徴がある。①実行行為が概括的故意のもとで行われる必要がある。すなわち、行為者に明確な犯罪計画がないものの、その行為が、同一の犯罪意思、同一の目的及び動機に基づいて行われる必要がある。②客観面においては、数個の同質の違法行為が行われる必要がある。もし行為が１回だけ行われ、又は偶発的に行われた場合には、徐行犯にならない。また、行為が数回行われた場合、その行為形態に差異があるにしても、いずれも同じ法益を侵害し、その性質が同一の行為でなければならない。さらに、そのいずれの行為も、それ自体としては法益侵害性の程度が低いために、独立しては犯罪が成立しない場合でなければならない。最後に、一連の行為が一定の期間内に複数回繰り返し行われる必要があり、いわゆる接続性が求められる。③数個の違法行為の集合により１個の犯罪が成立する。行為者が概括的故意により、同質の法益を繰り返し侵害した場合は、その一つ一つの行為自体が可罰的違法性を有しないとしても、それらの行為の全体として可罰的違法性に達しているから、犯罪として処罰するのである。

２、同種数罪

同種数罪とは、行為者の数個の行為が、それぞれ犯罪に該当するものであるが、同じ罪名に触れる場合をいう[14]。たとえば、行為者が、口封じのために証人を殺害し、数日後、報復ためにもう一人を殺害し、その後、さらに不倫相手を殺害したような場合が、これにあたる。

同種数罪の処理については、司法解釈に若干の規定が見られるにすぎない。すなわち、司法解釈は、刑の執行中に余罪が発見された場合の併合罪処

理を規定した刑法70条の解釈において、「新たに発見したが罪が前判決の罪と同種の罪であるか否かにかかわらず、刑法の関連規定にしたがって併合罪として処理する」と述べている。しかし、これ以外の場合の同種数罪の処理については、刑法上明文の規定が存在しない。実務では、一罪として処理しているが、そこには、二つのパターンがある。

第1に、いわゆる「数値犯」については、通常は、数回の犯罪による金額を累積加算して、その総額に基づいて量刑を行う。刑法各則には、このような処理方法について明文の規定を置く犯罪類型が少なくない。たとえば、153条3項（普通貨物物品密輸罪。訳者注。以下同じ）は、「繰り返し密輸を行い、処理を受けなかった者は、密輸した貨物又は物品に係る納付すべき脱税額を累計して処罰する」とし、201条3項（脱税罪）は、「前2項の行為を繰り返して行い、処理を受けなかったときは、数額を累計して処罰する」とし、347条7項（薬物密輸販売運搬製造罪）は、「繰り返し薬物を密輸し、販売し、運搬し又は製造し、まだ処理されたことのない者は、薬物の量を累計する」とし、383条2項（横領罪の処罰）は、「繰り返して横領を行い、未だ処理を受けたことのない者は、横領額を累計して処罰する」としている。

このような処理方法を定めた司法解釈も少なくない。たとえば、1998年5月9日付けの「公的資金流用事件の審理における法律適用に関する若干の問題についての最高人民法院の解釈」4条は、「公的資金の流用を繰り返し、それを返還していないときは、流用金額を累計する」とし、2001年1月21日付けの「金融犯罪事件の審理に関する全国法院座談会紀要」は、「異なる種類の偽通貨に係る行為が、選択的罪名に触れる場合は、罪名は別々に認定し、金額は偽通貨の額面額によって累計して処理し、併合罪としては処理しない」とし、2001年4月10日付けの「劣悪商品の生産・販売事件の処理における法律適用問題に関する最高人民法院及び最高人民検察院の解釈」2条は、「劣悪商品の生産・販売を繰り返し、まだ処理を受けていないときは、劣悪商品の販売額又は価値は累計して計算する」とし、2004年12月22日付けの「知的財産権侵害事件における法律適用問題に関する最高人民法院及び最

高人民検察院の解釈」12条は、「多数回にわたって知的財産権を侵害し、まだ行政処理又は刑事処理を受けていないときは、不法経営の金額、不法所得の金額又は販売金額は累計して計算する」としている。

　第2に、非数値犯についても、やはり一罪として処理する。ただし、立法によって、法定刑を加重する場合もある。たとえば、236条2項における「多数の女子又は幼女を姦淫したとき」、263条3号における「繰り返して強盗を行ったとき」、292条1項3号における「繰り返して多衆集合して乱闘をしたとき」、318条1項2号における「繰り返して他人を組織して越境させたとき」、321条1項1号における「（密航者を）移送する行為を繰り返して行ったとき」、328条1項3号における「繰り返して古文化遺跡又は古墳を盗掘したとき」、358条1項3号における「繰り返して他人を脅迫して売春させたとき」などがその場合にあたり、この場合は、通常の法定刑よりワンランク上の法定刑が定められている。また、以上のような明文の法規定がない場合でも、司法解釈の中には、「繰り返し実行する場合」を「情状が重い」又は「情状が特に重い」と解して、これらの情状に対応して定められた法定刑を適用すべきとするものもある。たとえば、2002年11月7日付けの「脱税事件の審理における法律適用に関する若干の問題についての最高人民法院の解釈」では、多数回にわたる脱税を「情状が重い」と解釈している。以上のような法律上の明文の規定や明確な司法解釈がない場合は、実務上、通常の法定刑の枠の中で、重く処罰するのが一般的である。たとえば、複数の殺人、複数の傷害は、いずれも通常の法定刑の枠内で重く処罰している。

3、牽連犯

　牽連犯について特別の規定を設けている立法例は多くない。たとえば、日本の刑法は、54条1項で、「犯罪の手段若しくは結果である行為が他の罪名に触れるときは、そのもっとも重い刑により処断する」と定めている。台湾刑法にも、かつては、「ある罪の方法若しくは結果である行為が他の罪名に触れるときは、そのもっとも重い刑により処断する」旨の規定が存在していたが（55条）、現在は削除されている。わが国の刑法は、総則においては牽

連犯の規定を設けていないが、各則において、牽連犯の形態に応じて異なった処罰原則を定めている。学説においては、牽連犯について、重い罪により処罰すべきとするのが通説である。

牽連犯は、犯罪の手段行為と目的行為の間、原因行為と結果行為の間に牽連関係があることから、牽連犯と呼ばれている。牽連犯には以下の特徴がある。①牽連犯になるためには、ある特定の犯罪の実行を目的とする場合でなければならない。この点が牽連犯の本質的な部分である。牽連犯は、ある犯罪を実現するために、その手段行為と目的行為が別々の罪名に触れる場合だからである。行為者がその実現を意図した犯罪は本罪であり、牽連される犯罪は他罪なのである。他罪は、本罪に付随して成立するものである。もし行為者が数個の犯罪の意図のもとで数個の犯罪を実行した場合は、牽連犯にはならい。②二つ以上の行為が存在する必要がある。そのうちの一つが目的行為であり、他方が手段行為である。あるいは、一方が原因行為であり、他方が結果行為であってもよい。③2つ以上の行為がそれぞれ別の罪名に触れ、それぞれに独立の犯罪が成立する必要がある。④2つ以上の行為の間に牽連関係が存在しなければならない。

問題は、いかなる場合に牽連関係が肯定されるかであるが、この点について、学説上3つの見解がある。[15]

第1は、客観説であり、古典学派の見解である。それによれば、牽連関係は客観的事実により判断すべきであり、数個の行為の間に手段と目的、原因と結果の関係があればよく、このような関係を行為者が主観的に意図したかどうかは関係ないとされる。客観説の内部においても、さらに見解が分かれる。包容説は、行為の触れる罪名間で手段と目的、原因と結果の関係が存在する場合に、およそ牽連犯になるのではなく、それらの行為が法律上1個の犯罪実に包含されている場合に初めて牽連犯になるとする。これに対し、不可分離説は、手段行為と目的行為、原因行為と結果行為との間に不可分離の関係にある場合に牽連関係にあるとする。通常性質説は、通常の場合、一方の行為が他方の行為の当然の方法又は当然の結果である場合に、牽連関係を

認めることができるとする。日本では、客観説が通説であり、判例も客観説を採用している。日本最高裁判所の1949年7月12日の判決では、「犯罪の手段とは、ある犯罪の性質上その手段として普通に用いられる行為をいうのであり、また、犯罪の結果とは、ある犯罪から生じる当然の結果をさすと解すべきであるから、牽連犯たるには、ある犯罪と、手段若しくは結果たる犯罪との間に密接な因果関係がなければならない」と述べているのである[16]。

　第2は、主観説であり、近代学派の主張である。それによれば、牽連関係は行為者の主観意思により判断すべきであり、行為者が主観的に一方の行為を他方の行為の手段又は結果の関係において実行したときに、牽連関係があるとされる。牧野英一博士や木村亀二博士の見解である。この見解を支持する台湾の韓忠謨教授は、次のように指摘する。「客観説は、犯罪の必須の手段又は当然の結果であるか否かをもって牽連関係を画そうとするが、それだと、各種犯罪を構成する犯罪事実の中で、どれが必須の手段又は当然の結果であって、どれがそうでないのかを区別する必要があり、それは結局評価者によって見方が異なってこざるをえない。そこにこの見解の欠点がある。また、牽連関係の行為を通常の数罪と区別するのは、その方法又は結果によって惹起される他罪が、犯罪者の犯意の継続によるものという点を根拠とするものであり、したがって、牽連関係はたしかに客観的に存在する方法又は結果の関係ではあるが、それを判断する基準は、行為者の主観意思に求めるほかないのである。その意味で、主観説がより妥当である[17]」。

　第3は、主観と客観の双方を考慮すべきとする折衷説である。折衷説の内部でも、手段と目的、原因と結果の関係について、その客観的存在と主観的意図の双方をともに必要とする見解がある一方で、手段と目的の関係については主観と客観の双方を必要としつつ、原因と結果の関係については客観的な基準だけで判断すべきとする見解もある。たとえば、台湾の蔡墩銘教授は次のように指摘する。「行為者にある犯罪の目的があり、その目的を達成するために他の犯罪を行う場合には、その手段行為の実施も犯罪の意思活動に含まれているはずであるから、この場合は、牽連意思を牽連犯の要件にして

も支障がないだろう。しかし、結果行為については、それが一定の犯罪の当然の結果といえる場合は、これを実行する意思が当初あったか否かにかかわらず、牽連関係の存在を認めるべきである」。

　以上の学説のうち、客観的に牽連関係が存在すれば牽連犯を認めるべきとする客観説が妥当と思われる。この牽連関係には２種類がある。①手段行為と目的行為との牽連関係。すわわち、ある罪を犯す意思で犯罪を実行したが、その手段が他の罪名に触れる場合である。たとえば、詐欺実行のために、公文書や印章を偽造する場合、殺人を実行するために、銃器弾薬を窃盗する場合などがこれにあたる。通常は、手段行為が先行し、目的行為が後続する。手段行為は数個ありうるが、目的行為は１個しかありえない。手段行為と目的行為は、いずれも故意によるものでなければならない。②原因行為と結果行為との牽連関係。すなわち、ある罪を犯す意思で犯罪を実行したが、その結果行為が他の罪名に触れる場合である。たとえば、古文化遺跡や古墳を盗掘する際に貴重文化財を損壊した場合がこれにあたる。原因行為が先行し、結果行為が後続する。原因行為は１個しかありえないが、結果行為は数個ありうる。たとえば、文化財を窃取した後、一部を密輸し、一部を損壊した場合がそうである。原因行為と結果行為はいずも故意によるものでなければならない。

　一般に、牽連犯については、法律の規定に基づいて、そのもっとも重い犯罪により処罰すべきであって、併合罪として処理すべきではない。この原則を明文で定めた刑法条文も存在する。たとえば、399条４項は、「司法要員が、賄賂を収受して」、私利枉法罪、民事行政枉法罪、判決裁定執行懈怠罪、判決裁定執行職権乱用罪を犯したときは、「重い刑を定める規定により罪名を認定し、処罰する」と定めている。ここでいう「重い刑」とは、観念的競合の場合と同様、処断刑が重いものと解すべきである。

　一方で、牽連犯について刑法各則に特別の規定がある場合は、その規定によって処理することになる。刑法各則上の規定は、以下の３つの類型に分かれる。

(1) 牽連犯について併合罪として処理すべきとする規定がある。たとえば、198条は、殺人、傷害、放火、器物損壊等の方法により保険詐欺を行った場合は、保険詐欺罪とこれらの犯罪との併合罪として処罰するとしている。また、1998年5月9日付けの「公的資金流用事件の審理における法律適用に関する若干の問題についての最高人民法院の解釈」7条は、「公的資金の流用に関連して、賄賂を要求し又は収受した場合は、併合罪として処罰する」、「流用した公的資金をもって他の犯罪を行った場合は、併合罪として処罰する」としている。

(2) 牽連犯について上段の法定刑を適用すべきとする規定がある。たとえば、刑法229条は、仲介組織の職員が虚偽証明文書を提供したときは、「5年以下の懲役又は拘役に処し、罰金を併科する」とするが（同条1項）、同職員が他人に財物を要求し又はこれを不法に収受して、虚偽証明文書を提供したときは、「5年以上10年以下の懲役に処し、罰金を併科する」としている（同条2項）。また、318条は、密航結集罪の手段行為である、「組織された者の身体の自由を剥奪し又は制限したこと」、「暴行又は脅迫により検問に抵抗したこと」といった事情があるときは、密航結集罪の上段の法定刑を適用するとしている。

(3) 牽連犯についてそのうちの重い罪により処罰すべきとする規定がある。たとえば、171条3項は、「通貨を偽造し、かつ、偽造された通貨を販売し又は運搬した者は、この法律の第170条（通貨偽造罪。訳者注）により罪を認定し、重く処罰する」としており、また、364条3項は、「わいせつな映画、録画その他の映像作品を制作し又は複製して、その上映を組織した者は、第2項の規定（わいせつ音像作品上映罪。訳者注）により重く処罰する」としている。

以上のような刑法各則上の明文の規定がない場合は、実務上、牽連犯のうちもっとも重い一罪により処罰するのが一般的である。しかし、収賄後に、贈賄者等のために利益を図る行為がさらに、国家秘密漏洩罪、公的資金流用罪などに当たるような場合は、併合罪として処罰している。

注

1) 高銘暄教授の紹介によれば、1979年刑法の立法過程においては、その第22叩き案に、観念的競合、牽連犯及び連続犯に関する規定が盛り込まれていた。すなわち、第72条では、観念的競合と牽連犯について、「一個の行為が二個以上の罪名に触れ、又は犯罪の手段若しくは結果が他の罪名に触れるときは、その最も重い罪により処罰する」と定め、また、第73条では、連続犯について、「連続した数個の行為にして同一の罪名に触れるときは、一罪として処罰する。ただし、法定刑の枠内で重く処罰することができる」と定めていた。しかし、観念的競合と牽連犯については、「これらの場合に、併合罪問題が生じないのは容易に理解できることであるから、わざわざ規定を置かなくても支障がない」という理由により、また、連続犯については、「『連続した行為』とは何か、その意義について意見が分かれているところ、これを法律上規定すればかえって論争を巻き起こすおそれがあり、むしろ学説の解釈に委ねたほうが、柔軟な対応ができる」という理由により、72条と73条がそれぞれ削除されることとなった。1997年刑法の立法過程においては、「1988年9月案、1988年11月16日案、1988年12月25日案のいずれも、観念的競合、連続犯及び牽連犯に関する規定を置いていたが、これらの概念や要件についての学説及び実務の理解において隔たりが大きく、立法の時期がいまだ熟していないとの判断から、1995年8月8日付けの刑法総則修正稿からはこれらの規定が削除されることとなった。1997年刑法が施行後も、立法機関は、改めて罪数問題を規定することはなかった」。高銘暄『中華人民共和国刑法的孕育与発展完善』（北京大学出版社、2012年）66頁、262～263頁。
2) 高銘暄『刑法学原理（第2巻）』（中国人民大学出版社、1993年）499頁。
3) 近年、連続犯の概念の存在意義を否定する見解も現れている。陳興良『刑法的知識転型・学術史』（中国人民大学出版社、2012年）503頁。
4) 馬克昌『犯罪通論』（武漢大学出版社、1995年）643頁。
5) 吸収犯の概念は、台湾の刑法理論に由来するものである。しかし、近年、台湾の理論界でも、吸収犯の概念について批判的な見解が多い。「吸収概念が過度に使うことで、それはもはや一罪と数罪の判断における怪物と化してしまっている。ともすれば吸収関係を持ち出すことで、刑法の初学者を混乱に陥れている」、「したがって、吸収犯の概念は有害無益であり、それを放棄すべきである。それは、競合関係の判断に役に立たないばかりか、かえって概念の混乱により、競合関係の判断を複雑にして、誤った結論を導きやすいのである」という指摘もなされている。林山田『刑法通論（下冊）（増訂十版）』（北京大学出版社、2012年）243～244頁。250頁。
6) 通説によれば、牽連犯については重い罪で処罰し、吸収犯については重い罪が軽い罪を吸収するとされるが、「重い罪が軽い罪を吸収する」とは、実は重い罪で処罰することであり、二者を区別する必要がないのである。
7) 1990年前後の刑法理論は、概ねこのような分類方法を採用していた。たとえば、高銘暄『中国刑法学』（中国人民大学出版社、1989年）では、罪数形態の分類として、「一個の行為が刑法上一罪として規定され又は処理の際に一罪として扱われる形態には、継続犯、観念的競合が含まれており」、「数個の行為が刑法上一罪として規定され

る形態には、常習犯、結合犯が含まれており」、「数個の行為が処理の際に一罪として扱われる形態には、連続犯、牽連犯、吸収犯が含まれている」としている。また、高銘暄教授主編の『刑法学原理（第 2 巻）』（中国人民大学出版社、1993年）でも、罪数形態の分類として、「一個の行為を法律上一罪として規定し又は処断時に一罪として扱う形態（継続犯、観念的競合）」、「数個の行為を法律上一罪として規定し又は処断時に一罪として扱う形態（常習犯、結合犯、連続犯、牽連犯、吸収犯）」としている。しかし、その後は、新しいが学説の台頭につれて、この合理的かつ簡潔な分類方法は、次第に忘れ去られてしまった。

8） 王政勛「従旧兼従軽原則適用研究」賈宇主編『刑事司法評論（第 2 巻）』（人民法院出版社、2008年）33〜35頁。

9） この場合を吸収犯とする見解もあるが、実は法条競合に当たるのである。吸収犯とは、一般には、独立に犯罪が成立する二個以上の行為が存在することを前提としたものであるが、暴動脱獄罪の場合、もし殺人や傷害行為を取り除いたら、残りの行為だけでは暴動脱獄罪が成立しないし、密航結集罪の場合、もし密航移送行為を取り除いたら、残りの行為だけでは密航結集罪が成立しないのである。したがって、こうした場合を吸収犯と捉えるのは、吸収犯についての基本理解に反することになる。また、無理に吸収犯として認定すると、殺人や傷害行為又は密航移送行為に対する二重評価という問題も生じると思われる。

10） 儲槐植「論罪数不典型」法学研究1995年第 1 期。

11） 高銘暄＝馬克昌主編『刑法学』（北京大学出版社＝高等教育出版社、2001年）196頁の引用を参照。

12） 甘添貴『罪数理論之研究』（元照出版公司、2006年）63〜68頁。

13） 常習犯とは、一般に、ある犯罪を行う習癖に基づいて当該犯罪を繰り返し行うことをさす。わが国の1979年刑法の152条が定めていた「慣習的窃盗」や「慣習的詐欺」がこれに当たるが、1997年刑法では、この規定は削除されている。

14） この問題についての学説の研究はほとんどないが、実務上の慣行としては、同種数罪については、併合罪としてではなく、一罪として処理している。したがって、これも「数行為による一罪の形態」といえよう。

15） 呉振興『罪数形態論』（中国検察出版社、1999年）277〜279頁。

16） 張明楷『刑法学（教学参考書）』（法律出版社、1999年）250頁の引用を参照。

17） 韓忠謨『刑法原理』（台湾雨利美術印刷有限公司、1981年）353〜354頁、360頁。

5 危険運転致死傷罪・自動車運転過失致死傷罪

東京大学教授
橋 爪 　 隆

1 交通犯罪対策としての刑事立法

(1) 自動車による交通が飛躍的に拡大した社会においては、交通事故による死傷者の増大が深刻な社会問題となる。日本においても、交通事故の死傷者数は昭和30年（1955年）には82,880人（内、死亡者6,379人）であったのが、年々、死傷者数が増加し、昭和45年（1970年）には997,861人に達し、死亡数も最多の16,765人に至った。このような情勢を受け、同年には交通安全対策基本法が制定され、それに基づいて第一次交通安全基本計画が策定され、国・地方公共団体が一体となって交通安全の諸施策を強力に推進した。もっとも、その後も自動車保有台数の飛躍的増加、また、それに伴う運転免許取得者数の増加に伴い、平成13年（2001年）には交通事故死傷者数は1,189,702人と過去最悪の状態に至った。その後、関係機関による交通安全対策の徹底、さらに自動車の安全設備の進歩によって、交通事故件数は減少に転じており、平成23年（2011年）には死傷者数は859,105人まで減少し、死亡者数も4,612人と、昭和30年（1955年）以降、過去最少の数まで改善している。とはいえ、なお年間に5,000人近い人命が失われている現状にかんがみれば、交通犯罪対策が、今日においても重要な課題であることには変わりはない。

また、事件数こそ多くはないが、無免許運転、飲酒運転、スピード違反などの無謀運転に起因する悪質な重大事故も一定数、発生しており、その禁圧が重視されている。このような悪質な交通事犯に対しては、被害者遺族の活動などによって、厳しい対処が必要であるとする国民世論も形成されている

といってよい。

(2) このような状況にかんがみ、最近の日本では、交通犯罪対策の刑事立法の必要性が強調されている。もちろん、単純に厳罰化すれば、それだけで交通事故が減るわけでもないし、また、かりに交通事故が減るとしても、犯罪の不法・責任内容に対応しない過剰な厳罰化は理論的に正当化することはできない。しかしながら、重大な当罰性を有する行為が、現行法の罰則においては、その当罰性に相応する刑罰で処罰されていない事態が生じているのであれば、本来の不法・責任内容に対応する刑罰を科すための法改正が必要となる場合もあり得よう。

　日本における交通犯罪対策としての立法作業は、2つの方向に分類することができる。第一に、過失犯としての交通犯罪の法定刑の引き上げである。交通事故によって死傷結果を惹起する場合、死傷結果については故意が認められないのが通常であるため、運転者は過失犯として処罰されることになる。そして、運転者を過失犯として処罰する場合、どの程度の刑罰で処罰することが正当化されるかが、特に故意犯や他の過失犯との比較において、刑法理論上、問題となる。

　第二に、故意に危険な運転行為に出た結果、死傷結果を惹起する行為については、結果的加重犯としての処罰が提案された。基本行為について故意があれば、基本行為から重大な結果（加重結果）が発生した場合について、結果的加重犯として処罰することが可能である。[4] たとえば暴行行為を故意に行い、その結果、被害者に傷害が生じた場合には、暴行罪の結果的加重犯として傷害罪が成立し、さらに、被害者が死亡した場合には傷害致死罪が成立する。このような発想を交通犯罪にも導入することができれば、危険な運転行為を故意に行い、その結果、加重結果として死傷結果が発生した場合に、危険運転の結果的加重犯として行為者を処罰することが可能となるのである。平成13年（2001年）に新設された危険運転致死傷罪は、まさしくこのような理解に基づいたものである。以下では、この2つの方向について、それぞれ検討を加えることにしたい。

2　過失犯としての交通事故

　自動車を運転して、過失によって人を死傷させた場合には、従来、業務上過失致死傷罪（刑法211条）が適用されていた。同法の法定刑の上限は禁錮3年であったが、昭和43年（1968年）の刑法改正によって、懲役または禁錮5年に引き上げられた。これは交通事故に限った処罰規定ではないから、たとえば工場の作業ミスや猟銃の誤射などの全ての業務上過失行為が同一の法定刑で処罰されていた。

　もっとも、自動車の運転による過失については、他の過失行為と比較すると、生命・身体に対する危険性が類型的に高いということができる。また、その反面として、国民の大半が運転免許を保有し、自動車を運転している現状においては、一般の国民がわずかな不注意によって軽微な交通事故を起こした場合であっても、本罪によって処罰される可能性があり、必ずしも妥当とはいいがたい。このような問題意識から、最近の刑事立法においては、一般の過失犯と切り離して、自動車運転による過失致死傷について独立の処罰規定を設ける方向が推し進められている。

　第一に、軽微な事犯についての刑の裁量的免除の規定の新設である。平成13年の刑法改正によって、「自動車を運転して」過失致死傷の罪を犯した場合について、「傷害が軽いときは、情状により、その刑を免除することができる」旨の規定が導入された（211条2項）。刑の免除とは、無罪判決ではなく、有罪判決の一種であるが、処罰の必要性がないことから、判決で刑の言い渡しそのものを免除するものである（刑事訴訟法334条）。具体的には、被害者の傷害の程度が軽いことを前提に、事故の態様、過失の程度・内容、被害者の処罰感情、本人の反省の程度などの情状を総合的に考慮して、処罰の必要性が乏しい場合には、刑の免除をすることが可能になる。日本の刑事司法においては起訴便宜主義が採用されているから（刑事訴訟法248条）、刑の免除が相当と評価されるような交通事故は、これまでも起訴猶予とされ、起訴されていなかったと考えられる。したがって、本件の改正によっても、刑の免除が相当な事件については、従来の実務の運用通り、起訴猶予となることが

想定されるため、現実の刑事裁判で、本項を適用して刑を免除する事件はきわめて稀であろう[6]。むしろ、本改正には、軽微事件を起訴猶予とする捜査処理の基本的指針を、実体法の明文の規定によって再確認するという象徴的な意義があると解される[7]。

　第二に、自動車事故に関する過失犯処罰の加重規定の新設である。すなわち、平成19年（2007年）の刑法改正によって、211条2項として自動車運転過失致死傷罪の処罰規定が新設されるに至った。同項は、「自動車の運転上必要な注意を怠り、よって人を死傷させた者は、7年以下の懲役若しくは禁錮又は100万円以下の罰金に処する」と規定し[8]、通常の業務上過失致死傷罪と比較して、法定刑の上限が2年引き上げられている。立法担当者の解説によると、この規定は、①道路等で自動車を運転する行為は、人の生命・身体を侵害する高度の危険性が類型的に認められること、また、②鉄道、航空機等のように機械化・組織化された安全システムによる事故防止が期待される分野とは異なり、自動車運転による事故を防止するためには、基本的に運転者個人の注意力に依存するところが大きいことから、自動車運転者には、特に重い注意義務が課されていることを重視したものであるとされる[9]。

　日本の刑法典は、故意犯処罰を原則としており、過失犯については明文の特別規定がある場合に限って、例外的に処罰されることになっている（刑法38条1項）。また、故意犯と過失犯とでは、責任非難の程度が質的に異なることから、過失犯の法定刑は故意犯と比べて、大幅に低く規定されている。この中で、自動車運転過失致死傷罪の法定刑の上限は懲役7年であり、刑法典の過失犯処罰規定としてはもっとも刑が重くなっている。この点については、自動車運転においては1回の過失運転によって多数人が死傷するケースが想定されるが、1個の過失行為から結果が発生している場合には観念的競合（54条1項）として処理されるため、被害の実態に対応する刑罰を科すことができないことが、刑の加重の背景として指摘されている[10]。今後の議論においては、過失犯処罰として、どの程度の刑罰を科すことまでが正当化されるのかについて、理論的な検討を加えることが重要であろう。その際には、

故意犯と過失犯の責任非難を質的に区別する理論的根拠まで遡った検討が必要である。

3 危険運転致死傷罪の成立要件

(1) 罪質

2001年（平成13年）の刑法改正によって新設されたのが危険運転致死傷罪である。はじめに、条文を挙げることにしたい。

> 208条の2　①アルコール又は薬物の影響により正常な運転が困難な状態で自動車を走行させ、よって、人を負傷させた者は15年以下の懲役に処し、人を死亡させた者は1年以上の有期懲役に処する。その進行を制御することが困難な高速度で、又はその進行を制御する技能を有しないで自動車を走行させ、よって人を死傷させた者も、同様とする。[11]
> ②人又は車の通行を妨害する目的で、走行中の自動車の直前に進入し、その他通行中の人又は車に著しく接近し、かつ、重大な交通の危険を生じさせる速度で自動車を運転し、よって人を死傷させた者も、前項と同様とする。赤色信号又はこれに相当する信号を殊更に無視し、かつ、重大な交通の危険を生じさせる速度で自動車を運転し、よって人を死傷させた者も、同様とする。

本罪は、既に述べたように、生命、身体に対する危険性の高い運転行為（危険運転）を故意に行い、その結果、人を死傷させた場合を結果的加重犯として処罰するものである。そして危険運転行為は、その危険性において、故意の暴行行為に準ずるものとして把握されうるため、本罪の法定刑は、暴行によって人が死傷した場合（傷害罪、傷害致死罪）と基本的に同程度のものとされている。もちろん、危険運転行為がすべて「暴行」に該当するわけではない。「暴行」とは、人に対する有形力（物理力）の行使をいうと解されているから、たとえば飲酒運転や信号無視運転が暴行罪における「暴行」に該当するわけではない。[12] ここでは、危険運転行為が暴行に該当しうるという観点ではなく、それが暴行行為と同程度に、人の生命・身体に対する危険性を有する行為であることが根拠となって、結果的加重犯の基本行為として把握さ

れているのである。[13]

　このように本罪は第一次的には、人の生命・身体を保護法益とするものであるが、第二次的には交通の安全を保護する公共危険犯としての側面も併有すると解されている。[14]このような理解は、本罪の実行行為である危険運転行為それ自体が（かりにその危険が現実化しなかったとしても）一般的・類型的に多数人の生命・身体に対する危険性を有していることを重視したものといえよう。[15]このような公共危険犯的な性格が付け加わるからこそ、本罪の基本行為が特定人に対して向けられた暴行行為とまではいえないにもかかわらず、傷害罪、傷害致死罪と（基本的に）同程度の不法内容が認められるのである。

　本罪は、危険運転行為を基本犯とし、死傷結果を加重結果とする結果的加重犯である。したがって、基本犯である危険運転行為は故意犯として行われる必要があるため、行為者には、自己の運転行為の危険運転性を基礎付ける事実の認識が必要である。また、基本犯と加重結果の間には因果関係が要求されるところ、現在の判例・通説は実行行為の危険が現実化した限度で、実行行為と結果惹起の間に刑法上の因果関係を肯定しているから、本罪についても、危険運転行為に内在する危険性が死傷結果に現実化した限度で、因果関係が認められることになろう。[16][17]したがって、たとえば進行を制御することが困難な高速度で自動車を運転している際に、カーブを曲がりきれずに歩道に乗り上げて歩行者に衝突し、同人を死傷させたような場合には当然に因果関係が肯定され、本罪の成立が認められるが、突然、歩行者が道路に飛び出してきて死傷事故に至った場合のように、運転行為の危険性とは無関係に事故が発生した場合には、因果関係が否定され、本罪は成立しないと解される。[18]

　なお、日本の刑法典には、傷害致死罪のほか、監禁致死傷罪、強姦致死傷罪、遺棄致死傷罪、建造物損壊致死傷罪など多くの結果的加重犯が規定されているが、当然ながら、これらは基本行為それ自体が刑法典で犯罪とされており、基本犯罪から加重結果が生じた場合に刑を加重するかたちになっている。もっとも、危険運転致死傷罪においては、危険運転行為それ自体は刑法

典における処罰対象とされていない。これは、危険運転行為のほとんどを道路交通法違反として処罰することが可能であるため、危険運転行為を刑法上、独立の処罰対象とする必要性が乏しいと考えられたことによるものである[19]。実際、結果的加重犯を、一定の危険な故意行為によって加重結果が実現された類型として理解するのであれば、基本行為が刑法上、処罰されていることは不可欠の要件ではないから、このような立法形式は十分に正当化可能であろう。

(2) **構成要件の内容**

以下、危険運転の類型ごとに、解釈論上、問題となり得る点に限って、ごく簡単に検討を加えることにしたい。

①**酩酊運転等（208条の2第1項前段）**

1項前段の危険運転は、アルコールまたは薬物の影響により正常な運転が困難な状態での走行である。本項は、飲酒運転の全てをカバーするわけではなく、飲酒によって「正常な運転が困難な状態」、すなわち、道路および交通の状況に応じた運転操作を行うことが困難な心身の状態に陥り[20]、かつ、自らが「正常な運転が困難な状態」にあることを認識して自動車を走行させる行為に限って処罰対象としている。したがって、本項の適用においては、「正常な運転が困難な状態」を認定することができるか否かが、きわめて重要な問題となる。飲酒の影響でハンドルを操作できなかったり、さらには居眠りをしてしまった場合などがこれに該当することは明らかだが、行為者がかろうじて運転を継続できた場合には、「正常な運転が困難な状態」に該当するかが重要な争点となる。最近の最高裁判例（最決平成23・10・31刑集65巻7号1138頁）は、飲酒酩酊状態にあったが、それほど大量の飲酒をしたわけでもない被告人が、直線道路を高速で運転し、自車を先行車両に衝突させ、その衝撃で先行車両を海中に転落させ、乗車していた幼児3名を死亡させた事件について、「アルコールの影響により前方を注視してそこにある危険を的確に把握して対処することができない状態」も「正常な運転が困難な状態」に当たるとしつつ、先行車両の直近に至るまでこれに気付かず追突した原因

が、被告人が被害車両に気付くまでの約8秒間終始前方を見ていなかったか、またはその間前方を見てもこれを認識できない状態にあったかのいずれかであった本件はこの状態に該当するとして、本罪の成立を肯定している。本決定は、運転中に8秒間も前方確認をしない（あるいは前方の状態を認識できない）ということは通常およそ考えられない異常な事態であり、これは飲酒酩酊によって注意能力、判断能力が大幅に減退し「正常な運転が困難な状態」にあることの現れであるとして、本罪の成立を肯定したものと解される。

②高速度・未熟運転等（同1項後段）

　1項後段の危険運転は、進行を制御することが困難な高速度で、または進行を制御する技能を有しないで自動車を走行させる行為である。

　「進行を制御することが困難な高速度」に該当するか否かは、具体的な道路の状況、すなわちカーブや道幅、高低差などの状態などを基準として、個別具体的に判断されることになる。したがって、道路が急カーブであり、しかも路面が凍結しているような場合には、それほどの高速度ではなくても本罪に該当する場合があり得る。

　「進行を制御する技能を有しない」とは、ハンドル、ブレーキ等の運転装置を操作する初歩的な技能を有しないことをいう。あくまでも運転技能の存否が判断基準となるから、運転免許を保有しているか否かは、もちろん重要な考慮要素ではあるものの、それ自体が決定的な基準となるわけではない。したがって、無免許運転であっても、それなりの運転技能を有している場合には本罪に該当しないし、逆に、免許を保有していても、何年間も運転経験がなく、運転技能がきわめて未熟な場合にはこれに該当しうることになる。[21]

　このような理解に対しては、とりわけ未成年の無免許運転によって交通事故が発生するたびに、無免許でも運転の経験を積んでいれば、「進行を制御する技能」を有しており、危険運転に該当しないというのは国民の通常の感覚に合致せず、むしろ無免許運転をすべて危険運転として処罰するべきであるという批判が加えられている。しかしながら、危険運転行為とは、その運

転行為の具体的な内容に照らし、それが生命・身体に対する高度の危険性を有している場合に限定されるべきであるから、たとえ運転免許を保有していなくても、それなりの運転技能を有する場合を危険運転に含めることは困難であろう。このことは、いったん免許を取得したが、更新手続を怠り、無免許となった者の運転行為を想定すれば明らかであろう。[22]

③妨害運転（同2項前段）

　2項前段の危険運転は、人または車の通行を妨害する目的で、通行中の人または車に著しく接近し、かつ、重大な交通の危険を生じさせる速度で自動車を運転する行為である。たとえば強引な幅寄せ、割り込み、あおり運転などによって、被害車両に衝突したり、あるいは、被害車両の運転者にハンドル操作を誤らせ、死傷事故に至ったような場合に本罪が適用されることになる。もちろん、他の人や車に著しく接近する運転行為であっても、たとえば走行車線を変更して他の車両の直前に進入することが必要になる場合のように、やむを得ずにこのような運転を行う場合もありうるであろう。このような状況を処罰範囲から除外するため、「人または車の通行を妨害する目的」が要求されており、相手方の自由かつ安全な通行を妨害することを積極的に意図している場合に限って、本罪が成立することになる。[23]

　「重大な交通の危険を生じさせる速度」とは、衝突すれば大きな事故になると一般的に認められる速度を意味する。それほどスピードを出していなくても、衝突すれば死傷事故になることは十分に考えられるから、通常の走行速度であっても、道路の走行状態によってはこれに該当することになる。[24]むしろ、この要件は、十分に減速した徐行運転のように例外的に危険性が乏しい運転行為を処罰範囲から除外する機能を有しているといえよう。[25]

④信号無視運転（同2項後段）

　2項後段の危険運転は、赤色信号を殊更に無視し、かつ、重大な交通の危険を生じさせる速度で自動車を運転する行為である。車両運転者や歩行者は、他の車両も信号を遵守することを信頼して道路を通行している。したがって、信号無視の運転があった場合、その瞬間において事故を回避すべく対

応することがきわめて困難であり、衝突事故の危険性が高いといえる。このような意味において、信号を無視して運転する行為それ自体に、生命・身体に対する高度の危険性が認められるのである。したがって、2項前段の類型と同様に、通常の速度であっても、衝突事故を回避することが困難な速度であれば、本罪に該当することになる[26]。

　本罪は信号を「殊更に」無視することが要求されている。これは故意に信号を無視する行為のうち、およそ赤信号に従う意思のないものをいう。したがって、赤色信号であることについて確定的な認識があり、停止位置で停止することが十分に可能でありながら、これを無視して進行する行為のほか、「赤色信号であることの確定的な認識がない場合であっても、信号の規制自体に従うつもりがないため、その表示を意に介することなく、たとえ赤色信号であったとしてもこれを無視する意思で進行する行為も、これに含まれる」（最決平成20・10・16刑集62巻9号2797頁）。これに対して、信号が変わる瞬間になって、赤信号かもしれないという未必的認識のもと、交差点に進入するような行為は、信号を「殊更に」無視したわけではなく、本罪の処罰対象に含まれない。

(3) **評価**

　危険運転致死傷罪は、特定の運転行為の実質的危険性に着目し、その危険が死傷結果に現実化した場合に結果的加重犯としての犯罪の成立を認めるものである。そのため、危険運転に該当するか否かは、形式的な基準ではなく、個別の運転行為の危険性に着目した実質的な判断にならざるを得ない。たとえば制限速度を超過した運転行為であっても、それが生命・身体に対する高度な危険性を有するかは、道路の状況によって異なってくるのであり、走行速度の数字のみに着目して形式的に限定することはできない。飲酒運転についても、同様の理由から実質的判断が不可避であり、体内アルコール保有量の数値によって形式的な判断をすることはできない。このような理由で、本罪の構成要件は「正常な運転が困難な状態」、「進行を制御することが困難な高速度」、「信号を殊更に無視」など、評価的・規範的内容を含む構成

要件要素が多くなっており、構成要件該当性の判断においては、具体的な運転内容に即した実質的・規範的な判断が不可欠である。これは、危険運転行為として、生命・身体に対する実質的危険性を要求する以上、いわば当然の帰結であり、十分な合理性があると思われる。もっとも、本罪のこのような規定ぶりに対しては、構成要件該当性の判断がきわめて不安定になり、また、とりわけ裁判員裁判を想定した場合、一般人の理解が困難であるという批判があったことも事実である。また、危険運転致死傷罪の成立が否定され、通常の自動車運転過失致死傷罪が適用された場合、その法定刑には大幅なギャップが存在するため、限界事例について危険運転致死傷罪の適用が見送られた事例について、被害者遺族などの不満が示されることも稀ではなかった。

4　新たな立法提案——準危険運転致死傷罪の創設

このような流れを受け、2012年9月、法制審議会に対して、自動車運転による死傷事犯に対する罰則の整備に関する諮問がなされ、同刑事法部会において、西田典之教授を部会長として、罰則の在り方について検討が進められた。その結果、刑法改正案が取りまとめられ、2013年（平成25年）4月12日に「自動車の運転により人を死傷させる行為等の処罰に関する法律案」が国会に提出され、現在、継続審議となっている。

同法案においては、以下の4点について、罰則の強化が予定されている。

第一に、政令で定める通行禁止道路を進行し、かつ、重大な交通の危険を生じさせる速度で自動車を運転する行為が危険運転致死傷罪の類型に追加されている。一方通行の道路を逆走したり、歩行者専用道路に進入する行為などがその典型である。通行禁止道路については、他の通行者は、そもそも車は来ないと信頼しているため、その信頼に反して自動車が進行した場合には、衝突を回避することがきわめて困難である。したがって、通行禁止道路の進行は、赤信号無視の類型と基本的には同様の危険性を有するといえることから、このような追加が提案されるに至っている。

第二に、危険運転行為と同等とまではいえないが、危険性や悪質性の高い運転行為によって死傷結果を惹起した場合について、危険運転致死傷罪と自動車運転過失致死傷罪の中間的な法定刑で処罰する規定（いわゆる準危険運転致死傷罪）が新設されている。具体的には、アルコールまたは薬物、あるいは運転に支障を及ぼすおそれのある病気の影響により、その走行中に正常な運転に支障が生じるおそれがある状態で自動車を運転し、よって、そのアルコール、薬物、病気の影響により正常な運転が困難な状態に陥り、人を死傷させる行為である。

現行法において、危険運転致死傷罪の成立を認めるためには、アルコールや薬物の影響によって正常な運転が困難な状態で自動車を運転させており、しかも、その点に関する認識が必要になるから、たとえば相当量の飲酒をしたが、その段階ではまだ正常な運転が困難とまではいえない状態で自動車の運転を開始したところ、運転中にアルコールの影響で居眠り運転をして死傷事故を起こしたが、居眠り運転をしてしまうことについて認識・予見を欠いている場合には、危険運転致死傷罪の故意を認定することができず、同罪の成立を認めることができなかった[32]。改正法案においては、「正常な運転に支障が生ずるおそれのある状態」で自動車を運転しており、また、その状態の認識があれば、その後、本人が認識・予見していなくても、正常運転が困難な状態に陥り、死傷事故が発生した場合には準危険運転致死傷罪としての処罰が認められることになる。さらに、一定の病気にかかった者が、運転中に発作を起こして意識喪失などに陥るおそれがあるにもかかわらず、そのことを認識しながら運転を継続し、実際に発作等を起こして事故を起こした場合についても、処罰対象に含められている。

第三に、アルコールや薬物の影響のある状態で自動車を運転していた者が、過失によって死傷事故を起こした場合において、アルコールや薬物の影響の発覚を免れようとして、現場から逃走したり、さらにアルコール、薬物を摂取するなど、その影響・程度が発覚することを免れるべき行為をすることが処罰対象とされている[33]。たとえばアルコールの影響で正常な運転が困難

な状態で自動車を運転し、死傷事故を起こした場合には危険運転致死傷罪が成立しうるが、行為者が犯行現場から逃走することによって、事故段階の体内アルコール保有量の検査を免れた結果、十分な証拠収集ができず、危険運転致死傷罪で処罰することができなくなる事態が生じうる。もちろん、死傷事故を起こした者が被害者を現場に放置して逃走する行為は、道路交通法の救護義務違反罪（同法117条2項）を構成し、同罪は自動車運転過失致死傷罪と併合罪の関係に立ち、したがって刑が加重されることになる。しかし、それでも処断刑の上限が危険運転致死罪の法定刑の上限を下回っているため、いわゆる「逃げ得」の問題が生じていたのである。改正法案は、交通事故を起こした者が現場から逃走するなど、「アルコール等の影響が発覚することを免れるべき行為」に出ることを処罰対象に含めることによって、このような「逃げ得」問題に対応しようとするものである。日本の刑法典では、証拠隠滅罪は「他人の刑事事件」に関する証拠を隠滅する行為のみを処罰しているため（刑法104条参照）、自己の刑事事件に関する証拠を隠滅しても、証拠隠滅罪は成立しないところ、本罪は例外的な事態として自己の犯罪に関する証拠隠滅行為を処罰対象に含めたものということができる。

　第四に、無免許運転による死傷事故の場合の刑の加重規定の新設である。無免許運転は道路交通法で処罰されており、危険運転致死傷罪、自動車運転過失致死傷罪と併合罪の関係に立つが、改正法案では、基本的にこれを上回る刑の加重が予定されている。これは無免許運転が著しく規範意識を欠いた行為であり、また、運転免許制度が予定する必要な適性、技能及び知識を欠いているという意味で抽象的・潜在的には危険な行為であることから、交通事故としてその危険性が現実化した場合について、刑の加重規定を設けることが相当とされたものである。

　このように、自動車による死傷事故をめぐる近時の立法の動向は、一定の自動車運転行為が生命・身体に対する高度の危険性を有することに着目し、危険な運転行為を故意に行った結果、死傷事故が発生した場合について、結

果的加重犯としての犯罪の成立を肯定しようとするものであり、最近の改正法案も、このような構造を維持しつつ、基本行為の範囲を拡張するものと解することができる。このような規定方法は、理論的には正当化可能なものであると思われるが、自動車運転は多かれ少なかれ、人の生命・身体に対する危険性を含みうるものであるため、処罰対象となり得る「危険な運転行為」をどのように明確なかたちで限定することができるかが、立法論としても、また解釈論としても重要な課題となろう。

また、わが国の議論においては、故意犯と過失犯とでは責任非難の程度が質的に異なるため、いかに重大な過失によって、多数人が死傷した場合であっても、過失犯として科しうる刑罰には制約があるという理解が議論の前提をなしていた。私は、このような理解は今後も当然に維持されるべきであると考えるが、中国の刑法理論においても、これが広く共有されているのか、比較法的な観点からは興味深いところである。

注
1） 交通事故に関する統計資料については、法制審議会・刑事法（自動車運転に係る死傷事犯関係）部会の第1回会議の配付資料4（統計資料）を参照されたい（http://www.moj.go.jp/content/000102733.pdf）。
2） 平成24年（2012年）の統計によると、日本国内の運転免許保有者は約8,122万人であり、18歳以上の国民の8割以上が運転免許を保有するに至っている。警察庁交通局運転免許課『運転免許統計（平成24年度版）』参照。
3） もっとも、同年の死亡者数は8,747人であり、ピーク時と比較すると大幅に減少している。この背景には、救命医療の飛躍的発展があったと推測される。
4） 責任主義の観点からは、すべての犯罪事実について行為者の責任が認められる必要があるため、加重結果については、過失（予見可能性）が必要であるというのが通説の理解である。もっとも、判例は加重結果について過失も不要であると判示している。
5） 同罪における「業務」とは、「人が社会生活上の地位に基づき反復継続して行う行為」であり、「他人の生命身体等に危害を加える虞あるもの」と解されている（最決昭和60・10・21刑集39巻6号362頁）。したがって、バスやタクシーの運転手などの職業的な自動車運転者に限らず、娯楽として自動車を運転した者についても、本罪が適用されていた。なお、同条は業務上過失のほか、重大な過失（重過失）によって人を死傷させた場合も、同一の法定刑で処罰している。
6） 実際、公刊物に登載された裁判例のうち、本項が適用されて刑が免除された事例は

今日までわずか2件に過ぎない（東京高判平成17・5・25判時1910号158頁、東京高判平成22・10・19東高刑時報61巻1～12号247頁）。
7）　井上宏＝山田利行＝島戸純「刑法の一部を改正する法律の解説」法曹時報54巻4号（2002年）75頁以下参照。
8）　本件改正に伴い、刑の裁量的免除の規定（旧211条2項本文）は、211条2項但書として規定されている。
9）　伊藤栄二＝江口和伸＝神田正淑「『刑法の一部を改正する法律』について」法曹時報59巻8号（2007年）37頁以下を参照。
10）　たとえば西田典之『刑法各論〔第6版〕』（2012年）64頁などを参照。もちろん、一度の過失行為によって多数人が死傷することは、自動車事故に限った話ではないから、これだけで自動車運転過失の刑の加重を正当化することはできないことは当然である。
11）　2001年の刑法改正時点では、本罪における「自動車」は「四輪以上の自動車」に限定されていたが、その後、二輪自動車による交通事故の中には、酒酔い運転、赤信号無視など悪質かつ危険な行為もみられたため、2007年の刑法改正によって、「自動車」と改められ、二輪自動車も本罪の対象に含まれることになった。伊藤＝江口＝神田・前掲注（9）28頁以下を参照。
12）　判例は、人が傷害を負う危険性があれば、身体に接触しない行為であっても暴行に当たると解しているため（たとえば最決昭和28・2・19刑集7巻2号280頁など）、人や車に著しく接近する運転行為などは「暴行」に該当する余地があるが、それでも、すべての危険運転行為を暴行に包摂することは不可能である。
13）　この点について、山口厚『刑法各論〔第2版〕』（2010年）53頁参照。
14）　井上＝山田＝島戸・前掲注（7）56頁注23参照。なお、公共危険犯としての性格を重視して、本庄武「危険運転致死傷罪における危険概念」交通法科学研究会編『危険運転致死傷罪の総合的研究』（2005年）115頁以下は、本罪の成立範囲を、不特定多数の者に死傷の危険が及びうる状況に限定しようとされる。論者の意図は十分に理解できるが、一定の危険性を有する行為を具体的に列挙している本罪において、文言の射程を超えた限定解釈を正当化することは困難であろう。
15）　佐伯仁志「交通犯罪に関する刑法改正」法学教室258号（2002年）72頁、井田良「危険運転致死傷罪の立法論的・解釈論的検討」法律時報75巻2号（2003年）33頁を参照。
16）　近時の学説では「実行行為の危険が結果に現実化したか」（危険の現実化）という判断枠組みによって因果関係を判断する見解が多数を占めており、判例も「危険の現実化」によって因果関係を判断しているという理解が一般的であったが、ごく最近、判例も「行為の危険性が現実化した」という表現を明示的に採用して、因果関係を判断するに至っている（たとえば最決平成22・10・26刑集64巻7号1019頁、最決平成24・2・8刑集66巻4号200頁）。
17）　この点について、佐伯・前掲注(15)74頁、宮川基「危険運転致死傷罪の解釈論上の諸問題」現代刑事法53号（2003年）77頁を参照。
18）　井上＝山田＝島戸・前掲注（7）61頁、69頁参照。
19）　井上＝山田＝島戸・前掲注（7）43頁などを参照。

20) 井上＝山田＝島戸・前掲注（7）67頁参照。
21) もっとも、立案担当者の説明によると、実際問題として運転免許を保有している者の運転がこれに該当することはほとんど想定しがたいとされる。川端博＝西田典之ほか「緊急特別座談会・危険運転致死傷罪を新設する刑法の一部改正をめぐって」現代刑事法36号（2002年）86頁〔河村博発言〕。数年間自動車を運転していないという事実が直ちに「進行を制御する技能」の不存在を根拠付けるとまではいえないから、運転免許者についてこの要件を立証することは、事実上、きわめて困難であろう。
22) 日本の運転免許は（違反歴などに応じて）3年ないし5年ごとに更新手続が義務付けられているから、更新手続を行わないと、運転免許は失効することになる。
23) 井上＝山田＝島戸・前掲注（7）71頁参照。
24) 立案担当者は、時速20〜30キロのスピードで走行する行為であっても、これに該当する場合が多いと説明している。井上＝山田＝島戸・前掲注（7）74頁注44参照。
25) 星周一郎「危険運転致死傷罪の実行行為性判断に関する一考察」信州法学論集9号（2007年）105頁を参照。
26) 近時の最高裁判例（最決平成18・3・14刑集60巻3号363頁）は、赤信号を無視して対向車線にはみ出し、時速20キロメートルで右折しようとして、被害車両と衝突した事件についても、本罪の成立を肯定している。
27) この点について本罪を批判する見解として、曽根威彦「交通犯罪に関する刑法改正の問題点」ジュリスト1216号（2002年）49頁以下、高山佳奈子「交通犯罪と刑法改正」刑法雑誌44巻3号（2005年）102頁などを参照。
28) 故意の犯罪行為により被害者を死亡させた罪（裁判員法2条1項2号）は原則として裁判員裁判の対象事件であるから、危険運転致死罪の成否は裁判員裁判によって判断されることになる。
29) 危険性の高い運転行為によって死傷事故が生じても、危険運転致死傷罪の構成要件に該当しなければ、同罪で処罰できないことを問題視する見解として、たとえば星周一郎「危険な運転による致死傷と危険運転致死傷罪・自動車運転過失致死傷罪」首都大学東京法学会雑誌53巻1号（2012年）214頁以下を参照。
30) 同年11月5日、同法案は衆議院本会議で可決され、参議院に送付されている。その後、同年11月20日に参議院本会議でも可決され、同法は11月27日に公布されている。
31) 法案内容に関する検討として、塩見淳「自動車事故に関する立法の動き」法学教室395号（2013年）28頁以下を参照。
32) もちろん、アルコールの影響で強い眠気を感じており、今にも居眠りするおそれがあることを認識しつつ運転していれば、「正常な運転が困難な状態」の認識があり、危険運転致死傷罪の成立を肯定することができるが、このような認識が欠ける場合には同罪の成立を肯定することができない。
33) さらにアルコール、薬物を摂取する行為（いわゆる「追い飲み」）によって、運転行為段階でどの程度のアルコール、薬物を摂取していたかを正確に立証することが困難になってしまい、結果的に危険運転致死傷罪で処罰できない事態が生じうる。

6 中国刑法における危険運転罪
―― 酩酊型の危険運転を発想点に

北京大学法学院教授

梁　　根　林

（訳者：上海交通大学凱原法学院講師　于　　佳　佳）

1　はじめに

　中国では、自動車の時代が来た。自動車運転が、毎日の作業と生活を便利にしてくれる。他方、自動車運転には常に巨大な危険が伴う。交通の危険を低減し運転の安全を確保するために、危険運転罪の新設などを内容とする刑法修正案八が、2011年3月10日に中国の立法機関で採択され、同年5月1日に施行された。同修正案によって、刑法133条に1条が追加され133条の1とされる。内容は、以下の通りである。「道路で高速度で自動車を運転して追いかけて競争し、その情状が重いとき、又は道路で酒に酩酊した状態で自動車を運転したときは、拘留に処し、罰金を併科する。」

　法律規定に基づくと、危険運転罪にあたりうる違法行為は、高速度で自動車を運転して追いかけて競争する行為（暴走運転と俗称する）と、道路で酒に酩酊した状態で運転する行為（酩酊運転と俗称する）の2種類に区別され、前者は、犯罪となるために情状が重いでなければならないのに対し、後者は、酩酊運転をしたら犯罪となる。危険運転罪の具体的な行為様態によって、構成要件に関する規定は異なる。そこで、犯罪の定義に関し、刑法総則の13条但書には、「ただし、情状が極めて軽く、危害が著しくない場合は犯罪にならない」という一般的な要求事項がある（以下、便宜上、但書と略称する）。暴走型の危険運転罪の構成要件は、重い情状を必要とすることで、但書の要求と一致するので、議論を生じていないが、酩酊型の危険運転罪の構成要件は、形式的に、但書の適用を除外する形で規定されているので、解釈論にお

いて、但書が適用されるべきかどうかをめぐり活発な議論がなされている。実務上、刑法修正案八が有効となった直後、最高裁は、酩酊運転を犯罪として取り扱うのが妥当ではないとするとともに、犯罪の成否を判断するにあたって、但書において規定する一般的な要求事項が満たされるかをも考慮しなければならないと強調した[1]。これに対し、まず、公安部は、情状によらず酩酊運転を刑事事件として立件すべきだと主張した[2]。その後、最高検も、公安部の意見に同調し、事実がはっきりと判別でき十分な証拠がある場合には、情状によらず起訴すべき旨を示した[3]。それで、最高裁と最高検では、意見の違いが表面化した。理論上も、酩酊運転をしたら犯罪となるか、無罪であればその根拠がどこにあるかに関する見解に大きな違いがある。大きくわけると、3つの見解がある。情状にかかわらず酩酊運転をすべて犯罪として取り扱うとする見解[4]、但書の規定に基づき、酩酊運酩の情状が軽微な場合には、犯罪ではないとする見解[5]と、酩酊運転をしたら必ず犯罪となるわけではなく、犯罪の成立を否定する根拠が但書以外に求められうるとする見解[6]である。

　見解の相違は、法律の統一的な適用を相当程度妨げている。危険運転罪の新設時点から2012年5月の1年間に全国各地の裁判所で処理された酩酊運転事件を、百度（バイドゥ、Bǎidù）という検索エンジンで調べたところ、次のことが明らかになった。まず、大きな町または経済的に豊かな地域では、酩酊運転の取締りが比較的厳しい。例えば、2011年5月1日から翌年4月30日の1年間の取締済みの事件数は、四川省（1814件）と河南省（1627件）と比較し、浙江省（7832件）では増加する傾向が明らかである。山東省では、2011年5月1日から翌年3月31日の間の取締済みの事件数は1174件である。ところが、山東省の省政府所在地の済南市だけでは、2011年5月1日から翌年4月30日の1年間の取締済みの事件数は1849件である、という前の統計と矛盾する統計結果もある。そして、各地の裁判所でも、酩酊運転事件を取り扱うときの態度は大に違う。例えば、浙江省の裁判所では、2011年5月1日から翌年4月27日の間に処理された事件総数は3512件、判決が出されたのは2512

件、そのうち、実刑判決は2416件で96.18％を占めていた。広州省の中等裁判所と高等裁判所では、同時期に処理された事件総数は877件、判決が出されたのは492件、そのうち、執行猶予付判決はおよそ4割を占めていた。上述した各統計数値に大きな差があるその理由は多数あるが、酩酊運転をすべて犯罪行為として取り扱うか、それとも、但書の規定に基づき犯罪の成否を具体的情状によって個別的に判断するかなどについて判例・学説上争われていることが、その重要な理由の一つとして考えられる。

　法律に依拠し酩酊型の危険運転に適切に対処するために、何よりもまず、「道路で酒に酩酊した状態で自動車を運転する」という条文の含意を正確に解釈しなければならない。その正確な解釈ができるために、法解釈において、但書の規定に基づき、どのように犯罪を否定する根拠を導き出すか、どのように酩酊型の危険運転罪の構成要件を理解するかなどを検討しなければならない。本稿では、まず、「道路で酒に酩酊した状態で自動車を運転する」という条文に込められている暗示的罪量要素（罪量要素とは、罪の重さをはかるにあたって考慮される要素をいう。―訳者注）を探り出し、刑法規範の保護目的を明確にし、そして、存在論と解釈論の2つのレベルで酩酊運転による犯罪の成否の規範的根拠をそれぞれ検討し、最後に、酩酊型の危険運転罪と、危険な方法による公共安全危害罪や交通事故罪などの他罪の関係を解明することにしている。

2　酩酊型の危険運転罪の構成要件と暗示的罪量要素

　「暴走運転」または「酩酊運転」は、危険運転罪にあたりうる違法行為として、刑法133条の1に定型的に規定されたが、暴走型の危険運転罪の構成要件にのみ、情状が重いという罪量要素が条文上明記されている。明文をもって定められている以上、守らなければならない。だからといって、酩酊型の危険運転罪の構成要件は、但書において規定する事項を排除するということになるわけではない。立法論上、但書の規定に基づき犯罪の成否を判断する際のメリットとデメリットについて学説上議論があるが、それはともか

く、解釈論上、刑法総則の規定は、各則に規定される具体的な犯罪類型に原則として適用される、という論理が認められている以上、但書において規定する事項を危険運転罪の構成要件から排除することができないという主張は肯定されるべきであろう。中国においては、立法上、犯罪の定義に質と量の両方が同時に要求されている。その根拠が但書にはある。立法者は、但書の規定に基づき、処罰の範囲を制限し、刑事政策の考慮から個々の犯罪の構成要件に不法の程度を高める罪量要素を設ける。法律を解釈、適用する者として、刑法各則における個々の犯罪の構成要件を但書に示された方向性にそって解釈すべきであり、具体的に言って、問題行為が各則の構成要件に該当するかを判断するとき、字面上構成要件的事実を具備するか、同行為への処罰が規範の保護目的に相応しいか、処罰に値するほど法益を侵害したあるいは法益侵害の危険を生じたかを検討しなければならない。

　刑法各則における個々の犯罪類型が但書の規定に基づき設けられたものであり、この認識を前提として、法律の解釈・適用において、各則における犯罪の類型たる構成要件に該当する行為だと認められれば、「情状が著しく軽微な場合」にあたることはない、言い換えれば、情状が著しく軽微な場合にあたるという理由で犯罪の成立を否定することができない。他方、但書に示された方向性にそって、刑事政策的考慮から、具体的な犯罪類型によって、構成要件における罪量要素を慎重に検討すべきである。明文規定の有無によって、罪量要素を、法によって定められている罪量要素と条文の文言の含意にカバーされている罪量要素にわけ、さらに、前者を明示的罪量要素と暗示的罪量要素に区別する。各則の条文の中に、犯罪の類型たる構成要件の内容として、まず、当該犯罪にあたる違法行為の一般的な特徴が記載され、その後、犯罪となるために違法の程度が一定の基準を満たすべき旨が簡潔でかつ明確な文句で記された場合、罪量要素は明示的に要求されている。例えば、「金額が比較的大きい場合」、「結果が重大な場合」、「情状が悪質な場合」などの記載は、明示的罪量要素を表現するものである。違法の程度が一定の基準を満たすべき旨は、当該犯罪にあたる違法行為の一般的な特徴の記述に取

り込まれている場合、罪量要素は暗示的に要求されている。暗示的罪量要素は、見落とされやすいし、存在しないと勘違うこともあり、そのために、構成要件に該当する違法行為の一般的な特徴を問題行為が具備すると認めたことに加え、さらに但書の規定に基づき犯罪の成否を検討する必要性があるかについて、争いが生じている[7]。

条文の文言の含意にカバーされている罪量要素に関する論争はともかくほっとき、法律を解釈、適用する者として、少なくとも、法によって定められている罪量要素を、明示的に要求される場合と暗示的に要求される場合を区別し取り扱うべきである。すなわち、罪量要素が明示されている場合、刑法各則で類型化された犯罪行為の一般的な特徴を問題行為が具備するかとの判断にとどまってはならず、「情状」(情状犯)、結果(結果犯)あるいは数額(数額犯)などの罪量基準を満たすかも判断しなければならない。罪量要素が暗示されている場合、まず、犯罪行為の一般的な特徴に関する記載に罪量要素が取り込まれていることを確かめたうえ、問題行為が犯罪類型たる構成要件に該当するかを判断する。後者の場合、罪量要素は、類型化された犯罪行為の一般的な特徴の一つとして位置付けられているので、問題行為は、罪量要素を具備してはじめて構成要件に該当するものと認められ、言い換えれば、構成要件に該当するものと認められれば、罪量要素を具備するかがさらに問題とはならない。

条文上罪量要素が明示的に要求された暴走型の危険運転と違い、酩酊型の危険運転の構成要件に関する規定には、罪量要素に関する記述がない。それゆえ、後者を処罰するために罪量要素が要求されないという誤解は招かれている。実は、前文で紹介した、罪量要素の分類原理から、「道路で酒に酩酊した状態で自動車を運転する」という条文には、犯罪類型の特徴とともに罪量要素も規定され、つまり、罪量要素は犯罪類型の特徴の中に取り込まれて暗示的に要求されている、と考えられる。刑法解釈・適用の役割は、法秩序の統一性という立場から、行政罰を構成する危険運転と刑事罰を構成する危険運転を区別する立法を体系的に理解し、「道路で酒に酩酊した状態で自動

車を運転する」という条文を解釈しその条文の規範的含意を明らかにすることになる。

　現在の自動車が普及し、自動車での移動が前提となった社会では、自動車運転が、毎日の作業と生活を便利にしてくれ、行動範囲を広くしてくれ、他方、「交通事故は人を食う虎よりも恐ろしい」ことに示されたように、自動車の使用に伴う交通危険も高まるばかりである。道路交通安全に関する法律、行政法規、部門規則が制定され、車両の生産、販売、修理、運転などに関する技術的基準も規定されたものの、交通危険は完全に解消されうるわけではない。一方、自動車運転は、危険な行為であっても、社会的に有用なものである以上、たとえその行為から結果が現に発生しても、「許された危険」の範囲内にある限り、違法性が否定されるべきである。他方、法律、法規などに違反し自動車を運転するのであれば、人身、物損事故などの実害結果が発生しなくても、許されない危険の創出または実現が認められうる。ここでの許されない危険とは、具体的な公共交通の危険と抽象的なもののどちらをいうかについて、立法の趣旨にそって個々の犯罪の構成要件に基づき具体的に判断されるべきである。

　アルコールの影響として、判断力、自制心、制御力などが鈍ることが考えられる。「道路交通安全法」に基づくと、飲酒運転はすべて禁止され、公共交通の安全を害する行政法上の違反とされる。この規定を踏まえ、道路交通安全法と刑法修正案八においては、飲酒運転は、アルコールの影響の程度によって、行政不法、行政罰の対象となる「酒気帯び運転」と、危険運転罪に該当し刑事罰の対象となる「酩酊運転」に分類されている。具体的に言って、道路交通安全法91条において、酒気帯び運転については、次のような規定がある。酒気を帯び運転した者は、1回の違反で6ヶ月間の運転免許の停止処分を受け、1000元以上2000元以下の行政制裁金を併科され、2回の違反で10日以下の行政拘留に処し、1000元以上2000元以下の行政制裁金を併科され、あわせて免許の取り消しをなされる。旅客や貨物を運送するために酒を帯び運転した者は、15日以下の行政拘留に処し、5000元の行政制裁金を併科

され、あわせて免許の取り消しをなされ、5年間の範囲内で運転免許の再取得を禁止される。酩酊運転については、次のような規定がある。酩酊状態で運転した者は、酔いからさめるまで身柄が交通警察に拘束され、免許の取り消しをなされ、5年間の範囲内で運転免許の再取得を禁止され、刑事責任も問われうる。旅客や貨物を運送するために酩酊状態で運転した者は、酔いからさめるまで身柄が交通警察に拘束され、免許の取り消しをなされ、10年間の範囲内で運転免許の再取得を禁止され、再取得後、旅客や貨物を運送するための運転を禁止され、刑事責任も問われうる。さらに、酒気帯び運転または酩酊運転によって重大な交通事故を生じさせた者は、刑事責任を問われ、運転免許の取り消しをなされ、再取得を終身禁止される。酩酊運転に関する行政法上の規定に応じて、刑法修正案八においては、道路で酒に酩酊した状態で自動車を運転した者が懲役に処し罰金を併科されると規定されている。「車両運転手の血液または呼気中アルコール濃度の基準値とその検測」の国家基準（GB19522-2010）が、国家質量監督検験検疫総局で2004年5月31日に公布され、2011年1月4日に修訂された。同基準によって、運転者の血液中アルコール濃度が20mg/100ml以上、80mg/100ml未満の場合は酒気帯び運転、その濃度が80mg/100ml以上の場合は酩酊運転であるとされている。酒気帯び運転は、許されない危険（抽象的な交通安全の危険）を創出した行為と認められるが、血液中アルコール濃度でみれば、判断力、自制心、制御力などがアルコールの影響でそれほど鈍くなっていないので、「情状が著しく軽微であり、危害が大きくない」場合にあたり、刑事罰の対象とならず、行政責任が問われるにとどまると解される。これに対して、酩酊運転は、判断力、自制心、制御力がアルコールの影響で著しく低下した、あるいは喪失したので、より高い程度の抽象的危険を創出し、行為の違法性が処罰に値するほど高いと評価され、危険運転罪で刑事責任が問われうると解される。

　上述した分析から、許された危険の範囲内にある適法な運転や、酒気帯び運転（許されない危険を創出したが、違法性の程度が比較的低いので、行政罰の対象とされるもの）と違い、酩酊運転は、許されない危険を創出しただけでなく、

高度の危険を創出したことから、高い程度の違法性があると評価される。したがって、酩酊運転は、危険運転罪にあたる違法行為の一般的な特徴を具備し、かつ、処罰に値するほどの違法性のある行為と評価されうる。このように、酩酊型の危険運転罪の構成要件には暗示的罪量要素が込められているので、酩酊運転の罪量を但書の規定に基づき改めて確かめる必要はない。

　酩酊型の危険運転罪の構成要件に情状が重いという罪量要素が明示的に記載されていない理由は、もう一つある。この理由は、酩酊運転による公共交通危険の程度と酩酊運転の発生頻度にかかわる。すなわち、酩酊者と比べて、暴走行為者（多くは、なかなかの腕前である）が自由意志で車両を動かせその運行を制御しているので、法益侵害の危険が抽象度の比較的高いものであり、また、その危険の発生する蓋然性が比較的低い。暴走運転によって惹起された事故数も、確かに比較的少ない。この現象につながる要因として、暴走行為者の多くが高い運転技術を持つものである、という人的要因と、中国では、交通整理の行われていない道路が多いし、運転が交通渋滞に引っかかりやすいので、高速度で車を走らせることが頻繁に起こるわけではない、という社会環境的要因の両方が考えられる。ところで、「富豪の二世」または「官僚の二世」（つまり、お金持ちまたは官僚の家に生まれたお坊ちゃんお嬢様－訳者注）の暴走運転が、マスコミに取り上げられ大げさに報道されたこともあるが、それは個別的な事例にとどまっている。暴走運転は、全国的に大きな社会問題となっていない。これに対して、酩酊運転事件は、全国範囲で大量性、普遍性という特色を持ち、特に、酩酊運転により惹起された重大な死傷事故がマスコミに大々的に報道された後、酩酊運転の危険性が一層アピールされた。以上の分析から、次の結論が言える。暴走運転と酩酊運転は、どちらも公共交通の安全を害する抽象的危険犯にあたりうる違法行為であるが、後者で創出される公共交通の危険が具体度の比較的高いし、危険の実現可能性もより大きい、その結果、酩酊運転に伴う交通危険に対する国民の感受性が高く恐怖心が強い。その意味でも、暴走運転と比べ、酩酊運転は違法性がより高い危険な運転行為だと言える。酩酊運転自体には、重大な違法があ

り、つまり、罪量要素が取り込まれているので、原則として但書の規定から罪量要素を導き出す必要はない。これに対し、暴走運転は刑事罰の対象となるために、その情状が重いでなければならない。

　要するに、「道路で酒に酩酊した状態で自動車を運転する」という規定には、罪責要素が暗示されている。その暗示的罪責要素の存在は、酩酊運転に処罰に値するほどの違法性を持たせる。酩酊型の危険運転罪の理論的構造から、問題となった酩酊運転は、犯罪の類型たる構成要件に該当すると認められれば、違法阻却または責任阻却事由が例外的に存在する場合を除き、危険運転罪とすることができる。問題となった酩酊運転は、犯罪の類型たる構成要件に該当すると認めておりながら、「情状が著しく軽微であり、危害が大きくない場合」にあたるという理由で危険運転罪の成立を否定する、という考え方は、学説、実務において存在するが、著しく妥当性を欠くと思われる。

3　酩酊型の危険運転罪の客観的構成要件の規範的判断

　上述したような間違った考え方（つまり、問題行為は、酩酊型の危険運転罪の構成要件に該当すると認めておりながら、「情状が著しく軽微であり、危害が大きくない場合」にあたるという理由で危険運転罪の成立を否定する、という考え方）をとる根本的な原因は、構成要件的事実に暗示的罪量要素をすでに取り込まれていることに対する無視になり、より深刻な問題は、構成要件の機能たる「罪刑法定機能」に対する軽視である。さらに、字面上構成要件的事実を具備するかとの事実的認定と、構成要件に該当するかとの規範的評価を混同するという解釈論上の問題もその考え方に現れてきた。正しい考え方をとる場合、まず、事実的認定において、問題行為は構成要件的事実を具備するかを判断してそれを認めたうえで、規範的評価へ進んで、処罰に値する程度の法益侵害または法益侵害の危険があるか、その行為への処罰が刑法規範の保護目的に相応しいかなどをさらに判断する。構成要件的事実を具備する行為だと認められたが、処罰に値する程度の法益侵害または法益侵害の危険がない、あるいは、その行為への処罰が刑法規範の保護目的に相応しくないと判断される場

合には、犯罪は成立しない。その意味では、但書は、刑法総則の規定として、問題となった酩酊運転が危険運転罪を構成するかとの判断にも適用されると言うべきである。

　条文からみて、酩酊型の危険運転罪の構成要件は、「状態＋行為＋行為の情状」という３つの要素で構成されている。すなわち、処罰は、「酒に酩酊した状態」を前提とし、行為とは、酩酊状態で「自動車を運転する行為」であり、行為の情状とは、「道路で」を指す。構成要件該当性の判断にあたっては、問題行為は、上記の３つの要素を具備するかをまずそれぞれ確認して、そして、総合的に考えて犯罪の類型にあたるかの結論を出す。「道路交通安全法」に基づくと、道路とは、一般交通の用に供される公道、町などが所有・管理する道路と、法人または団体の管轄範囲内に属するが一般公衆の通行が許容される場所をいい、広場や一般駐車場などの公衆交通の用に供される場所も道路に含まれている。自動車とは、原動機の動力によって路上を走行する車両のうち、人または物の運送の用に供される、あるいは、特種な作業に使われる、装輪式の乗り物をいう。国家質量監督検験検疫総局で公布された「車両運転手の血液または呼気中アルコール濃度の基準値とその検測」の国家基準によれば、血液または呼気中アルコール濃度が80mg/100ml以上になったら、酩酊運転と判定される。存在論レベルでは、以上のように定義された３つの要素をそろって具備した行為は、道路で酒に酩酊した状態で自動車を運転する行為と認められる。危険運転罪の新設以来、一年間で、実務上、酩酊運転による犯罪の成否に関する判断は、存在論レベルでの事実的認定にとどまるのが多く、その有罪判断は解釈論上確実な根拠を得られるかが疑問であろう。

　確かに、存在論レベルでの事実的認定を前提とする有罪判決は、結論だけでみれば、必ずしも妥当性を欠くわけではない。しかし、事実的認定と規範的認定を混同する考え方は、認識論、方法論上の問題を生じている。存在論レベルで、構成要件的事実を具備するかをまず判断して、それを認めたことを前提として、解釈論レベルでの規範的評価は可能になる。そのような判断

仕方は、規範的評価が事実的判断を基にするという論理に基づく。他方、存在論レベルで、構成要件的事実を具備すると認められた酩酊運転は、規範的評価を受けるまで、「裸」の行為事実とみなされるにすぎない。解釈論レベルで、「裸」の行為事実を対象として、刑法規範の保護目的を参照し、犯罪にあたる酩酊運転の範囲を制限するための規範的評価を行う。「裸」の行為事実を処罰の対象とするのは、その行為への処罰が規範の保護目的に相応しいと認められた場合に限られる。そのような判断仕方は、事実的認定が規範的評価を経てはじめて刑法上の意味を有するという論理に基づく。

　むろん、規範の保護目的から目的論的解釈を通じ処罰の範囲を制限するための規範的評価を行うことは、危険運転罪の保護法益を立脚点とする。刑法修正案八によって、危険運転罪は、刑法133条に加えられ、133条の1とされた。刑法133条は、もとより交通事故罪を規定する条文である。そのような体系的設計から、交通事故罪と同じく危険運転罪も公共交通の安全を保護法益とする、という立法者の旨が読み取れる。ただ、交通事故罪は結果犯であるが、危険運転罪は危険犯である。つまり、危険運転罪となるために、危険運転で許された程度を超えた公共交通危険を創出しただけで足りるが、交通事故罪となるために、公共交通の危険が実現され結果が現に発生したことが要求される。そして、危険運転罪は、抽象的危険犯であり、この点で、刑法114条1項に定められている、具体的危険犯である危険な方法による公共安全危害罪とも区別される。上記の比較的分析から、次の結論が得られる。危険運転罪の立法趣旨は、酩酊運転または暴走運転の創出する抽象的危険から公共交通の安全を守ることである。そうした立法趣旨にそって、「裸」の行為事実を対象とする規範的評価を行い、目的論的解釈を通じ、処罰の範囲を、許された範囲を超えた抽象的な公共交通の危険を創出した行為に制限すべきである。言い換えれば、ただの「裸」の行為事実は、処罰の対象から排除すべきである。

　自動車は、足の代わり、人または物の運転の用に供される道具である。そのような自動車の用途から、「道路で酒に酩酊した状態で自動車を運転する」

行為とは、普通、自分または旅客を甲地から乙地へ運送するとき、酩酊状態で道路で自動車を運転していることをいうべきであろう。次の2つの場合には、構成要件的行為の存否について議論がある。ホテルで酒を飲んだ運転者は、エンジンをかけて発進しようとしたところ、ホテルの出入口で待ち伏せている交通警察に捕まった場合と、駐車場内で駐車位置から切り返すなどの短距離の運転をしているとき、交通警察に捕まった場合である。実務上、有罪とされた事例があるが、上記の場合では、酒を飲んでから運転したがその行為から抽象的な公共交通の危険が創出されていないので、その行為への処罰は規範の保護目的から離れて妥当ではないと執筆者は考えられる。危険運転罪の立法目的にそって、まず、「会社などの構内にあるクローズドなキャンパス、住宅地、工場区、採鉱場、農場、草原、枯れ野、田舎小道」などを、構成要件における「道路」の含意から排除すべきである。そして、一般人または車の通行ができる場所でも、「道路」にあたらない場合もありうる。例えば、酩酊状態で、深夜、およそ人または車が来ない場所、あるいは、人の足跡が届いていない場所で自動車を運転したときは、「裸」の事実行為が存在するだろうが、その行為から危険運転罪の保護法益に対する抽象的危険が創出されていないので、有罪と判定できない。

　上記の分析から次の結論が得られる。公的機関などの所有又は管理する道路で酩酊状態で運転して抽象的な公共交通の危険を実に創出した場合にのみ、問題行為は危険運転罪の構成要件にあたると認められる。それ以外の事情、例えば、計画された運転距離、実際の走行距離、血液中アルコール濃度の基準値を超える程度、自動車の種類、酩酊運転中にまた実施した違法な転回や超速度走行、酩酊に陥るまでの行為状況、酩酊運転の常習性、捕まえられた後で罪を認め違法な行為を反省するときの態度などは、構成要件該当性の判断とは無関係であり、量刑事情として考えればよい。それらの事情から、問題となった酩酊運転は、情状が比較的軽微な場合にあたると認められれば、裁判で軽微な処罰または執行猶予判決や、検察で不起訴処分が得られる。

4 酩酊型の危険運転罪の主観的構成要件の規範的判断

酩酊型の危険運転罪の主観的構成要件については、構成要件的行為が故意か過失かについて次のような議論がある。多数説は、故意だと考える。例えば、張明楷教授は、「酒に酩酊した状態で自動車を運転することを、行為者が認識しなければならない。ただ、酩酊状態に関する具体的認識は必要ではない（つまり、血液中アルコールの濃度値まで認識する必要はない）。」と考えている[8]。少数説は、過失だと考える。例えば、馮軍教授は、「酩酊型の危険運転罪につき、道路で酩酊状態で自動車を運転する行為を故意に行ったが、抽象的な公共安全の危険を過失によって創出した。酩酊運転も抽象的な公共安全の危険の創出も故意によるのであれば、危険な方法による公共安全危害罪の未遂犯につき有罪となる。」と考えている[9]。張明楷教授は、危険運転罪を故意による抽象的危険犯と解する理由を一層説明したうえで、少数派の見解に批判を加えた[10]。

危険運転罪を過失による抽象的危険犯と解することについては、執筆者の意見は、少数説と一致するが、理由付けで違う。張明楷教授と馮軍教授は、各自の理論の枠内で綿密な説明をなされたが、酩酊者の心理状態の複雑性と特殊性に対する察しが足りないためか、酩酊者の過失責任を引き上げて故意責任と誤って評価する、あるいは、事実的認定と規範的評価を混同し解釈するなどの解釈上の問題を避けられていない、と思われる。執筆者においては、酩酊者の心理状態の特殊性に鑑み、事実的認定において、具体的状況によって過失あるいは故意、あるいは両方と認められることもありうるが、規範的評価において、事実的認定の結論によらず、酩酊型の危険運転罪をすべて過失による抽象的危険犯と解すべきだと思われる。以下においては、詳しく説明する。

1、酩酊運転の犯罪化について、その立法理由が、どのような心理状態で酩酊運転をするかに関係せず、酩酊運転で抽象的な公共交通の危険を創出されるという事実になる。すなわち、原則として、酩酊者は抽象的な公共交通の危険を創出したら、犯罪となることとされる。酩酊状態になったことを知

りながら運転したのか、車を運転する予定があるのに構わず酒を飲んだのか、酒を意識を失ったほど飲んでいてから運転したのか、酩酊で制御能力を失ったが心神喪失になったわけではないという状態で運転したのかといった状況について、立法者において関心が寄せられていない。むろん、罪を犯す意なき行為は罰せず、それは責任主義の見地から当たり前のことであって、酩酊運転の場合にも適用される。しかし、上記にあげた状況では、責任主義の原則に反する問題は生じない。問題行為以外の行為を行う可能性とその行為をしたら結果を回避する可能性のどちらも否定できないので、最低限度の非難可能性（つまり、罪責）が認められるのは、その理由である。言い換えれば、刑法133条の１の適用を排除するのは、酩酊者において他行為の実施可能性あるいは結果回避可能性がないと証明された場合に限られる。

２、酩酊運転は、故意によることがあるし、過失によることもあり、両者の中間的判断として曖昧な罪過しか認定できない場合もありうる。いずれにせよ、上記の結論は、存在論レベルにとどまっている事実的認定にすぎない。同一の法益侵害について、過失と比較し、故意は、普通、より重い違法または責任形式とみなされる。この観点から、故意による酩酊運転は過失によるものと比べより重い罪責が問われる、という結論が得られる。しかしなお、まず、刑法133条の１によって、危険運転罪につき有罪とされた者に対し主刑として拘留、併せて付加刑として罰金が適用され、それは、刑法各則に規定されている刑罰の範囲内で最も軽い処罰規定である。危険運転罪は軽微な犯罪として設けられている以上、故意によるか過失によるかについての議論は、実益がほとんどない。そして、酩酊型の危険運転罪の特殊性から、過失による酩酊運転と比べ、故意によるものが常に違法が高い、あるいは責任が重いとは限らない。以下に例をあげて説明する。例えば、運転者が、自分が酒に強いので、酩酊運転の取締基準に達するまで酒を飲んでいても、弁識能力、制御能力と反応能力などが低下しないだろうと思っており、実際にも低下していない場合は、故意による酩酊運転である。これに対し、運転者が、酒を意識を失ったほど飲んでから酩酊運転を無意識にした、あるいは、

酩酊運転を認識したがアルコールの影響のために酩酊運転を自制できない状態にした場合は、過失による酩酊運転であるが、酩酊運転から創出された抽象的な公共交通の危険について、故意の場合よりも、著しく高く、したがって、罪責について決して軽くはない。以上の分析結果から、酩酊型の危険運転罪は特殊な違法要件または責任要件があるので、同罪の成否を、故意が過失より重い違法または責任形式であるという一般的な解釈論理にあてはめて考えるべきではなく、そうしたら、正論と背反する結論が出てしまう可能性もある、と思われる。

3、罪責の程度について、故意による酩酊運転と過失によるものの間にそれほど大きな差がないので、酩酊者を一律に故意犯と評価することは、責任主義の原則から許されない。問題となった酩酊運転は、過失にすぎないにもかかわらず、規範的評価において故意と評価すると、罪責を誤って引き上げる恐れがある。確かに、存在論レベルで、過失の酩酊者は、故意の酩酊者より軽い責任が問われるとは限らない。だからといって、解釈論レベルで、問題となった酩酊運転をすべて故意と解すべきではない。そうしたら、まず、責任主義の原則に反して、過失の酩酊者に不当に重い責任を負わせる恐れがあり、また、酩酊運転に加担する者の責任が問題となった事例では、酩酊運転を故意と解する結果、加担行為に基づく共犯責任の範囲があまりに広くなりすぎることも懸念される。これに対して、酩酊運転を規範的に一律に過失と解釈すれば、加担行為を対象とする処罰を制限する目的が果たされうる。

4、故意か過失かについて必ずしも明らかではないので、便宜上、「曖昧な責任」または「混合罪責」と解することも、責任主義の原則から許されない。例えば、アルコールの影響で酩酊状態になったことをはっきりと認識できない酩酊者が、酩酊運転を意識的にしたのか、それとも、酩酊状態のまま無意識的にしたのかについて、本人もよくわからない事例では、酩酊者の心理状態が故意か、過失か、それとも同時にあるかとの判断は、困難である。その困難な問題に鑑み、規範的評価において、酩酊者の心理状態を一律に曖

昧な責任あるいは混合罪責とみなせばよいと執筆者は考えたこともあるが、次の２つの理由で自分の最初の考えを否定した。第１に、故意かそれとも過失かが確定できる場合もある。第２に、故意か過失かが確定できない場合、曖昧な責任または混合罪責が事実的認定の結果にすぎず、酩酊者の責任形式に関する規範的評価をその結果に直ちに結び付けるべきではない。過失の酩酊運転による責任を誤って引き上げて故意による責任と評価することができないし、曖昧な責任または混合罪責は、事実的認定の結果であり、直ちに規範的評価の結論として採用することもできない。それで、唯一の解決策として、存在論レベルで曖昧な責任または混合罪責と思われる責任形式を引き下げてレベルの低い責任形式である過失と評価する、つまり、酩酊者の責任は過失か故意かが明らかでないとき、すべて過失として捉えると、考えられる。

　５、故意と比較し過失がレベルの低い責任形式である。そういう関係から、故意か過失かが明らかではない場合、疑わしき被告人の利益という原則によって、レベルの低い過失責任を問うという考え方が法律上も理論上も根拠付けられうる。我が国では、実務上も理論上も故意と過失が相容れない関係にあるものと考えられている。同じ見解は、ドイツにおいても存在する。例えば、イェシェック教授とヴァイゲント教授は、故意と過失が相容れないものであると認めた上で、「過失は、故意と別の責任形式である。過失は、法的秩序に反した行為を意識的にではなく不注意によって行ったので、故意より軽い責任形式である。故意と過失は、相互に排斥し合う概念である。つまり、ほかの事情が同じなら、故意が認められるときは、過失は問題とされない。」とした[11]。上記の見解は、多くの指摘を受けていて、少数説にとどまっている。ロクシン教授を代表とする多数の学者は、故意と過失は、「概念論理的段階関係にある」のではなく、「概念的には相互排他的関係にあることを認める立場がほとんどなのである。……すなわち、結果発生を容認する（未必の故意）者が、同時に結果不発生を信じる（認識ある過失）ということはありえない。行為事情の実現を目指す（犯罪の意図）者が、そのような状

況に至る可能性に気付かなかった（意識なき過失）ということもありえない。だが、このことは、故意と過失の間に規範的段階関係を認めること、すなわち、同一の法益侵害につき故意に過失よりも大きい不法と責任とを認めることを、不可能にするものではない。ここで重要なのは、論理的段階関係とする立場におけるような分類的諸概念やそれらの相互関係ではなく、評価の違いなのである。ある行為の社会的否認の程度、つまり否定的評価は、結果惹起への内的関与の度合いに伴って相対的に強くなる。この内的関与は過失行為の場合より故意行為の場合のほうが大きいので、疑わしき場合は、より軽い帰責形式を判断の基礎にしてよいのである。」と論じた。今日のドイツで、「主流の意見は、故意と過失は概念論理的段階関係にあり、その関係から、証拠が十分でない場合、疑わしき被告人の利益にという原則によって、過失で有罪と判定できる、と考えている」。「連邦通常裁判所も、現在では、過失と故意が軽重の関係にあり、このような規範倫理的段階関係の場合も、疑わしきは被告人の利益にという原則が適用されうると認めている」。中国で、張明楷教授は、故意と過失の規範的段階関係に関するロクシン教授の解釈に気付いていて、我国刑法14条における故意と15条における過失に関する規定に基づき、我国刑法理論の枠内において故意と過失が段階的関係にあることを認めるための根拠を示した上で、「故意は、過失と比べて、結果回避可能性がより高い、責任がより重い、より処罰に値する。その意味で故意と過失は段階的関係にある。……具体的な事件で行為者に故意のあることが立証できないが、少なくとも過失の存在が明らかであった場合には、過失犯しか成立し得ない。ここで、一つの犯行は故意でありながら、過失でもあるというわけではなく、故意と過失は、対立的関係ではなく段階的関係にあるので、故意を過失と評価しうるというだけである。」と論じた。要するに、我国刑法14条と15条に基づき、故意の行為者にレベルの低い過失責任を負わせることは、法律上許されうる。

6、刑事政策上の観点からしても、存在論レベルで酩酊者に故意が認められるにもかかわらず、解釈論レベルで過失犯と評価すべきである。故意の行

為者に過失責任を負わせることは理論上可能であるが、最終的にそうする理由を、検察官の証明責任を減軽するという刑事政策的考慮に求めるべきである。すなわち、検察官として、問題行為以外の行為をする可能性とそうしたら結果を回避する可能性があり、それによって最低限度の非難可能性が認められうることを証明していれば、立証責任を果した。酩酊運転が過失であるか故意であるかについての証明責任の免除は、酩酊運転に対する取締を迅速で有効にしてくれる。酩酊型の危険運転罪は、拘留と罰金が適用され、つまり、我が国刑法において規定する罪の中で最も軽微な犯罪である。法廷で酩酊者の心理状態をめぐる争いが続いていったら、事件の解決時期が必要以上に延ばされ、訴訟コストが高くなる。

　危険運転罪の主観的要素は、「過失犯の処罰は法律に規定があるときにのみ例外的に行う」ことを内容とする刑法15条2項によって制約を受けることに関して、馮軍教授と張明楷教授は同じ意見を持っている。張明楷教授は、「明文に基づく規定説」、「実質的規定説」と「文意に基づく規定説」をそれぞれ検討した上で、文意に基づく規定説の立場から、危険運転を過失犯とする見解を否定した[16]。文意に基づく規定説によると、「法律に文意に基づく規定があれば」、刑法15条2項に要求された「法律に規定がある」ことと認められるべきであり、例えば、条文に「過失」、「不注意」、「失火」等の用語が出ていないが、条文で表現しようとする趣旨から、過失犯の構成要件を規定されたと合理的に認められれば、「法律に規定がある」場合にあたり、過失犯につき有罪と判定できる[17]。執筆者は、文意に基づく規定説の採用について張明楷教授の意見に賛成するが、同説に基づき危険運転を過失犯とする見解を否定した張教授の意見に賛成しない。刑法133条の1の文意から、本罪の立法趣旨は、危険運転による抽象的な公共交通の危険を防止することであると読み取れるのみならず、故意による酩酊運転、過失によるものと、過失か故意かが明らかでないもののいずれも、構成要件的行為にあたりうるともはっきりと示唆されている。本来は、行為者の主観的事情によって区別して評価すべきであろうが、主観的要素を統一的に評価する可能性、疑わしき被告

人に有利にという原則の適用、訴訟コストを削減するという刑事政策的理由などを検討した上で、「レベルの高い責任がならず、レベルの低いものに就く」原理によって、すべて過失犯として処理してよいと考えられる。そうした対応は、罪刑法定主義に反せず、刑法15条2項の趣旨にも忠実であると思われる。

5　酩酊型の危険運転罪と他罪の関係

　刑法133条の1の1項は、危険運転罪の構成要件的事実と法定刑を規定した後、2項は「前項の規定に該当する行為が、同時に他の罪名に触れる場合には、その最も重い刑により処断する」と規定した。2項の理解と適用は、危険運転罪と他罪の関係で問題になっている。

　危険運転罪の新設まで、道路交通取締をめぐる刑事法的統制に用いられる罪名は、主として刑法114条の危険な方法による公共安全危害罪、刑法115条の危険な方法による公共安全危害罪（同条の1項は同罪の故意犯、2項は同罪の過失犯である）と刑法133条の交通事故罪がある。

　刑法114条の規定によって、爆発、放火、洪水、危険物の投与、その他危険な方法をもって公共安全を危害したが、重大な結果を現に惹起していないときは、危険な方法による公共安全危害罪を確定し処罰することとされている。本罪は、故意による具体的危険犯である。重篤な酩酊のまま自動車を運転して具体的な公共交通の危険を生じさせるときは、理論上、本罪の成立が否定できないが、実務上、本罪につき有罪とされた事例はあまり報道されていない。

　刑法115条の1項の規定によって、故意をもって、爆発、放火、洪水、危険物の投与、その他危険な方法をもって公共安全を危害し、そして、人の重傷または死亡をもたらし、または公私の財産を重大な損失に遭わせたときは、危険な方法による公共安全危害罪を確定し処罰することとされている。本罪は、故意による結果犯である。重篤な酩酊のまま自動車を運転することによって、刑法115条の1項の罪の構成要件的結果を発生させることを知り

ながら、その結果発生を容認または希望する者は、理論上、本罪につき有罪とされうるが、実務上、以前、交通事故罪で責任を問われるのが一般的であった。しかし、その従来の対応は、最近変わった。孫偉銘の酩酊運転致死傷事件に対する広東裁判所判決（2007年）と、黎景全の酩酊運転致死傷事件に対する四川裁判所判決（2009年）が、酩酊者を刑法115条の１項の罪につき有罪としたパイオニアの判決であった[18]。その後、全国各地で、同類事件では酩酊者に刑法115条の１項の罪を認めた判決が相次いで出た。実務上の対応の変化には、交通安全を守るために重大な交通事犯に対する厳格な処罰を望む世論の要望に応え、この種類の犯罪に対する刑事罰を強化する方向への刑事政策の動きが反映されている。他方、交通事犯の取締厳格化に対する疑問の声も聞こえるようになっている。黎景全事件と孫偉銘事件に対する、交通事故罪で被告人を有罪とした原審判決を破棄し自判して危険な方法による公共安全危害罪の成立を認めた、控訴審判決をきっかけに、この種類の刑事事件で裁判または量刑事業を規範化することを目指し、最高裁は、2009年９月８日に記者会見を行って「酩酊による交通犯罪の処罰における法律適用の若干問題に関する指導意見および典型的な事例に関する通知」を公布した。最高裁の解釈によって、飲酒運転が違法であることと、そうして交通の危険を生じさせることを知りながら、法律を無視し酒を飲んでから自動車を運転し、特に、交通事故を惹起した後で、運転し続けてあちこちに激突しながら走り回ったことによって、さらに重大な死傷事故を発生させたときは、酩酊者として連続的に結果の発生することを認容する態度をとって、それによって公共安全を危害する故意が認められ、刑法115条の１項の罪につき有罪となる[19]。最高裁の解釈は、権威を持つものである。同解釈に基づき、刑法115条の１項の罪の成否を判断するにあたっては、客観的に、法律を無視し酒を飲んでから運転をし、特に、交通事故を惹起した後で、運転し続けてあちこちに激突しながら走り回ったことによって、さらに重大な死傷事故を発生させたなどの情状があるかを、主観的に、酩酊運転により人の重傷または死亡をもたらすことを知ったか、連続的に結果の発生することを認容する態度をとった

かを、総合的に考慮して、客観と主観の両面の充足が認められた場合は、刑法115条の前項の罪、そうでない場合は、交通事故罪である。

　刑法115条の2項の規定によって、過失によって、爆発、放火、洪水、危険物の投与、その他危険な方法をもって公共安全を危害し、そして、人の重傷または死亡をもたらし、または公私の財産を重大な損失に遭わせたときは、同条の罪の過失犯で責任が問われることとされている。酒を飲んで酔っ払ってから道路で自動車を運転し、過失によって、刑法115条の2項の罪の構成要件的結果を発生させたときは、本罪が成立しうる。ただ、本罪と交通事故罪とは、一般法と特別法の関係にあるので、後者の適用が優先的であり、実務上、交通事故罪として処理されるのが一般的である。

　刑法133条の規定によって、交通運転管理法規に違反して、そうして重大な事故を発生させ、人の重傷または死亡をもたらし、または公私の財産を重大な損失に遭わせたときは、交通事故罪が成立することとされている。本罪は、過失による結果犯である。実務上、暴走運転あるいは酩酊運転によって、刑法133条の罪の構成要件的結果を発生させたときは、特別な事情がある例外な場合を除き、交通事故罪につき有罪となりうると思われている。

　危険運転罪の新設の結果、重大な交通事故の発生する前に早い段階で刑法が介入することは可能になり、それに伴い、危険運転罪と他罪の関係を検討することも必要となっている。まず、張明楷教授の意見を紹介してみたい。交通事故罪との関係について、危険運転罪の新設は、交通事故罪の構造を変え、すなわち、交通運転罪は、(1)危険運転罪を前提としない、単純過失犯という形で存在するものと、(2)危険運転罪の結果的加重犯という形で存在するものに二分化されている。後者について、例えば、危険運転を故意にして致死傷の結果を過失によって惹起した場合には、交通事故罪は成立する。ここで、基本犯たる危険運転犯は故意であり、加重的結果に過失が認められ、したがって、危険運転罪の結果的加重犯の構造にあたる、と論じた[20]。危険な方法による公共安全危害罪との関係について、「危険な方法による公共安全危害罪に該当する危険な運転行為は、必然ながら、同時に危険運転罪に触れ、

そのような場合には、前者につき有罪と判定されるべきである。……危険運転が危険な方法による公共安全危害罪として処罰されるのは、致死傷などの重大な結果が発生し、またその結果発生に故意が認められる場合に限られるわけではなく、次の３つの場合も考えられる。(1)は、危険運転は、放火、爆発に相当程度の具体的な公共の危険があり、実際に致死傷などの実害結果を生じさせ、その結果の発生に対して行為者に故意が認められる場合（故意による基本犯）である。(2)は、危険運転は、放火、爆発に相当程度の具体的な公共の危険があり、その危険に対して行為者に故意が認められる場合である。例えば、高速度で高速道路を走り回って追いかけて競争した場合は、重大な結果が発生しなくても、刑法114条の罪が適用され罪が問われるべきである（故意による危険犯）。(3)は、危険運転は、放火、爆発に相当程度の具体的な公共の危険があり、その危険に対して行為者に故意があるが、過失によって致死傷などの重大な結果を惹起した場合（結果的加重犯）である。例えば、酒に酩酊して安全運転のための制御力を失ったに至り、それにもかかわらず、霧の中で自動車を高速度で走らせて、結果、死傷の結果を発生させた場合は、その結果発生に過失だけが認められていても、交通事故罪ではなく、危険な方法による公共安全危害する罪である（むろん、その結果発生に故意の有無で量刑が変わりうる）。」と論じた。

　馮軍教授においては、次のような議論がなされた。交通事故罪との関係について、酩酊運転を故意にしたが、安全運転のできることを信じるに足りる相当な根拠があり、また、酩酊運転から創出された抽象的な公共の危険に対して酩酊者に過失が認められるときは、危険運転罪につき有罪となる。酩酊運転から創出された抽象的な公共の危険に対しても、実際に生じた実害結果に対しても、どちらに対しても、酩酊者に過失が認められたときは、１人以上の重傷者に対して事故の全部あるいは主要な責任を負うべき酩酊者として、交通事故罪で罪が問われる。酩酊者の交通事故を惹起した後の逃走は、さらに危険な方法による公共安全罪を構成する場合には、交通事故後の酩酊運転を危険運転罪として処理することなく、刑の酌量加重事由と考えればよ

い。ただ、事故後で極めて危険な方法をもって逃走した場合では、酩酊者に公共安全を害する故意が認められれば、事故後の逃走行為はさらに危険な方法による公共安全危害罪を構成し、交通事故罪とが併合罪となる、と論じた[22]。危険な方法による公共安全危害罪との関係について、酩酊運転などの危険運転を故意にして、それによって放火、爆発などに相当程度の公共の危険を創出されたときは、危険な方法による公共安全危害罪につき有罪となる。つまり、危険運転罪が危険な方法による公共安全危害罪に吸収されるために、酩酊運転により放火、爆発などに相当程度の公共の危険を生じさせ、かつ、故意をもって酩酊運転を通じ公共の危険を害する行為を実施したという2つの条件は満たされなければならない、とした[23]。

　張明楷教授と馮軍教授の意見から、次の示唆が得られる。(1)危険運転罪が、故意による抽象的危険犯か、それとも過失による抽象的過失犯かの判断、(2)交通事故罪が、過失による結果犯か、それとも、故意による危険運転罪の結果的加重犯かの判断、(3)抽象的危険犯が、具体的危険犯の未遂か、それとも独立的犯罪の類型かの判断に関する意見の相違は、結論の差異を生じている。以下においては、上記の諸問題に関して、本稿の立場を述べたい。

　前文で詳しく検討したうえで示したように、本稿は、危険運転罪を過失による抽象的危険犯とする立場をとっている。この立場に立って、あらゆる危険な運転行為（それに、抽象的な公共交通の危険を創出した故意によるもの、抽象的な公共交通の危険を創出した過失によるものと、具体的な公共交通の危険を創出した過失によるものが含まれる）を、規範的評価においてすべて過失による抽象的危険犯と解し（拘留と罰金を併科する）、過失による結果犯たる交通事故罪（3年以下懲役または拘留に処する）、故意による具体的危険犯たる危険な方法による公共安全危害罪（3年以上10年以下懲役に処する）と故意による結果犯たる危険な方法による公共安全危害罪（10以上懲役、無期懲役または死刑に処する）と組み合わせ、道路交通取締をめぐる刑事法的統制体系を構築している。その体系の中で、交通違反に関する処罰規定は、各自の役割がはっきりされ、論理的に整えられ、違反行為の軽重の度合いに応じ刑の軽重の差も設けられている。こ

れに対して、危険運転罪を故意による抽象的危険犯とすれば、他罪との関係の説明は難しくなる。危険運転罪を過失による抽象的危険犯とする本稿の意見は、結論については、馮軍教授の意見と一致するが、解釈の仕方とそれによって画定された危険運転罪の処罰範囲については、馮軍教授の意見と大に違う。馮軍教授は、抽象的な公共交通の危険を創出した酩酊者の心理的状態によって、酩酊運転を故意によるものと過失によるものにわけ、前者を刑法114条の1項の罪の未遂犯と、後者を危険運転罪としている。これに対して、酩酊者の心理的状態によらず、規範的評価において危険運転罪を一律に過失による抽象的危険犯とする本稿の立場からは、危険運転を故意にした場合でも、刑法114条の1項の罪の未遂犯として処理することはない。馮軍教授は、法律条文の適用と解釈が規範の保護目的の達成によって制約を受ける論理を強調しているのに、危険運転罪の主観的要件をその論理にあてはめて考えておらず、結果、存在論レベルで事実的認定の結果として上記の結論を導出し、解釈論レベルで規範的評価を行っていない。そのせいで、馮軍教授は、危険運転罪を過失による抽象的危険犯と正しく解した他方、危険な運転行為を故意にした酩酊者の処罰根拠を刑法114条の1項の規定に求めるしかず、そうする根拠を一生懸命説明した。

　一部の交通事故罪を危険運転罪の結果的加重犯とする張明楷教授の主張も妥当ではないと執筆者は思われる。

　結果的加重犯とは、もとになった犯罪から、その罪（基本犯）を超える重い結果が発生したとき、そのことを理由に基本犯よりも刑を加重し処罰する罪をいう。確かに、張明楷教授のおっしゃったとおり、日独刑法においては結果的加重犯と基本犯が2つの罪名でそれぞれ規定される場合もある。しかし、中国では、通説と司法解釈において、結果的加重犯の加重的結果は、基本犯と直接に関連し基本犯の行為から生み出されたものであり、法定刑を加重する理由は加重的結果の発生にほかならず、罪名を変更することはない、とされている。中国刑法においては、結果的加重犯は、基本犯に付随して同一の条文に規定されているのが一般的であろう。例えば、強姦致死傷罪は、

強姦罪の結果的加重犯として、刑法236条1項と2項における、基本犯たる強姦罪に関する規定の後に加えられ規定されている。同じく、強盗致死傷罪は、強盗罪の結果的加重犯として、刑法263条1項における、基本犯たる強盗罪に関する規定の後に加えられ規定されている。確かに、基本犯とその結果的加重犯は2つの条文でそれぞれ規定される場合もあるが、条文の並ぶ順番は、まず先に基本犯に関する条文が規定され、次に結果的加重犯に関する条文が規定されるのが一般であり、司法解釈によってどちらも同一の罪名で有罪とされる。例えば、刑法114条の罪（故意による具体的危険犯）は基本犯、115条の1項の罪（故意による結果犯）は、同罪の結果的加重犯である。危険運転罪は、刑法修正案八によって、刑法133条の交通事故罪の後ろに加えられるのみならず、別の罪名で定められている。法律条文がどのような順番で構成されるかは、罪名相互間の内部関係を制約しないはずがない。交通事故罪を危険運転罪の結果的加重犯と解する場合、結果的加重犯を基本犯の先に規定する立法の趣旨は論理的に説明できなくなる。交通事故罪を危険運転罪の結果的加重犯とする張明楷教授においては、酩酊運転により人の重傷または死亡という加重的結果を生じさせた場合は交通事故罪である、と考えられる。その考え方は、独日刑法の条文または学説によって根拠付けられるかもしれないが、中国の刑法理論または司法解釈における、結果的加重犯に関する一般的理解から外れたし、建前として考えることも困難であると言わざるを得ない。言い換えれば、交通事故罪を危険運転罪の結果的加重犯と解するための前提として、現行刑法の規定に依拠し結果的加重犯の意義についての法的理論を考え直すことは必要である。

　交通事故罪のほかにさらに危険運転罪を新設する趣旨の全ては、交通事故罪の構成要件に該当する結果が発生する前の時点で刑法の介入を可能にすることであると思われる。つまり、危険運転罪の新設に伴い、交通事故罪の構造は、変わったわけではなく、依然として過失による結果犯と解されるべきである。その認識を前提として、酩酊者は、抽象的な公共交通の危険を創出したとき、危険運転罪として処罰を受ける。酩酊者は、抽象的な公共交通の

危険を創出して、そして、実際に人の重大な傷害または死亡を惹起し、あるいは、具体的な公共交通の危険を創出し、それによって交通事故罪または危険な方法による公共安全危害罪を構成しうるとき、どちらの犯罪で有罪となるかについて、状況ごとの判断が必要である。具体的に言って、次のいくつかの状況が考えられる。

(1)は、危険な運転行為に出た時点とその行為がほかの罪に触れた時点は、時間的・空間的に同一性がある場合である。例えば、酩酊者が、エンジンをかけた一瞬、車の前方で歩いている人にぶつかって即死させた、あるいは、エンジンをかけて運行を制御できなくなって路上を縦横無尽に走り回っていた事例では、一つの行為は数個の危害結果を発生させ、それによって、危険運転罪のほかに、交通事故罪または危険な方法による公共安全罪にも触れたと評価されるべきである。上記の状況は、「前項の規定に該当する行為（つまり、危険な運転行為）が、同時にほかの犯罪に触れた」という規定にあたる、典型的なものである。観念的競合の処罰理論によって、より重く科刑する犯罪である交通事故罪または危険な方法による公共安全危害罪で酩酊者の罪は問われる。そこで、危険運転罪の結果的加重あるいは法条競合加重を問題とする必要はないと思われる[24]。

(2)は、危険な運転行為に出た時点とその行為がほかの罪に触れた時点は、時間的・空間的に同一性がない場合である。例えば、酒を飲んでから運転し、途中、出発地から10キロ離れたところで横断道路をわたっている歩行者にぶつかって即死させた事例では、一つの行為は2つの結果（抽象的な公共交通の危険と特定の歩行者の即死）を発生させたと評価されるべきである。事故現場に到着するまでの酩酊運転と事故現場で歩行者を即死させた行為を2段階にわけ、前者を危険運転罪につき有罪とし、後者を交通事故罪につき有罪として、数個の犯罪をあわせて刑を科すことは、妥当ではないと思われる。なぜかというと、危険運転罪は、継続犯であり、連続犯ではなく、つまり、危険な運転行為は、連続的にではなく、継続的に行われ、その認識を前提として、危険運転の途中で死亡事故を惹起した行為は、危険運転罪のほかに交通

事故罪も構成し、それによって数罪併罰にするという考え方は、同一の危険な運転行為を危険運転罪の構成要件的行為と評価し、さらに交通事故罪の構成要件的行為と重複判定することで、重複的評価の禁止原則に反するのみならず、刑法133条の1の2項の趣旨にも背くからである。あげた事例は、観念的競合犯の場合にあたり、観念的競合犯の処罰原理によって、刑法133条の1の2項に依拠し、より重く科刑する犯罪である交通事故罪で有罪と判定されるべきであると思われる。

(3)は、酩酊者が、危険運転の途中で交通警察の検査を回避するために、混んでいる路上を縦横無尽に走り回り運転した、あるいは、ほかの公共交通に重大な危険をもたらす行為をした場合である。張明楷教授は次の設例をあげた。酩酊者は、夜間、10キロ走行して途中で交通警察に発見され、刑事責任をさけるために車灯を消し危険な方法で20キロ逃げていて、公共交通の危険を具体的な危険にまで高め、その結果、重大な人身事故を惹起した。上記の設例では、酩酊者は、危険な運転行為のほかに、刑法114条または115条において規定する、その他危険な方法をもって公共安全を害する行為も実施したので、2つの行為と2つの結果が同時に存在し、それぞれ危険運転罪と危険な方法による公共安全危害罪を構成し、両罪併罰で責任を問われるべきである、と張明楷教授は論じた。「危険な運転行為は、連続性のあるものであっても（継続性といったほうが妥当である—執筆者注）、2つの行為と2つの結果と評価されるべきであり、その評価を前提として、同時にほかの罪名に触れ、数罪併罰原則で処断するという意見が否定されるべきである」とする張明楷教授の見解に賛成する。[25)そこで、酩酊運転をして、さらに抽象的な公共交通の危険を具体的な危険にまで高めた行為も実施した場合は、理論上、危険な方法による公共危険危害罪が成立する余地もあるが、実務上、普通、数罪併罰と認められない。それは、刑事司法の謙抑的運用の結果であろう。実務上、問題となった危険運転は実際に具体的な公共交通の危険を惹起した場合も、同様な取り扱いが行われ、つまり、危険運転罪の一罪で罪が問われる。

(4)は、交通事故を起こした酩酊者が現場から逃走した場合である。刑法

133条の規定に基づくと、「交通事故後で逃走し、またはその他の特に悪質な情状があるときは、3年以上7年以下の有期懲役に処す」。上記の規定に基づき、逃走時の具体的状況によって、酩酊者の刑事責任は、次のように判断する。すなわち、まず、「交通事故後の逃走」は、交通事故罪の加重構成事由として刑法に規定されている。事故後で酩酊状態のまま逃走することは、「交通事故後の逃走」の文意にカバーされると問題なく認められるので、交通事故罪の一罪で有罪とされ、加重的法定刑が科される。上述した問題に関し、馮軍教授の見解は、事故惹起後の酩酊運転を酌量加重事由と解するという部分を除き、基本的に妥当であるが、交通事故罪と危険運転罪で刑事責任を追及し数罪併罰にすべきであるとする張明楷教授の見解は、検討の余地があると思われる。次に、事故を起こった酩酊者が、きわめて危険な方法で現場から逃走して、さらに重大で具体的な公共交通の危険を生じさせたとき、事故後の行為は、「交通事故後の逃走」の文意にカバーされるというまでもないが、高い違法性があるので、3年以上7年以下の有期懲役という加重的法定刑で釣り合わないと考えると、交通事故罪が問われ加重的法定刑が科されるという判断結果は、明らかに不適切である。刑法114条の罪の法定刑の幅は3年以上10年以下の有期懲役であり、その法定刑は、具体的な公共交通の危険を創出する酩酊運転またはほかの極めて危険な手段による危害行為行為に対し、釣り合う。事故後の行為に危険を創出する故意があれば、刑法114条の罪は例外的に成立し、交通事故罪とあわせ数罪併罰にすべきである、という結論に限りにおいては、執筆者の意見は、張明楷教授と馮軍教授の意見と一致する。

　馮軍教授は、「故意をもって酩酊運転を通じ公共安全に危害をもたらした者は、抽象的な公共安全の危険を創出していても、具体的な公共安全の危険を創出していない限り、具体的危険犯を処罰対象とする刑法114条の罪の一罪で有罪と判定することはできない。」とするとともに[27]、「抽象的な公共安全の危険を故意に創出した酩酊者は、刑法114条の罪の未遂犯として処罰を受けると考えられる。その法的根拠が、刑法114条と23条に求められる。」と主

張した。上記の意見から、馮軍教授において抽象的危険犯を一般に具体的危険犯の未遂とみなされることが読み取れるであろう。その意見によれば、危険な運転行為を故意にした酩酊者は、創出した抽象的な公共交通の危険に対して、刑法114条の罪の未遂犯として責任が問われる。反対の立場から、張明楷教授は、酩酊者として抽象的な公共交通の危険を故意に創出したとき、刑法114条の罪の未遂犯の成立要件が満たされないので、危険運転罪の一罪で処罰を受けるべきであると主張した[29]。

　危険犯は、結果犯に対し、処罰範囲の拡張と前置き的な刑罰である。抽象的危険犯は、具体的危険犯に対し、処罰範囲がさらに広がり、より早い時点で刑法が違法行為の取締に介入する。逆に言うときも同じである。すなわち、結果犯は危険犯に対し、具体的危険犯は抽象的危険犯に対し、処罰範囲の収縮と後置き的な刑罰である。具体的危険犯も抽象的危険犯も、どちらも既遂と未遂の2つの形態があるし、刑法23条によって未遂として一般的な可罰的違法性があり、そう考えれば、確かに、抽象的な公共安全の危険を故意に創出する行為を、具体的な公共安全の危険を故意に創出することを構成要件とする刑法114条の罪の未遂犯と解する余地のあることは否定できない。しかし、上記の論理を、抽象的な公共交通の危険を故意に創出した酩酊運転にあてはめて考えることは、理論上も、刑事政策上も、妥当ではないと思われる。以下においては、詳しく説明する。

　理論上、具体的危険犯の既遂犯とは、法益侵害の具体的危険が実現されたことをいい、その未遂犯とは、法益侵害の具体的危険が実現されていないが、その実現が可能であり、ただ、自己の意思以外の原因でそれを遂げなかったことをいう。その未遂犯は、完成されていない具体的危険犯であり、完成された抽象的危険犯ではない。そして、具体的危険犯の既遂犯も未遂犯も、その実行行為は、法益侵害の具体的危険を実現する、あるいは実現する可能性のある行為を類型化された、定型性の強いものでなければならない。そのような行為でなければ、そもそも実行行為性が認められない。上記の考え方によれば、次の分析ができる。刑法114条の罪の構成要件的行為は、具

体的な公共の危険を創出する、あるいは創出する可能性のあるものである。問題となった危険運転は、抽象的な公共交通の危険を伴う行為にすぎないと認められれば、最初から、刑法114条の罪の未遂犯の成立する余地はない。次に、故意による責任が問われうるのは、実行行為、行為の対象、侵害結果、因果関係などの客観的構成要素を行為者が認識しながら認容あるいは希望する態度を持つ場合に限られる。危険運転は、客観的に、具体的な公共交通の危険を創出する、あるいは創出する可能性のあるものではないとき、主観的に、行為者として、抽象的な公共交通の危険の創出だけを認識し、刑法114条の罪の成立に必要な故意を持っていない。以上の分析をまとめると、次のようになる。解釈論において、故意による危険運転は、具体的な公共交通の危険を創出する行為の類型化、定型化されたものと認められず、抽象的な公共交通の危険以上の具体的な危険を創出する可能性も否定されたとき、抽象的な危険の創出に故意があっても、最初から、刑法114条の罪の違法性と有責性の要件を具備してないので、同罪の未遂犯として処理されるべきではない。

　刑事政策上、まず、酩酊運転と暴走運転などの危険な運転行為を、故意によるものと過失によるものに区別し、前者を刑法114条の罪と、後者を危険運転罪とする馮軍教授の考え方によれば、刑法114条の罪の違法性と有責性の構成要件をそもそも具備してない、故意による危険運転まで、同罪に基づく処罰の範囲に入れる恐れがある。それは、危険運転だけの問題でなく、その考え方をとると、法益侵害の抽象的危険を故意に創出した違法行為をすべて、故意による具体的危険犯の未遂として処罰し、それで刑法114条の罪を含め、具体的危険犯を処罰対象とするあらゆる罪の処罰範囲が不当に広がることが懸念される。また、その考え方をとると、故意による危険運転の違法の程度と比較して、過酷な処罰が適用されることも懸念される。刑法114条の罪の法定刑は、3年以上10年以下の有期懲役、危険運転罪の法定刑は、拘留と罰金の併科であり、前者は、後者より遥かに重い。確かに、刑法23条に基づくと、未遂犯は既遂犯より軽く罰される。しかし、故意による危険運転

は、刑法114条の罪の未遂犯として有罪と判定され軽い処罰が科されたとしても、抽象的な公共交通の危険の創出に釣り合う違法と責任の程度に比較して、量刑が重過ぎ、刑法5条において規定する「刑罰の軽重は犯した罪およびその負うべき刑事責任に相応しなければならない」という一般的な要求事項に反する、と言わざるを得ない。

　危険運転を通じ抽象的な公共交通の危険を故意に創出した場合は、刑法114条の罪の未遂犯であるとする馮軍教授の意見を不適切と指摘した張明楷教授の立場には、賛成すべきだと思われる。故意による危険運転事件の刑事責任追及にどのような罪名が用いられるかは、創出された公共交通の危険の程度によって、具体的に判断すべきだと思われる。以下においては、詳しく検討する。

　(1)具体的な状況によって、危険運転は、具体的な公共交通の危険を創出する、あるいは創出する可能性のある行為としての実行行為性がなく、客観的に抽象的な公共交通の危険を伴うものに過ぎないと思われる場合には、その抽象的な危険を行為者が認識しながら認容ないし希望する態度を持っていても、刑法114条の罪の未遂犯ではなく、危険運転罪につき有罪である。

　(2)具体的な状況によって、危険運転は、具体的な公共交通の危険を創出する、あるいは創出する可能性のある行為としての実行行為性があり、また、その具体的な危険の創出に対し行為者に故意が認められた場合には、理論上、刑法114条の罪の既遂犯として有罪となりうる（故意による具体的危険犯）。ただ、法定刑の軽重に大きな差があるので、刑法114条の罪に基づく量刑は、危険運転罪より遥かに重いこと、抽象的危険犯と具体的危険犯の間に境界線を引き難いこと、故意による危険運転と過失によるものの区別が困難であることなどを考える上で、実務上、刑法114条の罪を危険運転事件に用いられるのは、きわめて危険な手段をもって運転行為に出て、見た目で判断できる、現実的な危険性のある、具体的な公共交通の危険を故意に創出した場合に限られるべきである、と思われる。

　(3)具体的な状況によって、危険運転は、人の重傷、死亡または公私財産の

重大な損失などの実害結果を直接に生じさせ、その結果発生を行為者が認識しながら容認または希望する態度を持つと認められた場合には、刑法115条１項の罪の既遂犯として有罪となる（故意による結果犯）。

　危険運転罪と他罪の関係について、以上のような解釈こそ、「前項の規定に該当する行為は、同時にほかの犯罪に触れる場合、重い刑により処断する」という規定の旨に相応する解釈であろうと思われる。

　危険運転罪を過失による抽象的危険犯とするとともに、抽象的な危険を故意に創出した運転行為を刑法114条の罪の未遂犯として有罪とする余地のあることを否定する、という考え方をとれば、一部の故意の運転者は適切な処罰から逃げる問題が生じるという指摘は、ありうるであろう。

　そのことを心配する必要はないと思われる。本稿の立場によって、危険運転は、抽象的な公共交通の危険を創出したものにすぎないのであれば、その危険の創出は故意によるか過失によるかにもかかわらず、一律に、危険運転罪として有罪となる。なぜ具体的な危険の創出が過失による場合も、同一の罪名が適用できるかについて、その根拠は中国刑法における「挙軽以明重」の原理に求められる。「挙軽以明重」とは、問題行為は、刑法条文に規定していないとき、その行為より違法性の高い行為を処罰の対象とする罪を適用し処罰を科すことをいう。この原理を危険運転事件にあてはめて次のように判断できる。すなわち、具体的な危険を創出した過失行為は、どのような罪を構成するかを刑法に規定していないが、抽象的な危険を創出した過失行為より高い程度の違法性があるものである以上、後者の可罰性から前者の可罰性を導き得、後者を処罰の対象とする罪で有罪と判定できる。そう判断して、罪刑法定主義違反の問題は生じない。実は、具体的な状況によって、危険運転で創出された危険は、具体的なものか抽象的なものかが、必ずしも明らかではない。一般的に、問題行為は、犯罪の類型たる構成要件にあたりうる酩酊運転または暴走運転などの危険運転と認められれば、抽象的な公共交通の危険を伴うものであろうと推定でき、危険運転罪の成立が肯定でき、そこで、具体的な危険か抽象的な危険かについての議論は、少なくとも危険運

転罪を過失犯とする立場からして、実益がない。具体的な公共交通の危険を故意に創出した場合には、理論上、刑法114条の罪につき有罪となりうるが、実務上、比較的軽い罪である危険運転罪として処理されるのが一般的であり、刑法114条の罪の成立は、刑法の謙抑性から、故意と過失、具体的危険と抽象的危険の区別の困難さも考える上で、極めて悪劣な情状があり、見た目で判断できる、重大で具体的な公共交通の危険を現に創出し、その危険の創出を行為者が認容あるいは希望する態度を明らかに持つ場合に限られている。

　実は、実務上、重篤な酪酊運転で重大な傷害を生じさせた事件は、その結果の発生を認容する態度を持つことが証明できれば、交通事故罪につき有罪とされるのが一般的であり、実務上、最高裁の公布した「酪酊による交通犯罪の処罰における法律適用の若干問題に関する指導意見および典型的な事例に関する通知」に基づき、刑法115条１項の罪につき有罪とされた事例は、極少数であろう。

注
1）　「最高裁：酪酊運転をすべて犯罪とすることが認められない」中国新聞網（2011-05-10）（http://news.163.com/11/0510/18/73NCHQI100014JB6.html）
2）　「公安部：酪酊運転をすべて犯罪として立件する」新京報（2011-05-18）（http://news.163.com/11/0518/02/74A76U0700014AED.html）
3）　「最高検は、証拠が十分であれば酪酊運転をすべて起訴することを示した」北京晩報（2011-05-24）（http://news.cntv.cn/20110524/111933.shtml）
4）　黃麗勤「実務上酪酊型の危険運転に法律を適用するときの若干の問題に関する研究」朱孝清ほか編『社会管理の革新および刑法の改革（下）［2011年度の中国刑法学年会論文集］』（中国公安大学出版社・2011年）1265頁。
5）　李永昇・李涛「命を守るか、それとも見殺しにするか―酪酊運転罪の成立に要求される情状についての検討」朱孝清ほか編『社会管理の革新および刑法の改革（下）［2011年度の中国刑法学年会論文集］』（中国公安大学出版社・2011年）1221頁。
6）　曲新久「飲酒運転をすべて有罪としないその理由を但書に求める必要はない」法学2011年７号。
7）　梁根林「但書、罪量およびすり取る行為の処罰」法学研究2013年２号。
8）　張明楷『刑法学［第４版］』（法律出版社・2011年）638頁。

9) 馮軍「刑法133条の1の規範の保護目的およびその適用についての議論」中国法学2011年5号。
10) 張明楷「危険運転罪に関する基本的な問題―馮軍教授の意見を検討」政法論壇2011年5号。
11)【独】ハンス・ハインリッヒ　イェシェックほか（徐久生訳）『ドイツ刑法教科書』（中国法制出版社・2001年）676頁。
12)［独］クラウス・ロクシン（王世洲訳）『刑法総論［第1巻］』（法律出版社・2005年）730頁。
13) 同上。
14) 同上。
15) 張明楷『刑法学［第4版］』（法律出版社・2011年）259頁。
16) 前注10。
17) 前注10。
18) 両事件で、被告人である黎景全と孫偉銘は、重篤な酩酊状態で自動車を運転して走り回って、重大な傷害を生じさせた。黎景全は、交通事故を惹起した後で、傷者および彼を止めようとした周りの人の安全を無視して、継続的に自動車を運転して、さらに2人を死亡、1人を軽傷に至らせた。孫偉銘は、無免許運転で数回交通法規に違反し、本件で飲酒後に運転し前の車のあとをつけて走行して、逃走のために制限速度を超えて、4台の走行中の自動車に相次いで衝突して、4人の死亡と1人の重傷を生じさせた。裁判所によって、2人の被告人は、酩酊状態で運転して交通事故を惹起した後で運転し続けて走り回ったりして、数人の死者または傷者が出たという重大な結果を発生させ、上記の事実によって、主観的に他人の死傷という結果に対して認容する態度を持ったことが明らかになり、公共安全を害する故意が認められ、危険な方法による公共安全罪で有罪とされた。2007年の佛山市中級人民裁判所の一審判決では孫偉銘は、2009年の成都市中級人民裁判所の一審判決では黎景全も、同罪で死刑（即日執行）が言い渡され、それぞれ控訴した。広東省高級人民裁判所と四川省高級人民裁判所の控訴審判決では、それぞれ有罪と確定されたが、死刑判決を破棄され、無期懲役刑を言い渡された。
19) 2009年9月8日に最高裁の公布した「酩酊による交通犯罪の処罰における法律適用の若干問題に関する指導意見および典型的な事例に関する通知」。
20) 張明楷「危険運転罪および他罪との関係」人民法院報2011年6月2日。
21) 同上。
22) 前注9。
23) 前注9。
24) 張明楷教授は、「危険運転罪に関する基本的な問題」と「危険運転罪および他罪との関係」の2篇の論文においては、交通事故罪を危険運転罪の結果的加重犯とする一方、『刑法学［第4版］』（法律出版社・2011年）においては、結果的加重犯を法条競合の問題として解しているところ、結果的加重犯に関する条文と基本犯に関する条文とが特別法と一般法との関係であり、特別法を優先的に適用されると説明した。その説明に

よれば、交通事故罪と危険運転罪は法条競合の関係にあるともいえるであろう。観念競合と法条競合の境界線が実は曖昧であると考えると、危険な運転行為は、同時に交通事故罪の構成要件に触れたと認めた後、交通事故罪と危険運転罪は、結果的加重犯の関係にあるか、法条競合の関係にあるか、観念競合の関係にあるかという問題をさらにとりあげて議論することは、理論上の意味があるかもしれないが、実益がないだろうと思われる。なぜ実益がないかというと、交通事故罪で有罪と認められた場合、その有罪判断は、両罪の関係によって左右されないからである。

25) 前注10。
26) 前注9。
27) 前注9。
28) 前注9。
29) 前注10。

7 事後強盗罪に関する諸問題

清華大学教授
張　明　楷
（訳者：成蹊大学教授　金　光　旭）

　わが国の刑法は、263条で強盗罪の構成要件と法定刑を定めた上、269条で「窃盗、詐欺又は強奪の罪を犯し、贓物を蔵匿し、逮捕を免れ、又は罪証を隠滅するために、その場で暴行し又は暴行をもって脅迫したときは、この法律の第263条の規定に基づいて罪を認定し処罰する」と定めている。269条所定の犯罪は、講学上は「事後強盗罪」又は「準強盗罪」と呼ばれているが、実務上は「強盗罪」の罪名しか使われていない（本稿では「事後強盗罪」の呼称に従う）。以下では、事後強盗罪に関する若干の問題について検討することとする。

I　前提犯罪

　事後強盗罪の前提となる犯罪は、窃盗、詐欺及び強奪罪である。ただし、実務上、ほとんどの事後強盗罪は、窃盗又は強奪が先行する場合であって、詐欺が先行する場合は必ずしも多くはない。前提犯罪に関しては、検討を要する問題点が基本的に3つある。

(1) 「窃盗、詐欺又は強奪罪を犯し」といえるためには、取得財物の金額が比較的に大きいことが必要か否か。

　周知のとおり、わが国では、窃盗、詐欺及び強奪の罪が成立するためには、原則として、金額が比較的に大きい財物を取得したことが前提となる（もちろん、若干の例外はある）。したがって、窃取、詐取又は強奪した財物の金額が比較的に小さい場合には、通常は犯罪が成立しないのである。これに対

し、強盗罪は、必ずしも金額が比較的大きいことを要求していない。そこで、行為者が、金額が比較的に小さい財物を窃取、詐取又は強奪し、蔵匿等の法所定目的でその場で暴行又は脅迫した場合に、事後強盗罪が成立するかどうかが問題になるのである。

　この点について、学説は4つの見解に分かれている。

　第1に、行為者が取得した財物の金額が比較的に大きい場合に、初めて事後強盗罪が成立すると解する見解がある。ただし、この立場を主張する見解の中でも、その根拠は必ずしも一様ではない。

　まず、事後強盗罪を一種の転化犯と解する見解がある。それによれば、いわゆる転化犯とは、行為者がある犯罪を実行する過程において、主観的条件と客観的条件が変化したために他の重い罪が成立する場合をさすが、この種の転化犯が認められるのは、軽い罪から重い罪への転化、ある罪から別の罪への転化の場合であって、犯罪を構成しない違法行為からの転化は認められず、よって、先行の窃盗行為により取得した財物の金額が比較的に大きい場合に、初めて強盗罪への転化が認められるとされる[1]。

　しかし、この見解には次ぎのような疑問がある。第1に、いわゆる転化犯は、行為者がもともとはある罪を実行するつもりだったが、その実行の過程において、状況の変化により他の犯罪の実行に転じた場合であり、たとえば、甲が窃盗のつもりで家宅に侵入したが、中に人がいたため、暴行を用いて財物を強取したような場合がその典型例である。しかし、269条の定めた状況は、このような転化犯でないことは明らかである。たとえば、窃盗に着手したのち、逮捕を免れるためにその場で暴行を行った場合、当然に通常の強盗罪が成立わけではない。そうだとすれば、主観的条件と客観的条件の変化だけで、強盗罪に転化したとはいえないのである。第2に、転化犯の場合は、刑法上の特別の規定によらなくても、後続行為について重い罪を肯定できるのであり、たとえば、上述の例では、甲について、端的に通常の強盗罪を認めることができ、必ずしも269条の規定を援用する必要がないのである。第3に、もし事後強盗罪が一種の転化犯だとすれば、先行行為には窃盗等罪

が、後続行為には通常の強盗罪が成立するはずであるが、実際には、後続行為に通常の強盗罪が肯定されるわけではない。最後に、もし上述の見解が転化犯の概念を別の意味で用いるのであれば、窃盗行為がなぜ強盗罪に転化するのか、その転化の根拠が何か、取得財物の金額の大きさを求める根拠が何か、について説明する必要があるが、この点についての説明が必ずしもなされていない。

　269条は、実は法律上の擬制である。法的擬制の特徴は、本来は異なる行為を同じ行為として処理するところにある（本来はある規定に該当しない行為について、当該規定により処理する場合を含む）。法的擬制の場合、立法者は、T2とT1とが事実的には完全に一致しないことを前提として、ある目的からT2にT1と同様の法的効果を賦与し、T2の事実について、T1の法規定を適用するよう命じているのである。刑法269条の定めた行為（T2）は、本来は263条の規定した強盗罪（T1）とは異なる行為であり、本来は263条の構成要件（T1）に該当しないが、269条により、当該行為（T2）に強盗罪（T1）と同様な法的効果が与えられているのである。したがって、もし269条が存在しなければ、当該行為について強盗罪として処罰することができず、先行行為についてはそれぞれ窃盗罪、詐欺罪又は強奪罪を、後続行為については、その性質や情状により殺人罪、傷害罪を肯定できるにすぎないのである。このように、269条は、本来は263条所定の強盗に当たらない行為を強盗罪として擬制している。刑法にこのような擬制を設けるには、2つの理由がある。第1は形式的な（外在的）理由であって、重複を避けるという立法経済的な観点によるものであり、第2は実質的な（内在的）理由であって、2つの行為の本質的な類似性によるものである。[2]こうした法的擬制の特徴からすれば、「窃盗、詐欺又は強奪罪を犯し」の解釈においても、これを文理の視点だけでなく、強盗罪の基本性質の視点から解釈する必要があり、事後強盗罪を単に転化犯と捉える形式的な理解では不十分なのである。

　また、学説の中には、厳格な罪刑法定主義の観点からすれば、取得財物の金額要件を満たし、窃盗、詐欺又は強奪の罪が成立する場合に初めて事後強

盗罪が成立すると解すべきであるとしつつ、「このような厳格な解釈には不合理な点もある。なぜなら、通常の強盗罪には金額の制限がなく、そして、事後強盗罪と通常強盗罪との間には、暴行、脅迫が行われた時点が財物取得の前後の差にあるにすぎず、本質的に異なるところがないから、犯罪の成立要件において差を設けるのは合理的ではない。……わが刑法の事後強盗罪が、先行行為として『窃盗、詐欺又は強奪の罪を犯し』と規定しているのは立法上の欠陥であり、これを修正する必要がある」と指摘する見解もある。[3)]しかし、このような解釈には方法論上の問題がある。もし「窃盗、詐欺又は強奪の罪を犯し」の意義についての論者のような限定解釈から不合理が生じることを自認するのであれば、そのように解釈しなければ済むはずである。換言すれば、まず269条について欠陥が生ずるような解釈をし、その上でそれを批判して、法改正を主張するような論法には問題があるように思われる。

　なお、台湾の学者の中には、次のように主張する見解もみられる。「準強盗罪と強盗罪との間には、手段と目的の発生順序が逆であるという違いがあるにすぎず、強盗罪は強制を加えてから財物を取得するのに対し、準強盗罪は財物を取得してから強制を加えるのである。後者については、財物を取得した行為者が発見された場合には、強制的手段をもって財物の取得状況を維持しようとするのが通常であることから、その手段と目的との関連性の点で、強制を加えて財物を取得する典型的な強盗罪と共通しているために、それを「準強盗」として捉えるのである」。「強盗の本質は、行為者が（反抗を抑圧する程度の）強制的手段によって財物を取得するところにあり、手段と目的の関連性にその高度の違法性が現れているから、強盗として扱われる準強盗罪も、このような特徴を備えたものでなければならない。そうだとすれば、逮捕免脱又は罪証隠滅のみを目的として強制を行った場合は、財物の取得とは関係がないから、これを強盗として扱うことは本来は許されないはずである。このような矛盾を解消するためには、現行法の解釈として、先行行為を、窃盗又は強奪が既遂状態に達している場合に限定する必要があるので

ある[4]」。この主張は、おそらく次ぎの２点を趣旨とするものである。まず、立法論として、本来は贓物蔵匿の目的で暴行・脅迫を行った場合にのみ事後強盗罪を認めるべきである。つぎに、解釈論としては、現行法上逮捕免脱又は罪証隠滅の目的をも規定しているが、このような場合でも強盗罪の実質を担保するためには、先行の窃盗等が既遂状態に達していることが要求される。

しかし、このような主張には疑問がある。第１に、もし贓物蔵匿の目的の場合にのみ事後強盗罪を認めるべきとするなら、そもそも事後強盗罪を設ける理由は基本的に存在しない。なぜなら、暴行又は脅迫を用いて財物の返還義務を免れようとした場合には、端的に利益強盗の成立を認めることができるからである。第２に、現行法の解釈として、先行の窃盗等を既遂に限定するのは、台湾においてはさほどの支障がないかもしれないが、中国大陸においては、窃盗の未遂は通常は処罰されないほか、暴行罪や脅迫罪も存在しないため、窃盗未遂の者がその場で暴力又は脅迫を行った場合には基本的に不可罰とならざるをえない。この結論は受け入れがたいものである。第３に、既述のように、事後強盗罪が法的擬制である以上、事後強盗行為が、通常の強盗罪の特徴や構成要件を完全に満たすことを要求することはできない。また、現行刑法の下でも、事後強盗罪の前提犯罪が窃盗等の財産犯であるから、事後強盗罪の罪質が財産犯であることは否定できず、そうだとすれば、同罪の既遂と未遂は、前提犯罪の既遂と未遂によって決せられるべきである。第４に、実際的な理由として、窃盗等の犯人が、自分の犯行が発見されたなどの場合に、暴行又は脅迫を用いて贓物蔵匿・逮捕免脱・罪証隠滅を図ろうとすることは普遍的に見られる現象であり、立法者は、一般予防の考慮から、「追い詰められた犯人は妄動すべからず」という警告を発するために、事後強盗罪を設けたと考えられる[5]。この点が、事後強盗罪の存在する刑事政策的根拠なのである。第５に、事後強盗罪の処罰は、中国では長い歴史的伝統がある。早くも「唐律」において、「先盗後強」を強盗罪の一類型として定めていた。「宋刑統」においては、「先盗後強」の規定にとどまらず、「窃

盗の共犯が、現場で人を殺し又は負傷させたときは、強盗と論ずる」とする規定が存在していた。「大明律・刑律」中の「強盗」の規定は、「窃盗がその場で逮捕を免れようとして人を殺し又は負傷させたときは、死刑にする」と定めており、「清律」にも類似の規定が存在していた。そして、「大清新刑律」では、事後強盗罪については、「財産の確保、逮捕の免脱、罪証の隠滅」という３つの目的を明文で規定していた。民国時代の刑法も、この３つの目的を受け継いだのである。こうした伝統を踏まえて考えると、事後強盗罪に通常の強盗罪のすべての特徴を求めたり、刑法の改正を求めたりするのは、妥当な立法判断と思われない。

　第２の見解は、行為者が窃盗等の行為を実行しさえすれば、事後強盗罪が成立するとする立場である。すなわち、通常の強盗罪には金額要件が存在しておらず、そして、事後強盗罪も強盗罪とされる以上、先行行為について金額要件を加える理由がなく、仮にそれが少額の財物の窃取であって犯罪が成立しなくても、事後強盗罪の成立を妨げないとするのである。[6]

　しかし、この見解にも問題がある。刑法269条は、「窃盗、詐欺又は強奪の罪を犯し」と明文で定めており、そのうえ、「治安管理処罰法」49条では、「……公私の財物を窃取、詐取、……強奪した者」について行政処罰を科する旨を定めているから、窃盗、詐欺又は強奪の行為のすべてが、常に「窃盗、詐欺又は強奪の罪」に該当するわけではないからである。しかも、事後強盗罪は財産犯であるから、先行行為に財産犯が成立しないのに事後強盗罪を肯定するのでは、事後強盗罪の財産犯としての性格を否定することになろう。したがって、行為者が窃盗行為を実行しさえすれば、事後強盗罪が成立するとする見解も妥当とはいえない。

　第３の見解は、総合判断すべきとする立場で、司法解釈の見解である。最高人民法院と最高人民検察院の1988年３月16日付け「刑法153条（現行刑法269条。筆者注）の適用についての回答」においては、「被告人が窃盗、詐欺又は強奪に着手して、その財物が『金額が比較的に大きい』基準に達していないものの、贓物を蔵匿し、逮捕を免れ、又は罪証を隠滅するために、その場で

暴行又は脅迫をした場合であって、その情状が重いときは、刑法153条に基づいて、150条所定の強盗罪として処罰することができる。もし暴行又は脅迫の情状が重くなく、危害が大きくない場合は、犯罪が成立しないものとする」と述べていた。

　この司法解釈には少なくとも以下の２つの疑問がある。第１に、条文前段の「窃盗、詐欺、強奪の罪を犯し」についての判断を、条文後段の「暴行又は脅迫」の判断にすり替えているのではないかという疑問である。暴行の情状が重いことは、先行行為が「窃盗、詐欺、強奪の罪」に該当することを意味するものではない。逆に、暴行の情状が重くなくても、先行行為が「窃盗、詐欺、強奪の罪」に該当する場合があるのである。第２に、「暴行又は脅迫」について、情状に基づく総合判断を行う点も問題である。なぜなら、事後強盗罪は通常の強盗罪と同質性を有するものとするなら、「暴行と脅迫」についての解釈も、通常の強盗罪と同様、被害者の反抗を抑圧するに足りるか否かを基準とすべきであって、情状の軽重を基準にすべきでないからである。

　現行刑法施行後、最高人民法院は2005年６月８日付けの「強盗、強奪に係る刑事事件の審理における法律適用に関する若干の問題についての意見」において、「被告人が窃盗、詐欺又は強奪に着手して、その財物が『金額が比較的に大きい』基準に達していないものの、贓物を蔵匿し、逮捕を免れ、又は罪証を隠滅するために、その場で暴行又は脅迫をした場合であって、その情状が重くなく、危害が大きくないときは、原則として犯罪が成立しないものとする。ただし、次ぎに掲げる情状の１つがある場合は、刑法269条の規定に基づいて、強盗罪として処罰することができる。①窃取、詐取又は強奪した財物が『金額が比較的に大きい』基準に接近しているとき。②室内又は公共交通車両内で窃盗、詐欺又は強奪を実行したのち、室外又は車両外で上述の行為を実行したとき。③暴力により人に軽傷以上の傷害を負わせたとき。④凶器を使用し、又は凶器をもって脅迫したとき。⑤その他重い情状があるとき。」

この司法解釈にも、既述したのと同様の問題点があるほか、実際にも、種々の不都合な結論を導くことになる。たとえば、甲がバスの中で被害者から廉価の携帯電話をひったくって車外に逃走し、逮捕を免れるために被害者に反抗の抑圧に足りる暴行を加えた場合、上記司法解釈にしたがえば、事後強盗罪が成立することになる。しかし、当該携帯電話は廉価のものであり、甲もこの事実を認識していたとすれば、刑法267条の強奪罪の成立はありえないのであり、よって、269条所定の「強奪罪を犯し」の要件を充足しなくなるのである。また、たとえば、この司法解釈によれば、他人の数個のリンゴを窃取したのちその場で凶器をもって脅迫した場合でも、事後強盗罪が成立することになる。しかし、「治安管理処罰法」によれば、数個のリンゴの窃取では窃盗罪が成立せず、よって、事後強盗罪の前提要件が欠如することになるのである。

第4の見解は、「窃盗、詐欺又は強奪の罪を犯した」の解釈において、既に取得した財部が『金額が比較的に大きい』基準に達する必要がないとする反面、行為者の主観的意図、および金額が比較的大きい財物の取得可能性を考慮すべき」とする立場である[7]。この見解によれば、窃盗未遂の場合でも、事後強盗罪が成立することになる。

筆者は基本的にこの見解が妥当と考える。269条の文言は、「窃盗、詐欺又は強奪の罪を犯し」となっているから、それは行為の動的過程を描写したものであり、行為者が窃盗、詐欺又は強奪の罪の実行に着手したこと及び故意を有することを要求するものであっても、必ずしも行為が窃盗、詐欺又は強奪の罪の既遂に達していることを要求するものではない。換言すれば、先行行為を、窃盗、詐欺又は強奪の「罪」（既遂と未遂を含む）を犯したと評価できる場合に、初めて事後強盗罪の成立を認めることができるのである。まず、既述のように、事後強盗罪が財産犯であるゆえんは、先行行為である窃盗等が財産犯であるからである。もし先行行為が財産犯を構成しないなら（一般の違法行為にすぎないなら）、後続の暴行が如何に情状が重いものであっても、それが財産犯に転化することはありえないのである。次ぎに、「……罪

を犯し」とは、動的過程をさすのであって、そこには、犯罪の既遂状態のみならず、未遂状態も含まれている。刑法各則所定の犯罪は、一般には既遂犯を想定したものであるが、それは、対応する法定刑が定められている独立の犯罪の場合であって、独立の犯罪の要件としての前提犯罪についてまで、同様に理解するのは妥当でない。269条の事後強盗罪についていえば、それ自体は既遂形態として規定されているが、その前提犯罪である窃盗、詐欺又は強奪の罪は、必ずしも既遂である必要がないのである。さらに、逮捕免脱又は罪証隠滅も事後強盗罪の目的に含まれているから、これは、先行犯罪によって財物を取得できなかった場合でも同罪が成立しうることを意味する。最後に、通常の強盗罪に数値要件が存在しないから、事後強盗罪にもこれを要求する理由がない。以上のような立場からすれば、行為者が窃盗、詐欺又は強奪に着手して、金額の比較的に大きい財物を取得する危険性が存在し、かつ、行為者の主観面においても、金額の比較的に大きい財物を窃取、詐取又は強奪する故意が存在する場合であれば、それが既遂と未遂とを問わず、また、実際に取得した財物の金額を問わず、「窃盗、詐欺又は強奪の罪を犯し」と解することができるのである。もちろん、わが国の実務においては、窃盗、詐欺又は強奪の罪の未遂については処罰しないのが通常であるが、このことと上記のような解釈とは必ずしも矛盾しない。これらの罪の未遂を処罰しないのは、ただ処罰範囲を限定しようとする実務の事実上の措置であって、これらの罪の未遂が、269条の所定の「窃盗、詐欺又は強奪の罪」に該当しないわけではないのである。

筆者の立場からすれば、客観的に、金額が比較的大きい財物を窃取、詐取又は強奪する可能性がない場合、又は主観的に、金額が比較的大きい財物を窃取、詐取又は強奪する故意がない場合は、いずれも「窃盗、詐欺又は強奪の罪を犯し」の要件を満たさないことになる。しかし、実務においては、客観的に金額が小さい財物を窃取し、主観的にも金額の小さい財物を窃取する故意しかない場合でも、事後強盗罪として処罰されており、このような処理は妥当でないと思われる。

また、補足的に説明をしなければならないのは、現行刑法の下では、窃盗、詐欺又は強奪の罪が成立するためには、原則として、金額の比較的に大きいことがその前提となっているが、繰り返して行う窃盗、侵入窃盗、持凶器窃盗、及びスリといった４種類の窃盗については、それが前提とされていない。したがって、行為者がこの４つの特別類型の窃盗行為を実行した場合は、原則として「窃盗を犯し」の要件を満たしたことになる。このような立法を前提とする限り、先行行為がこの４種類の行為に該当する場合は、事後強盗罪の成立を肯定できるのは当然であろう。[9]

(2)　**「窃盗、詐欺又は強奪の罪」の中に、特殊類型の窃盗、詐欺又は強奪の罪が含まれるか否か。**

　わが刑法では、多くの特殊類型の窃盗、詐欺又は強奪の罪を定めている。[10]例えば、特殊窃盗罪として、林木盗伐罪、銃器・弾薬・危険物資窃取罪、国家機関の公文書・証書・印章窃取罪、国有保存書類窃取罪等があり、特殊詐欺罪として、各種金融詐欺罪、契約詐欺罪等があり、特殊強奪罪として、銃器・弾薬・危険物資強奪罪、国家機関の公文書・証書・印章強奪罪、国有保存書類強奪罪等がある。このほか、交通車両、交通施設、電力施設、ラジオテレビ施設、公共電信施設等を破壊する罪を実現する手段行為が、窃盗に該当する場合もありうる。そこで、行為者が特殊類型の窃盗、詐欺又は強奪を実行し、贓物蔵匿等の法所定の目的で、その場で暴行又は脅迫をした場合に、事後強盗罪が成立するか否かが問題になるのである。

　第１の見解（否定説）によれば、「厳密な罪刑法定主義の観点からすれば、わが刑法269条所定の『窃盗、詐欺又は強奪を犯し』とは、財産犯の章に規定されている通常の窃盗、詐欺又は強奪の罪に限ると解すべきである。なぜなら、ほかの特殊類型の窃盗、詐欺又は強奪については、刑法上独立の罪名と法定刑を定めている以上、これを通常の窃盗、詐欺又は強奪と区別すべきであって、明文の規定がないにもかかわらず、これらの犯罪から強盗罪への転化を認めるのは、罪刑法定主義に反するからである」とされる。[11]この立場によれば、先行行為が林木盗伐や金融詐欺又は契約詐欺のような場合は、事

6　事後強盗罪に関する諸問題　175

後強盗罪が成立する余地がないことになる。

　否定説の理由付けは基本的に支持できるものであるが、そこから導かれる結論には不合理な点がある。たとえば、既に伐採された林木を窃取したり又は農民の所有地の樹木を伐採したりした場合（窃盗が成立）に事後強盗罪が成立するのと比べて、林木を盗伐した場合にはなおさら事後強盗罪の成立を肯定すべきともいえるのである。また、たとえば、通常の詐欺罪に着手してからその場で暴行又は脅迫をした場合は事後強盗罪が成立するが、契約詐欺に着手してから同様の行為を行った場合には強盗罪が成立しないとするのは、整合性が欠けるといえよう。もちろん、否定説の論者もこうした問題点を認識しており、そこから、「こうした問題を解決するためには、関連条項の中に、先行行為が特殊類型の窃盗、詐欺又は強奪の罪である場合でも、強盗罪の規定を適用する旨を定めるべきある」と主張するのである[12]。また、ある論者は、「これらの行為（特殊類型の窃盗、詐欺又は強奪の罪をさす。筆者注）から強盗罪への転化が認められないのは、明らかに立法者の本来の意図に反するものであるから、これは立法技術上の欠陥というほかなく、できれば立法又は司法解釈によって解決を図るのが望ましい」と述べている[13]。しかし、これらの論述には方法論上の問題がある。もし自説の解釈による帰結に問題があると認めるのであれば、他の解釈の可能性が残っている場合はそれに従えば済む問題であって、直ちに法改正を主張するのは妥当でない。しかも、もしその立法提案にしたがえば、刑法各則に少なくとも20以上の事後強盗罪に関する条項を設ける必要があり、これも妥当な提案といえないであろう。

　第2の見解（肯定説）によれば、「財産犯の性質を有する特殊類型の窃盗、詐欺又は強奪を刑法269条の前提犯罪に含めて解釈するのは、必ずしも罪刑法定主義の原則に反するものではない。……刑法269条の『窃盗、詐欺又は強奪の罪を犯し』という文言からは、必ずしもこれらの前提犯罪が、264条、266条及び267条所定の通常の窃盗罪、詐欺罪及び強奪罪に限定されるという結論が導かれないのである」とされる[14]。この見解によれば、先行行為が林木伐採や金融詐欺又は契約詐欺である場合でも、事後強盗罪が成立することに

なる。

　肯定説の結論は基本的に支持できるものであるが、それを導く根拠付けには問題がある。なぜなら、わが国の学説と実務の解釈によれば、窃盗、詐欺又は強奪をいうときには、264条、266条及び267条所定の通常の窃盗罪、詐欺罪及び強奪罪をさすのが一般的であるからである。しかも、もし肯定説の論理を徹底すれば、行為者の先行行為が国家機関の一枚の公文書を窃取したような場合でも、事後強盗罪が成立することになってしまう。この帰結には問題があり、現に、肯定説の論者もこの結論を支持しないのである。

　第3の見解（折衷説）は、「刑法269条でいう『窃盗、詐欺又は強奪の罪』とは、特に264条、266条及び267条所定の窃盗罪、詐欺罪及び強奪罪をさすのではなく、窃盗、詐欺及び強奪一般をさすものである」とする。しかし、その一方で、「使用中の公共危険罪の客体、たとえば、交通車両中の設備、交通設備、電力動力設備、ラジオテレビ設備、公共通信設備等を窃取するような行為は、窃取という外的形態を有するが、その法的性質は破壊行為であり、公共の安全を侵害する行為と評価すべきであるから、財物窃盗行為の法的評価とは異なっている。したがって、これらの行為と窃盗罪とは法条競合の関係にあるわけでなく、これらの行為については転化の問題は生じない（すなわち、事後強盗罪の問題が生じない。筆者注）」とも主張している[15]。

　折衷説にも次ぎのような疑問がある。まず、交通車両上の設備や交通設備（金額が比較的に大きいことを前提とする）を窃取する方法により、交通車両や交通施設を破壊する場合は、交通車両破壊罪や交通施設破壊罪の要件を満たすだけでなく、窃盗罪の要件をも満たしているから、典型的な観念的競合の場合に当たり、この種の行為が「破壊行為」に該当するからといって、窃盗行為でなくなるわけではない。換言すれば、観念的競を否定できない限り、この種の行為に同時に窃盗罪の成立を肯定せざるを得ないのである。そうだとすれば、この種の行為が「窃盗の罪を犯し」の要件を満たしたことになる。次ぎに、観念的競合中の窃盗を269条における「窃盗」から除外するのは、法律上の根拠がないだけでなく、不整合な結論を導くことになる。なぜな

ら、観念的競合の場合は、数個の法益を侵害し、数罪の性質を有するのに対し、法条競合の場合は、一個の法益しか侵害せず、数罪の性質を有しない。にもかかわらず、折衷説に従えば、先行の罪質が重い場合（観念的競合）には事後強盗罪が成立しないために軽く処罰し、先行の罪質が軽い場合（法条競合）にはかえって事後強盗罪が成立するために重く処罰するという帰結になってしまうのである。この結論は妥当とはいえない。しかも、法条競合と観念的競合の区別が明瞭でないわが国では、折衷説からは一貫した結論を得ることも困難であろう。

　私見によれば、刑法269条でいう「窃盗、詐欺又は強奪の罪」とは、第264条、第266条及び第267条所定の窃盗罪、詐欺罪及び強奪罪をさすと解すべきである。これは、罪刑法定主義の要請である。他方で、先行行為を窃盗、詐欺又は強奪の罪と評価できる限り、事後強盗罪を肯定してなんら問題がないと思われる。たとえば、林木伐採の行為についても事後強盗罪を認めることができるが、これは、269条所定の窃盗罪を林木伐採罪へ拡大解釈（又は類推解釈）した帰結ではなく、そもそも、林木伐採行為が同時に刑法264条所定の窃盗罪の要件を充足しているから、それを窃盗罪として評価できるからである。これと同様に、先行行為が契約詐欺や金融詐欺である場合でも、事後強盗罪の成立を肯定してよいであろう。このように解釈すれば、罪刑法定主義に反することなく、合理的な結論を確保することもできるのである。

　また、上記の立場からずれば、場合によっては、通常の強盗罪に該当する行為を窃盗と評価した上で、事後強盗罪の成立を認めることもできる。たとえば、甲が窃取時（窃取金額5000元）、逮捕を免れるためにその場で暴行を加えて重傷を負わせたとしよう。この場合は、269条により事後強盗罪が成立し、さらに263条5号により、「10年以上の懲役、無期懲役又は死刑」の法定刑を適用することには異論がないだろう。一方、乙が暴行を用いてAから5000元の現金を強取したのち（暴行によりAに軽傷を負わせたにすぎない）、逮捕を免れるためにその場でBに暴行を加えてBに重傷を負わせたとしよう。この場合、もし乙の先行強盗行為を窃盗と評価せず、よって269条を適用で

きないとすれば、乙には通常の強盗罪と傷害罪の2罪が成立することになり、併合罪処理の結果、乙には3年以上20年以下の有期懲役を適用できるにとどまってしまう。しかし、上記2つの事例を比較した場合、乙の行為の法益侵害性と有責性が甲のそれより軽いと考える者はおそらくいないであろう。そうであれば、乙の刑事責任を甲より軽く評価するのは妥当でないことになる。この点について、乙に対する処罰が甲より軽いのは、立法によって解決すべき問題であって、解釈論上の問題でないという論者もいる。しかし、筆者によれば、これは解釈論の問題であって、立法論の問題ではない。窃盗の意義を合理的に捉え、窃盗と強盗とは排他的関係ではなく、包摂関係にあると理解すれば、すなわち、強盗の中に窃盗も含まれていると解すれば、乙の行為について事後強盗罪と評価でき、引いて「10年以上の懲役、無期懲役又は死刑」の法定刑を適用することが可能なのである[16]。同様の理由に基づいて、持凶器強奪（刑法267条によれば、強盗罪とされる）の場合でも、必要に応じて、これを窃盗と評価して、事後強盗罪の成立を認めることができよう。

　本稿の立場からすれば、窃盗、詐欺又は強奪と評しうる行為と、264条、266条及び267条所定の通常の窃盗、詐欺及び強奪の罪との関係が、観念的競合なのかそれとも法条競合なのかは重要な問題ではない。既述のように、そのいずれの場合でも、先行行為が通常の窃盗、詐欺又は強奪の罪の要件を充足しているのである。したがって、先行行為が、他の犯罪を構成すると同時に、事後強盗罪の前提犯罪をも構成するような場合は、法定刑の軽重を比較して、重い犯罪で処罰すればすむ問題だと思われる。たとえば、刑法理論によれば、契約詐欺罪と通常の詐欺罪とは特別関係にあると解されているから、行為者が契約詐欺に着手した後、贓物を蔵匿する目的でその場で暴行又は脅迫を加えた場合は、事後強盗罪として処罰すべきである。また、公共の安全に係る交通設備を窃取する行為に着手した後（1つの行為が同時に窃盗罪と交通設備破壊罪に該当する）、贓物蔵匿等の法所定の目的でその場で暴行又は脅迫を加えた場合も、事後強盗罪が成立する。この場合は、事案の情状に応じ

て、交通設備破壊罪に適用される法定刑と事後強盗罪に適用される法定刑を比較して、重い罪で処罰すべきである。さらに、たとえば、銃器・弾薬・爆発物も財物であると評しうるため、その窃取に着手した後、贓物蔵匿等の法所定の目的でその場で暴行又は脅迫を加えた場合も、事後強盗罪が成立する。この場合でも、情状と法定刑を比較して、もし銃器・弾薬・爆発物窃取罪として処罰すれば「10年以上の懲役、無期懲役又は死刑」の法定刑を適用できるのに、事後強盗罪として処罰すれば「3年以上10年以下の懲役」の法定刑しか適用できないような場合は、より重い銃器・弾薬・爆発物窃取罪で処罰すべきである。逆に、事後強盗罪の加重情状が存在するために、同罪を適用した場合の法定刑がより重い場合は、同罪として処罰すべきである。

　他方、ある行為について、財産を侵害する窃盗、詐欺又は強奪の罪として評価できないような場合は、当然ながら事後強盗罪を認めるべきではない。たとえば、国家機関の公文書・証書・印章を窃取又は詐取した場合、公文書・信書・印章の財産的価値が軽微であるため、刑法上の窃盗、強奪の罪と評価できないため、事後強盗罪が成立しないことになる。同様に、出国証書を詐取する行為についても刑法上の詐欺罪が成立しないため、事後強盗罪は成立しない。

(3) **「窃盗、詐欺又は強奪の罪」の主体が、16歳以上であることが必要か否か。**

　わが刑法17条によれば、強盗罪については14歳に達すれば刑事責任を追及することができるが、窃盗、詐欺又は強奪の罪については16歳に達して初めて刑事責任を追及することが可能になる。そこで、14歳以上16歳未満の者が窃盗等の実行に着手したのち、贓物蔵匿等の法所定の目的でその場で暴行又は脅迫をした場合に、事後強盗罪の刑事責任を追及することができるのかという問題が生じるのである。

　この点について、最高人民法院2006年1月11日付け「未成年の刑事事件の審理における法律適用に関する若干の問題についての解釈」第10条は、次のように定めている。「14歳以上16歳未満の者が窃盗、詐欺又は強奪の罪を犯

し、贓物を蔵匿し、逮捕を免れ又は罪証を隠滅するために、その場で暴行を加えて、人に重傷を負わせ若しくは死亡させ、又は故意に人を殺した場合は、それぞれ傷害罪又は殺人罪として処罰するものとする」。この見解によれば、暴行又は脅迫の行為があったものの、重傷又は死亡の結果がない限り、犯罪が成立しないことになる（以下「否定説」という）。筆者は、この見解を支持することができない。

　第１に、否定説の根拠は、事後強盗罪の成立が窃盗、詐欺又は強奪の罪を前提とするものであり、そして刑法17条によれば14歳以上16歳未満の者に窃盗、詐欺又は強奪の罪が成立しない以上、事後強盗罪も成立しないというものである。しかし、これに対しては、逆の解釈もあり得る。すなわち、刑法17条によれば、14歳以上16歳未満の者については強盗罪が成立するのであり、そして事後強盗罪も強盗罪である以上、事後強盗罪も成立するという解釈である。

　第２に、否定説の採用する判断の方法は、先に窃盗、詐欺及び強奪の罪の構成要件該当性、違法性、有責性を判断し、次ぎに事後強盗罪の構成要件該当性、違法性、有責性を判断するというものであるが、これは、明らかに事後強盗罪を２つの罪の結合犯と理解する考え方であり、そこから事後強盗罪に２つの責任があるという結論が導かれるのである。しかし、わが国の事後強盗罪は、本来の意味での結合犯ではなく、１つの犯罪なのである。したがって、判断の順序としては、まず事後強盗罪の構成要件該当性と違法性を判断し、次ぎにその有責性を判断すべきである。

　第３に、否定説は、事後強盗罪を身分犯として理解し、かつ、行為者の年齢を身分の一要素と捉えているかもしれない。しかし、後述のように、事後強盗罪を身分犯とする理解は妥当ではない。しかも仮に身分犯と理解したとしても、「窃盗、詐欺又は強奪の罪」を、窃盗、詐欺又は強奪の罪の全要件を満たす必要があると解釈する必然性はない。換言すれば、責任要素を取り除いた要件を充足すれば足りると解釈する余地があるのである。

　第４に、事後強盗罪の社会的危害性が通常の強盗罪のそれより軽いという

見解もある。これよれば、事後強盗罪の場合は、「行為者は窃盗、詐欺又は強奪の際には暴行の故意がなく、ただこれらの行為の後に本能的に贓物蔵匿等の目的で暴行を行ったにすぎない。この暴行は、事後的で受け身的なものである。したがって、この種の暴行は、通常の強盗罪における暴行に比べて、被害者に対する危害性が小さいものといえる」[20]から、14歳以上16歳未満の者が通常の強盗罪については刑事責任を負うものの、事後強盗罪については刑事責任を負うべきでないとされる。しかし、この見解には次ぎのような疑問がある。まず、刑法が事後強盗罪について通常の強盗罪として処罰すべきとすることは、二者の社会的危害性が同じであることを意味する。次ぎに、暴行の故意がどの時点に生じたかは、社会的危害性と無関係なことである。さらに、事後強盗罪における暴行が通常の強盗罪における暴行により軽微であるとする点には、なんら根拠もない。通常の強盗罪によってもなんら傷害の結果を生じさせない場合があるし、逆に、事後強盗によって致死の結果を生じさせる場合もあるのである。最後に、事後強盗罪における暴行が本能に基づくものとする点にも理由がない。その論理を徹底すれば、事後強盗における暴行には期待可能性がないことになる。これは受け入れがたい結論である。このほか、この見解は、実際には、暴行又は脅迫についての評価をもって、先行「窃盗、詐欺又は強奪の罪」についての判断を代替するものといえる。

　第5に、否定説に立脚する司法解釈が多くの学説の支持を受けているが、司法解釈においても矛盾点が多い。すなわち、既述のように、司法解釈によれば、刑法269条所定の「窃盗、詐欺又は強奪の罪」については、必ずしも金額が比較的に大きいという要件が要求されず、暴行又は脅迫の情状が重い場合は、事後強盗罪が成立するとされている。そうだとすれば、なぜ金額要件という客観的要件が窃盗等罪の必須要件でないのに、行為者の年齢という主体要件のみがこれらの罪の必須要件になるのか、その説明が困難であるように思われる。

　以上の理由から、筆者は肯定説を支持する。すなわち、14際以上16歳未満

の者についても、事後強盗罪の刑事責任を追及できるとするのが妥当である。事後強盗罪は、通常の強盗罪と同質性を有するものであって、強盗罪の一類型なのである。刑法17条が14歳以上16歳未満の者について強盗罪の刑事責任を追及すべきとする以上、事後強盗罪についても同様に解すべきである。この結論は、事後強盗罪の構成要件該当性と違法性を先に判断したうえで有責性を判断するという理論構成をとれば、容易に導かれるものである。すなわち、事後強盗罪の構成要件該当性と違法性が肯定されることを前提に、同罪の有責性さえ認められれば、同罪の成立を肯定することができるのである。

　実質的に考えても、犯罪年齢の低齢化が顕著に進むか中で、一方において刑事責任年齢の引き下げを主張し、他方において14歳以上16歳未満のものよる事後強盗罪の成立を否定するというのは、整合性の欠けた主張と思われる。現在、多くの国では、刑事責任年齢を14歳以上としているが、わが国の刑法では、若干の例外を除いて、刑事責任年齢を原則として16歳以上としている。この点からしても、現行刑法の下で17条により14歳以上16歳未満の者の刑事責任を問いうる強盗罪について、そこに事後強盗罪も含まれると解するのが合理的であろう。このほか、わが国の「治安管理処罰法」も、14歳以上の者について治安管理違反行為の法的責任を問いうるとしている。もし14歳以上の者について治安管理違反行為についての責任能力を肯定できるのであれば、事後強盗罪についても責任能力も肯定できるといえよう。しかも、「治安管理処罰法」所定の禁止行為には、通常の強盗罪と事後強盗罪が含まれていないから、これを裏から解釈すれば、14歳以上16歳未満の者による事後強盗については刑事責任を追及するというのが立法趣旨であると解しえよう。

Ⅱ　客観的行為

　事後強盗罪が成立するためには、行為者が、窃盗、詐欺又は強奪の罪を犯し、「その場で暴行し又は暴行をもって脅迫した」ことが必要である。

(1) 「その場で」の意義

　この点については、学説上様々な見解がある。

　第1の見解（少数説）によれば、「その場で」とは、窃盗、詐欺又は強奪の行為を行った現場をさすとされる[21]。しかし、この見解には、「その場で」の意味を過度に厳格に解釈し、事後強盗罪の実態を反映しておらず、また、法文の表現とも必ずしも合致していないという問題がある。

　第2の見解（少数説）によれば、法文は、「窃盗、詐欺又は強奪の罪を犯し、……するために、その場で……」となっているから、「その場で」の要件は、贓物蔵匿、逮捕免脱又は罪証隠滅と関連する要件であって、窃盗、詐欺又は強奪と関連する要件ではないとされる。したがって、「その場で」とは、贓物蔵匿、逮捕免脱又は罪証隠滅と関連する場所をさすとされ、その帰結として、時間的には、窃盗等の実行行為が終了した直後だけでなく、数日後、数ヶ月後でもよく、場所的には、窃盗等の現場だけでなく、そこから離れる途中、あるいは行為者の住居でもよいとされる[22]。しかし、この見解にも問題がある。まず、「窃盗、詐欺又は強奪の罪を犯し、……するために、その場で……」という文言から、暴行又は脅迫が窃盗、詐欺又は強奪の実行現場と無関係との結論を導くのはやや強引な解釈である。次ぎに、この見解にしたがった場合は、事後強盗罪の成立範囲が過度に拡張され、数罪として処理すべき場合が（暴行について犯罪が成立する場合）事後強盗罪として評価されたり、窃盗、詐欺又は強奪の罪だけを認めるべき場合が（暴行について犯罪が成立しない場合）事後強盗罪として評価されたりする不合理な結論を招きかねない。

　第3の見解（通説）によれば、「その場で」とは、窃盗、詐欺又は強奪の実行現場、又は現場から逃走中直ちに発見され追跡される途中をさすとされる[23]。

　筆者も通説の立場を支持する。「その場で」は、単なる時間を示す概念でもなければ、空間を示す概念でもなく、時間と空間を包摂する概念であると思われる。すなわち、暴行・脅迫と窃盗等との間に、時間的空間的な密着性

がある場合に初めて「その場で」といえるのである。実質的な観点からみても、暴行・脅迫と窃盗等との間に、時間的空間的な密着性がある場合に、初めて一個の犯罪として評価することができるのである。時間的空間的にかけ離れている2つの行為を一個の行為として評価するのは、社会の一般通念にも反している。

本稿の立場からすれば、以下のような場合を「その場で」と評価してもよいであろう。①窃盗等の現場で暴行又は脅迫を行った場合。②窃盗等の現場から離れる際に発見されて暴行又は脅迫を行った場合。③現場から離れたが、警察や被害者に発見されるまでの時間が短い場合。④現場で発見され、追跡される途中で暴行等を行った場合。追跡の途中に、追跡者が短時間犯人を見失うことがあったとしても、犯人が追跡をかわしたといえない場合は、依然として「その場で」と評価してよいであろう。

他方、以下のような場合は、「その場で」とは評価できない。①窃盗等を実行したのち現場から離れ、かなりの時間が経ってから別の理由で窃盗等の現場に戻った場合。②現場から一定の距離を離れた場所で、別の理由で偶然に警察や被害者に発見された場合。③現場で発見され追跡されたが、その追跡を完全にかわしたのち、別の理由で偶然に発見された場合。

以上の検討は、先行の窃盗等が一個の行為により実行された場合を前提としたものであるが、窃盗等が連続犯の形態で実行された場合は、どのように処理すべきであろうか。すなわち、犯人が連続的に窃盗を犯し、最後の窃盗を実行する際に、その場で贓物蔵匿等の目的で暴行又は脅迫を行った場合の罪責が問題になるのである。たとえば、甲、乙、丙3人が、A市で2個のバッテリを窃取したうえ（1個につき4千元相当）それをワゴン車に積み込み、さらに乗車して隣接のB市で3個目のバッテリ（4千元相当）を窃取し（その間30分の時間間隔がある）、それを車に積み込む際にパトロール中の警察に発見され、車で逃走したが、パトカーで追跡されて追い着かれたため、3人で警察に暴行を加えて軽傷を負わせたとしよう。刑法269条によれば、強盗の金額が極めて大きいときは「10年以上の懲役、無期懲役又は死刑に処し、罰金

若しくは財産の没収を併科する」とされている。そして、実務の運用においては、価値が1万元以上の財物を強盗したときは「金額が極めて大きい」と解されている。また、わが国では、数個の窃盗及び連続窃盗の場合は、累積金額に基づいて1個の窃盗罪として処罰することになっており、併合罪として処理されることはない。したがって、連続窃盗の場合、もし最後の窃盗の際にその場で暴行又は脅迫さえ行えば事後強盗罪が成立すると解すれば、上記事例については、甲、乙、丙3人に事後強盗罪が成立し、しかも加重された法定刑が適用されることになる。逆にそう解釈しなければ、甲、乙、丙には1個の窃盗罪と1個の事後強盗罪が成立し、加重された法定刑が適用されないことになるのである。[24]

「その場で」の要件は、事後強盗罪と通常の強盗罪との類似性を担保するための要件であり、2つの行為が「その場で」実行されたからこそ一個の犯罪として評価されていることに鑑みると、後続の暴行等が先行の犯罪との密着性が要求されるのは当然のことである。既述のように、「その場で」とは、時間と空間を包摂する概念なのである。ところで、甲ら3人の3回目の窃取行為については、暴行との密着性を認めることができるが、1回目と2回目の窃取行為については、このような密着性が認めることができない。3回の窃盗行為の間に連続性があるからといって、3回の窃盗行為すべてが暴行との間に時間的空間的に密着しているといえないのである。たとえば、1回目と2回目の窃盗を実行した2，3日後に、3回目の窃盗を実行する際に暴行を行った場合でも、前2個の行為と暴行との間に時間的空間的な密着性があるというのは、明らかに事実に反することであろう。したがって、先行する窃取行為について一罪として処理するのかそれとも数罪として処理するのかという問題と、暴行が「その場で」行われた否かという問題とは、別個の問題といえよう。先行の数行為が一個の罪と評価され、また、そのうちの1個の行為が暴行と密着しているからといって、先行の数行為全部と暴行との間に密着性があるとはいえないのである。したがって、上記甲ら3人には2つの罪を、すなわち、先行の2回の窃取行為については窃盗罪（窃取額8000

元）を、3回目の窃取とその場での暴行行為については事後強盗罪（強奪金額4000元）を認定した上で、併合罪として処理するのが妥当と思われる。

最後に注意すべきなのは、「その場で」についての議論は、一般に窃盗と強奪を念頭に置いて展開されることが多いが、詐欺の場合についても、その議論が同様に当てはまるのである。

(2) 「暴行し又は暴行をもって脅迫した」の意義

わが国では、「暴行し又は暴行による脅迫した」の意義について、その程度を問わないとするのが通説である。たとえば、ある教科書では、「暴行し又は暴行をもって脅迫したとは、その場で被害者又はその他の逮捕者の身体に対して攻撃又は強制を加えること、又はその場で攻撃又は強制をもって脅迫することを意味する」と述べている。こうした立場に立っている学説は、通常の強盗罪における暴行又は脅迫の程度についても限定を加えておらず、「行為者に強盗の意図があり、かつ、財物奪取のために被害者に暴行を加えれば、原則として強盗罪が成立する」としている。しかし、強盗罪における暴行と脅迫の程度について一定の限定を加えないと、恐喝罪に当たる行為の多くを強盗罪に取り込むことになり、妥当でないと思われる。

また、以上の見解とは逆に、学説の中には、「暴行し又は暴行をもって脅迫をしたとは、行為者が逮捕者に対し、身体又は生命の安全を脅かすに足りる行為を実行し、又はこのような行為の実行をもって脅迫をしたことを意味する。もし暴行の程度が軽微であり、たとえば逮捕を振り切るために被害者を押し倒しただけで、激しい暴行を加えるか又はそのような暴行をもって脅迫しなかったような場合は、強盗罪への転化を認めることができない」とする見解もある。しかし、暴行と脅迫についてこのような限定を加えることは、逆に事後強盗罪の成立範囲を不当に制限すぎるように思われる。たとえば、被害者を強く押して倒した場合、事後強盗罪に必要な暴行の要件を満たしたと評価してよいであろう。また、暴行をもって脅迫する場合は、被害者の身体又は生命の安全を直接に脅かすことは通常は考えにくいから、暴行した場合についてのみ、身体又は生命の安全を脅かす程度のものを求めるの

は、整合性が欠けると思われる。すなわち、暴行したことと、暴行をもって脅迫したこととの同質性を失う結果になるのである。

さらに、「傷害の意図がなく、単に逮捕を免れるために振り切る行為は暴行といえない」とする見解もある[28]。たしかに、単に振り切る行為は暴行といえないかもしれないが、傷害の意図を必要とするのは過多の要求である。刑法では、暴行したことを要求するのであって、傷害行為をしたことを要求しているわけではない。そうである以上、傷害の意図を事後強盗罪の主観要件とすることは妥当でない。また、傷害の意図を求めるのでは、暴行をもって脅迫する場合との関係でも、整合性を欠くことになる。

私見によれば、事後強盗罪における「暴行し又は暴行をもって脅迫した」の意義については、通常の強盗罪のそれと同様に解すべきである[29]。通常の強盗罪における暴行、脅迫については、他人の反抗を抑圧するに足りるものでなければならず[30]、事後強盗罪についても同様に解すべきである。この見地からすれば、行為者の行為が傷害又は死亡の危険性を有するものでなくても、その暴行又は暴行をもってした脅迫が、被害者の反抗を抑圧するに足りるものであれば、事後強盗罪が成立することになる。他方、単に窃取した刀剣を所持して逃走する場合や、もともと所持していた刀剣をもって逃走するような場合は、暴行をもって脅迫したとはいえないだろう。

(3) 暴行又は脅迫の客体

暴行又は脅迫の客体は、一般に、被害者又は逮捕者に限定されると解される。学説の中には、被害者や逮捕者が、窃盗、詐欺又は強奪の事実を認識していることが必要とする主張すらある。代表的な教材では、「暴行又は脅迫の客体には、財物の所有者のほか、警察又はその他の逮捕にかかわった者も含まれる」と述べている[31]。

判例も同様の立場を採用している。たとえば、次の事案がその例である。2006年8月18日深夜1時頃、被告人黄盛華と熊孝紅は共謀の上、某工場の窓から室内に侵入し、亜鉛めっきのキャップや滑車等を工場外に運び出したが、盗品を車で運ぼうとして、盗品を一旦工場外に置き、そこから約300メ

ートルを離れたところまで歩いた時点で、不審に思われた警備員に呼び止められて質問を受けた。そこで、黄が警備員を殴打したうえ警備員を振り切って逃亡したが、まもなく警備員に逮捕された。一審裁判所は、黄には事後強盗罪、熊には窃盗罪をそれぞれ認めたが、黄の控訴を受けた二審裁判所は、黄にも窃盗罪が成立するとした。二審判決の理由は次の通りである。「控訴人黄らが窃取した贓物を工場外に運び出した時点で、二人の窃盗行為はすでに終了している。黄が手拳で自分を逮捕しようとする警備員の頭部を殴る行為には攻撃性があり、逮捕を免れるための行為であることは間違いない。しかし、当時警備員は必ずしも黄の窃盗行為を発見したわけではなく、黄を逮捕しようとした場所も、窃盗現場の延長線上にあると評し得ないため、黄がその場で警備員に対して暴行をしたといえず、よって、黄の行為が強盗罪の構成要件を満たしていないと評すべきである」。

　この事件には、2つの争点がある。

　第1は、「その場で」の意義についてである。前述の本稿の立場からすれば、たしかに、被告人が贓物を工場外に運び出した時点で窃盗の既遂は成立するが、そこから300メートル離れた場所は、依然として「その場で」といえるであろう。

　第2は、暴行の客体についてである。二審は、警備員が被告人の窃盗を発見してしなかったことをその根拠に挙げている。学説においてもこうした立場を支持する見解がある。それによれば、「事後強盗罪が成立するためには、暴行と脅迫が先行の窃盗等が発見されたことに起因する必要があり、もし暴行と脅迫がそれ以外の理由に起因したものである場合は、仮にそれが贓物蔵匿等の法所定の目的で行われたとしても、その行為が強盗罪に転化するものではない」とされる。しかし、この見解は、事後強盗罪によく見られる事実的現象を描写したものにすぎず、刑法の規範からその主張を根拠づけるものではない。刑法269条では、暴行と脅迫の客体についてなんら限定を加えていないし、また、暴行と脅迫が先行の窃盗等が発見されたことに起因していることも要求しているわけでもない。換言すれば、刑法269条は、窃盗等の

犯人が贓物蔵匿等の目的でその場で暴行又は脅迫を行ったことのみを要求しているのである。これは、暴行と脅迫が、先行の窃盗等が発見されたことに起因する場合と、それ以外の原因に起因する場合とで、違法性と有責性とにおいて差異がないからである。暴行と脅迫の客体が無関係の第三者であるからといって、暴行と脅迫の違法性が軽減されるとはいえないし、窃盗等が発見されていないからといって、暴行と脅迫の有責性が軽減されるともいえないのである。しかも、「その場で」の要件さえ満たしていれば、暴行及び脅迫と先行窃盗等との時間的空間的な密着性を否定できないのであるから、一個の犯罪として評価してよいのである。このように考えると、上記事案において、黄の行為は269条のすべての要件を満たしたことになり、事後強盗罪として処理すべきであったと思われる。

　しかし、他方で、暴行と脅迫の客体を被害者と逮捕者に限定する必要がないとしても、特定の他人に対して行うことは必要である。一般論でいえば、暴行の場合は、特定の客体の存在が不可欠である。しかし、暴行をもって脅迫する場合は、必ずしもそうではない。本稿の立場によれば、仮に贓物蔵匿等の目的があったとしても、特定の脅迫の対象が存在しない場合は、事後強盗罪の成立を認めるべきではない。たとえば、2010年11月20日、李氏と王氏は、オートバイに乗って某市の市政府前の道路を走っていたところ、金のイヤリングを耳に付けて歩いていた呂氏を見掛け、李氏がバイクから降りて呂氏の後ろからイヤリングをひったくってすぐさまバイクに飛び乗って逃げ去った。呂氏が「強盗だ！」と叫ぶと、道沿いの店から様子を窺うために出てきた人がいたため、李氏と王氏は、追跡者がいるものと勘違いをし、李氏がバイクの後ろ席から30センチ長さの果物ナイフを取り出して振り回しながら威嚇をした。一部の学説によれば、李氏と王氏がイヤリングをひったくる行為は強奪罪に該当し、李氏がナイフをもって威嚇する行為は、その場で暴行をもって脅迫したことに該当し、さらに、その脅迫の目的は、逮捕を免れるものであるから、李氏については事後強盗罪が成立するとする。そして、その理由については次のように述べている。「事後強盗罪においては、客観

に、逮捕を行う人が実際に存在する必要はない。事後強盗罪の規定からすれば、行為者の主観面において、逮捕を免れる目的があり、そのために暴行又は脅迫を行うことのみが要求されている。行為者が逃走の過程で暴行し又は暴行をもって脅迫すれば、その場にいた被害者やその他の者は自身の身の安全を考慮して、追跡を断念するのが一般的であろうから、特定の客体の不存在を理由に、逮捕免脱のための行為がなかったとするのは不合理である」[35]。

しかし、このような見解には賛成できない。通常の強盗罪であれ、事後強盗罪であれ、特定の客体の存在は不可欠である。たしかに、李氏がナイフを振り回す目的が、逮捕を免れようとした点は否定できない。しかし、当時の客観的状況としては、実際の逮捕行為は存在しておらず、李氏も特定の人に対して脅迫をしたわけではない。脅迫の特定の客体が存在しない以上、李氏の行為が他人の反抗を抑圧するに足りるものだったとは認められず、よって事後強盗罪の成立を認めるのは困難であると思われる[36]。

Ⅲ　主観目的

　事後強盗罪が成立するためには、行為者に、贓物蔵匿、逮捕免脱又は罪証隠滅という目的の１つが存在することが必要である。もちろん、２つ以上の目的がある場合でも、同罪の成立を妨げない。

　贓物を蔵匿するとは、既に取得した贓物の取り返しを防止しようとすることを意味するのであって、贓物が発見されない又は発見されにくくすることまで要求するものではない。逮捕を免れるとは、司法関係者による逮捕や拘留又は一般市民による逮捕に抵抗することを意味する。罪証を隠滅するとは、自分の窃盗、詐欺又は強奪の罪にかかる証拠を毀損、消滅させる行為をさす。行為者による暴行又は脅迫が上記の目的で行われれば十分であって、その目的が実現したか否かは、事後強盗罪の成立及び既遂の認定に影響を及ぼさない。行為者が窃盗、詐欺又は強奪によっていまだ財物を取得していない段階で人に発見され、その財物を取得するために暴行又は脅迫をした場合は、263条により通常の強盗罪を適用すべきであって、269条を適用すべきで

はない。行為者が他人に逮捕行為を断念させるために、自分を害する（たとえば、自殺、自傷）ことを告げた場合でも、事後強盗罪が成立しない。以上は通説の観点であり、本稿もこうした見解を支持する。

　これと異なる立場の学説からは、次のような主張がなされている。「転化犯は、性質の軽い行為から性質の重い行為へ転化し、最終的に重い行為として処罰されるため、この転化の過程において、先行行為についての行為者の主観状態が後続行為時にも持続し、故意の状態が持続する必要がある。……事後強盗罪の場合、行為者は、占有取得の故意の下で先行の窃盗を行い、逮捕免脱や罪証隠滅の目的で暴行又は脅迫という後続の行為を行っているが、後続行為の際にも、行為者に占有取得の故意を有していることを否定できない。このように、財産と身体の両方を侵害する故意と行為が共に存在するから、強盗罪の構成要件を充足している。したがって、事後強盗罪は、実際には、刑事政策的な判断に基づいて、窃盗、詐欺又は強奪罪と強盗罪とを併合罪として処理しないで、1個の罪として処理するものである」。論者はこのような考え方から、次ぎのような3つの場合に分けて事後強盗罪の成否を検討する。第1に、行為者が不法占有の持続を目的に暴行又は脅迫をした場合には、事後強盗罪の要件を満たし、事後強盗罪として処罰する。第2に、行為者が既に財物の占有を取得し、贓物蔵匿、逮捕免脱又は罪証隠滅のために暴行又は脅迫をした場合にも、事後強盗罪として処罰する。第3に、「もし行為者が財物の占有を取得せず、しかも客観的状況からその占有取得の可能性がないため占有の意図を放棄し、単に逮捕免脱又は罪証隠滅のために暴行又は脅迫をした場合には、事後強盗罪として処罰することができない。後続行為時の主観内容が先行行為時のそれと全く異なっており、行為者は2つの故意に基づいて2つの行為を行っているから2個の犯罪が成立し、併合罪として処罰すべきか、あるいは刑事政策的観点からそのうちの重い罪で処罰すべきである」[37]。

　筆者は、このような見解には賛成できない。①この見解は、事後強盗罪を犯意が転化する転化犯と理解しており、すなわち、行為者にはもともと窃

盗、詐欺又は強奪の行為と故意しかなかったが、のちに通常の強盗の行為と故意に転化したものとしているが、こうした行為については、そもそも269条を適用する必要がなく、直接に263条を適用することができるのである。②この見解は、269条は所定の犯罪は、窃盗、詐欺又は強奪の罪と強盗罪とを結合させたものであり、そしてそれは刑事政策又は量刑の便宜によるものとしているが、条文の文言から明らかなように、269条所定の罪は、窃盗等の行為と暴行又は脅迫とを結合させたものであり、しかも、刑事政策的な観点からみて、窃盗等の行為と強盗行為とを結合させる合理的な理由がない。③269条は法的擬制であり、本来通常の強盗罪の構成要件に符合しない行為を強盗罪と擬制するものであるから、263条所定の要件をそのまま269条に要求することはできない。そうでないと、269条の存在意義がなくなるのである。④269条は、逮捕を免れ又は罪証を隠滅する際に不法占有の故意が存在することを必ずしも要求していない。しかも、「窃盗、詐欺又は強奪の罪を犯し」とは、これらの罪の未遂の場合も含むのであるから（上記見解の学説もこの点を認めている）、未遂の場合に、暴行又は脅迫時に不法占有の故意が存在することはありえないのである。以上の理由から、上記見解には法的根拠がないと思われる。

　事後強盗罪の主観目的について、さらに検討を要する問題が２つある。
　その１つは、「贓物を蔵匿する」における「贓物」が、先行行為によって取得した贓物と同一性を有する必要があるか否かである。すなわち、行為者が先行行為によってＡ財物を取得し、Ｂ財物を蔵匿するためにその場で暴行又は脅迫を行った場合に、事後強盗罪が成立するであろうか。
　次の事例を考えよう。2010年２月ごろ、被告人安氏、王氏、曹氏は、賭博詐欺の方法で李氏から金銭を詐取する旨の共謀を行った上、役割分担も決めた。２月のある日、李氏は、被告人安氏の誘いを受けて某ホテルの一室内で賭博に参加した。被告人王氏と曹氏らは李氏と「九点」という賭博ゲームを行うように装い、呂氏は隣の一室で監視カメラを通して特製トランプカード

を覗き見てから、これを振動機で王氏と曹氏らに伝えて指示する方法により、李氏から355万元を勝ち取った。李氏はそれだけの大金を持っていなかったため、355万元の借用証書を書いて安氏に渡した。その際に王氏が不注意に振動機を落としたため、騙されたことに気付いた李氏が借用証書を奪い返そうとして、安氏、王氏、曹氏と殴り合いになり、李氏は、王氏から投げつけられた酒瓶に当たって気絶した。それを見た被告人らは現場から逃げ去った。ホテルの係員が駆けつけた時、李氏は既に死亡していた。

安氏ら3人の行為について、事後強盗罪と認定するのか、それとも詐欺罪と傷害致死罪の併合罪と認定するのかについては、争いがある。争点は、「贓物を蔵匿する」における「贓物」が、先行行為によって取得した贓物と同一性を有する必要があるか否かにある。事後強盗罪の成立を否定する見解によれば、「被告人らには、贓物蔵匿、逮捕免脱又は罪証隠滅の目的がなく、暴行に出たのは、既得の利益を維持し、借用証書を後日現実の財産に実現しようとしたからである。よって、行為者の主観は、詐取利益の実現のために人を傷害したものであって、事後強盗罪の要件を充足していない」とされる。[38]

形式的にみれば、被告人らが蔵匿しようとした借用証書と先行の詐欺によって詐取した借用証書とは同一性を有しているから、事後強盗罪を容易に肯定できるようにみえる。しかし、実質的にみた場合は、二者の同一性を肯定できないようにも思える。すなわち、わが刑法においては、財物には有体物と財産的利益が含まれると解されているが、有体物としての借用証書は、それ自体としての価値は金額が比較的大きいという要件を満たしていないのである。他方で、借用証書に記載されている財産的利益は金額が比較的大きい要件を満たしているものの、被告人らの直接の目的はこの財産的利益を蔵匿しようとするものではない。そこで、つぎのような問題が生じる。被告人らは財産的利益を詐取し、その財産的利益を証明する借用証書を蔵匿する目的で暴行を行ったことになり、主観面における「贓物蔵匿」中の「贓物」(有体物である借用証書)と、先行の詐欺行為によって取得した贓物(借用証書に

よって証明される財産的利益）との間に不一致が生ずるのである。しかし、それにもかかわらず、被告人らの行為には、事後強盗罪が成立すると思われる。「贓物を蔵匿する」ことの本質は、既に取得した財物（財産的利益を含む）の返還を阻止することであり、被告人らが詐欺手段によって財産的利益を取得し、借用証書の奪還を防止しようとしたのも、既に取得した財産的利益を保持するためのものである。いわゆる「詐取利益の実現のため」というのも、「既に取得した財産的利益を保持するため」と評価すべきであろう。こうしてみれば、形式的にも、実質的にも、「贓物を蔵匿する」における「贓物」と、先行行為によって取得した贓物との同一性を認めることができ、ひいて事後強盗罪を認めることができるのである。

　もう一つの問題は、口封じのために証人を殺害する行為が「罪証隠滅」に当たるか否かである。

　最高人民法院2011年5月23日付けの「強盗過程における殺人事件の罪責に関する回答」においては、「行為者が強盗を実行した後、口封じのために人を殺した場合は、強盗罪と殺人罪の併合罪として処罰する」と述べている。しかし、窃盗等を実行した後に口封じのために人を殺した場合の処理については、司法解釈上明文の定めがない。罪証隠滅についての学説の定義からすれば、このような場合は、窃盗罪と殺人罪が成立し、併合罪として処理することになりそうである。たとえば、一部の教科書によれば、罪証隠滅とは、「犯行現場に遺留された痕跡、物品等が犯罪の証拠にならないようそれを隠滅することをいう」とされる[39]。また、学説の中には、「行為者が窃盗、詐欺又は強奪を行ったのち、……口封じの目的で被害者等を傷害又は殺した場合は、傷害罪又は殺人罪が成立し、窃盗、詐欺又は強奪の罪と合わせて併合罪として処理すべきである」と明確に主張する見解も存在する[40]。

　しかし、罪証隠滅とは、証拠の顕出を妨害し、証拠の証明価値を減少又は消滅させる一切の行為をさすと解すべきである。証人を隠匿したり殺したりする行為は、証拠の顕出を妨害する行為にほかならない。口封じの動機は、まさに自分の窃盗等についての目撃証人による証拠の提供を不可能にしよう

とするものである。したがって、行為者が窃盗等を行ったのち、その場で口封じのために人を殺した場合は、事後強盗罪が成立するのである。この行為が同時に殺人罪にも該当するが、強盗致死の法定刑が殺人罪のそれにより重いため、事後強盗罪としての処罰するのが妥当である。

Ⅳ 共犯

　たとえば、甲が被害者Aの財物を窃取し、その場でAに発見され追跡されている途中Aに対し暴行を行い、窃盗に加担しなかった乙は事情を知った上、甲と共同してAに暴行を加えたとしよう。甲に事後強盗罪が成立するのは当然であるが、乙にも事後強盗罪が成立するであろうか。

　第1の考え方は、事後強盗罪を身分犯と捉え（真正身分犯）、窃盗に加担しなかった乙にも事後強盗罪の共同正犯又は共犯が成立するとする立場である。[41]

　しかし、このような見解には賛成できない。①たしかに、事後強盗罪の場合、先行行為者が後続の暴行の主体であるから、身分犯のように見える。しかし、第1に、窃盗、詐欺又は強奪の罪は誰でも犯しうるものであるから、これらの犯罪は必ずしも身分犯でない。第2に、事後強盗罪を身分犯と解するなら、身分犯の範囲が広くなりすぎる。なぜなら、事後強盗罪は2つの密接な関連を有する行為から構成される1つの独立した犯罪であるが、もしこれを身分犯と解するなら、このような2つの行為から構成される犯罪（たとえば、通常の強盗罪や強姦罪など）がすべて身分犯になってしまい、この結論は妥当ではないのである。[42]②事後強盗罪は財産犯であるから、その実行行為も財産犯としての性質を有するものでなければならない。しかし、もし窃盗罪の実行行為を身分要素に取り込んでしまえば、事後強盗罪の実行行為としては暴行又は脅迫のみが残り、そこから財産犯としての性質を見つけ出すのはできなくなるのである。③もし事後強盗罪を身分犯と解するなら、先行窃盗の等の行為は身分を構成する要素となり、事後強盗罪の実行行為の一部でなくなる。そうなると、先行窃盗の既遂と未遂は、事後強盗罪の既遂と未遂と[43]

無関係になり、先行の窃盗が未遂の場合、逮捕免脱・罪証隠滅の目的で暴行・脅迫を行っただけで、事後強盗罪が成立するという帰結になってしまう。このことは、事後強盗罪の既遂、未遂の区別基準と明らかに矛盾している。[44] ④身分犯とする重要な根拠の1つは、もし先行の窃盗等を事後強盗罪の実行行為の一部と解するなら、行為者が事後強盗の故意をもって窃盗等に着手した場合は、仮に後続の暴行・脅迫がなくても、事後強盗罪の未遂が成立するという不当な結論を導くとするが[45]、実行の着手は、形式的な概念ではなく、未遂の処罰根拠から基礎づけられる実質的な概念であるから、事後強盗罪については、暴行・脅迫の実行があって初めて同罪の未遂が成立と解することが可能である。換言すれば、身分犯説を採用しなくても、窃盗の着手さえあれば同罪の未遂が成立するという結論を避けることが可能なのである。⑤わが刑法269条の文言は、身分犯説に文理上の根拠を与えるものではない。

　第2の考え方は、事後強盗罪を加重身分犯（不真正身分犯）と捉え、窃盗に加担しなかった乙に共同正犯又は共犯が成立しないとする立場である[46]。

　しかし、この見解にも疑問がある。①既述のように、窃盗等罪は誰でも犯しうる犯罪であり、事後強盗罪を加重身分犯と解するのは妥当でない。②この立場は、事後強盗罪は身体に対する犯罪としての性質を有すると主張するが、その一方で、窃盗が既遂の場合だけ事後強盗罪の既遂が成立するとする。そうなると、窃盗の既遂の成否が身体に対する犯罪の既遂成否の判断基準となり、自己矛盾になってしまうのである。③「窃盗、詐欺又は強奪」の実行を、加重暴行罪・脅迫罪を基礎づける違法身分としたり、又は、加重暴行罪・脅迫罪を基礎づける責任身分としたりする主張は、そもそも暴行罪と脅迫罪を規定していないわが国の刑法には当てはまらない考えである。④わが刑法には暴行罪と脅迫罪が規定されていないため、この考えにしたがえば、上記事例において、もし甲と乙の暴行により傷害の結果が生じていなければ、乙にはなんら犯罪も成立しないことになる。これは受け入れがたい結論である。

第３の考え方は、承継的共犯として問題可決を図ろうとする立場である。それによれば、事後強盗罪は身分犯ではなく、先行の窃盗等の行為と後続の暴行・脅迫は、いずれも同罪の実行行為であり、後続行為のみに関与した者の罪責は、承継的共犯の成否の問題であるとされる。

　しかし、承継的共犯の成否に関しても、否定説と肯定説とがある。

　否定説は、因果的共犯論を根拠に、上記の事例では、乙には事後強盗罪が成立せず、犯人庇護罪、傷害罪又は殺人罪が成立するにとどまるとする[47]。否定説には一定の説得力があるが、わが国の立法の実情に合わないため、筆者は、承継的共犯の問題として位置づけたうえ、肯定説を支持したい。

　①わが国では、暴行と脅迫そのものは犯罪とされていないため、事後強盗罪を結合犯とするのは困難であり、結合犯の観点から検討を展開するには難点がある。しかし、事後強盗罪は、先行窃盗等と後続暴行・脅迫から構成されるから、その構造が結合犯と類似していることは否定できず、また、承継的共犯の現象は結合犯に限って存在するものではなく、犯罪が一定の過程を経て実現する場合には常に承継的共犯の問題が生じうるから、上記事例の問題を、承継的共犯の問題に位置づけて検討することは可能であると思われる。

　②肯定説をとった場合、その最大の難点は（あるいは、否定説からの最大の批判は）、乙が窃盗行為に加担していない以上、窃盗行為について責任を負うことができず、自分が加担した暴行・脅迫のみについて責任を負うべきではないかと考えられる点である[48]。たしかに、甲の行為に財産犯の性質が認められるのは、甲自ら窃盗を行ったからであり、これに対し、乙は甲の窃盗行為となんら因果的関連も有していないから、事後強盗罪が認められないのではないかとも思える。しかし、この点について、筆者は次のように考える。第１に、乙の行為は、甲が最終的に臓物を取得することとは因果性を有する。仮に甲の窃取した臓物がＡに取り返されたとしても、乙の行為は、Ａによる財物の取り返しを困難にしている（その危険が認められる）。この結果は、具体的なものであり、抽象的なものではない。甲の先行行為によって惹起され

たのは窃盗罪の結果であり、乙が関与することで、甲と乙によって惹起されたのは事後強盗罪の結果である。第2に、後続行為は、単純な暴行・脅迫と異なって、先行窃盗行為を事後強盗罪の実行行為とならしめる役割を果たしている。先行の窃盗行為は、元々は単に窃盗罪の実行行為にすぎない。行為者が法所定の目的で暴行又は脅迫に着手したときに、初めてその窃盗行為が事後強盗罪の実行行為としての性格を帯びることになるのである。したがって、上記事例の場合、乙の行為は、単純な暴行・脅迫と異なって、甲の窃盗行為を事後強盗罪の実行行為にならしめる役割をも果たしているのである。たとえ乙の目的は甲の逮捕免脱又は罪証隠滅であったとしても、その暴行の果たしている上記の役割については否定することができない。そうである以上、乙の行為が、甲の行為を事後強盗罪に転化させる上で果たした役割を否定できず、乙も事後強盗罪の責任を負うべきということになるのである。第3に、上記事例でいえば、乙は、形式的には暴行のみに加担しているが、この行為は甲の事後強盗の一部であり、よって、乙は事後強盗行為の一部に加担しているのである。ちなみに、乙は、事情を知った上で甲と共同でAに暴行を加えているから、甲の贓物蔵匿の目的について乙が認識していることを意味しており、よって乙に事後強盗の故意と法所定目的の存在を肯定することもできよう。

③肯定説にとっては、もう一つの難点があるかもしれない。日本の場合、否定説によれば、上記事例中の乙については暴行罪又は脅迫罪の共同正犯として処罰することになる。一方、わが国では、暴行罪と脅迫罪が存在せず、処罰範囲が日本より狭いにもかかわらず、肯定説によれば、乙により重い事後強盗罪が成立してしまう。換言すれば、乙に対しては本来なら軽い罪で処理すべきところ、わが国には軽い罪が存在しないために、逆に乙に重い罪を適用してしまうのではないかという疑問である。しかし、この不都合は表面的なものであって、肯定説によっても処罰の不均衡をもたらすことはないと思われる。上記事例についていえば、たしかに、もし形式的客観説に立脚するのであれば、実行行為の分担者はすべて正犯になるから、乙も実行の一部

を分担している以上、事後強盗罪の正犯として処罰されることになろうが、形式的客観説は妥当でないのである。わが国の刑法は、共犯を主犯、従犯及び被脅迫犯に分類しており、事後強盗罪の実現において乙の果たしている役割に鑑みれば、乙を事後強盗罪の従犯として、その刑を軽くし又は免除することも十分に可能であると思われる。したがって、日本の否定説のように、乙に暴行罪の正犯を認める処理よりも、中国において乙に事後強盗罪の従犯として処理する方が、逆に乙の処罰を軽くする可能性もあるのである。

④既述のように、中国刑法では暴行罪と脅迫罪が規定されておらず、また、傷害についても一定程度以上の傷害についてのみ傷害罪が成立するため、上記事例のような場合には、被害者に傷害以上の結果がない限り、不可罰になり、その結論が妥当でない。学説の中には、既述のように、犯人隠避庇護罪として処理できるとする見解もある。しかし、乙の行為が常に犯人隠避庇護罪を構成するとは限らない。たとえば、乙が甲の贓物隠匿を助けたにすぎない場合は、基本的に犯人隠避庇護罪の構成要件を満たさないことになる。また、乙が財物取り返しを防止するために被害者に暴行を行った場合でも、司法作用を妨害し、犯罪の所得を隠匿する行為とは評価できないのである。さらに、乙が甲の逮捕免脱・罪証隠滅のために暴行を行った場合でも、必ずしもほかの犯罪の要件を充足しているとは限らない。しかし、以上の場合に、乙に対して不可罰という結論は、やはり受け入れがたいものであろう。

⑤肯定説に従えば、乙が甲とともに暴行を行って傷害又は死亡の結果を惹起した場合は、一部行為の全部の責任の原則により、乙と甲はいずれも傷害と死亡の結果について責任を負うことになる。仮に誰の行為によって惹起された結果であるかを特定できなくても、この結論には変わりがない。ただし、もし窃盗等を行った先行行為者が既に暴行の一部を実行した後に乙が暴行に加担したような場合には、疑わしきは被告人の利益の原則に基づいて処理するのが妥当であろう。

注
1) 張国軒『搶劫罪的定罪与量刑』（人民法院出版社、2001年）237頁。
2) 笹倉秀夫『法哲学講義』（東京大学出版社、2002年）419頁。
3) 劉明祥『財産罪比較研究』（中国政法大学出版社、2001年）146頁。
4) 黄恵婷「準強盗罪之窃盗本質」台湾本土法学第99期（2007年）267頁以下。
5) 林東茂『刑法総覧（修訂5版）』（中国人民大学出版社、2009年）304頁。
6) 趙廷光主編『中国刑法原理（各論巻）』（武漢大学出版社、1992年）429頁、鄭沢善「転化型搶劫罪新探」当代法学第1期（2013年）35頁以下。
7) 高銘暄『刑法専論（下編）』（高等教育出版社、2002年）735頁。
8) （2012）靖刑初字第79号。
9) 張明楷「窃盗罪的新課題」政治与法律第8期（2011年）2頁以下。
10) ここでいう特殊の窃盗、詐欺又は強奪の罪と、通常の窃盗、詐欺又は強奪の罪とは、必ずしも法条競合関係にあるとは限らない。
11) 劉明祥『財産罪比較研究』（中国政法大学出版社、2001年）147頁。鄭沢善「転化型搶劫罪新探」当代法学第1期（2013年）36頁以下。
12) 劉明祥『財産罪比較研究』（中国政法大学出版社、2001年）147頁
13) 鄭沢善「転化型搶劫罪新探」当代法学第1期（2013年）36頁以下。
14) 劉艶紅「転化型搶劫罪前提条件範囲実質解釈」趙秉志主編『刑法論叢（大3巻）』（法律出版社、2008年）407頁。
15) 楊興培「合同詐欺能否成為転化型搶劫罪的実例分析——兼論行為的犯罪転化問題」政治与法律第3期（2008年）41頁。
16) さらにいうなら、乙の先行暴行により軽傷を負わせた行為を、傷害罪と評価した上で、これと事後強盗罪とを併合罪として処理することも不可能ではない。このような処理は、事案に対する全面的評価を確保しつつ、二重評価も回避することができる。
17) 他方、准司法解釈の中には、本文中の司法解釈と反対の見解を示したものもある。最高人民検察院研究室2003年4月18日付けの「相対的刑事責任年齢者の刑事責任範囲に関する問題についての解答」においては、「相対的刑事責任年齢者が刑法第269条所定の行為を実行したときは、刑法263条により、強盗罪として刑事責任を追及すべきである。ただし、情状が著しく軽く、危害性が大きくない場合は、刑法第13条により、刑事責任を追及しないことができる」と述べている。
18) 黎宏『刑法学』（法律出版社、2012年）179頁。
19) 張国軒『搶劫罪的定罪与量刑』（人民法院出版社、2001年）256頁。
20) 李希慧＝徐光華「論転化型搶劫罪的主体」法学雑誌2009年第6期77頁。
21) 趙秉志『侵犯財産罪疑難問題司法対策』（吉林人民出版社、2000年）98頁。
22) 王礼仁「如何理解刑法第153条中的"当場"」西北政法学院学報1984年第1期69頁以下。
23) 高銘暄＝馬克昌主編『刑法学（第4版）』（北京大学出版社＝高等教育出版社、2010年）559頁。
24) 強盗罪における「金額が極めて大きい」基準を引き上げたとしても、同様の問題が

生じる。
25) 高銘暄＝馬克昌主編『刑法学（第4版）』（北京大学出版社＝高等教育出版社、2010年）559頁。
26) 高銘暄＝馬克昌主編『刑法学（第4版）』（北京大学出版社＝高等教育出版社、2010年）557頁。
27) 陳興良『規範刑法学（下冊）』（中国人民大学出版社、2008年）743頁。
28) 馬克昌等主編『刑法学全書』（上海科学技術文献出版社、1993年）345頁。劉明祥『財産罪比較研究』（中国政法大学出版社2001年）149頁。
29) 通常の強盗罪を定めた刑法263条では、「脅迫」としか定めていないが、これを、「その場で暴行をもって脅迫した」と解するのが通説である。
30) 張明楷『刑法学（第4版）』（法律出版社、2011年）850頁。
31) 高銘暄＝馬克昌主編『刑法学（第4版）』（北京大学出版社＝高等教育出版社、2010年）559頁。
32) (2006)恵刑初字第一489号。
33) (2007)錫刑二終字第13号。
34) 馬燕燕「運贓途中抗拒抓捕不構成転化型搶劫罪」人民司法・案例2010年第6期14頁。
35) 肖少雲＝肖梅「搶劫後以刀示威構成転化型搶劫罪嗎」検察日報2011年11月6日付け第3面。
36) もちろん、被告人らの先行行為が「持凶器強奪罪」に当たるかどうかは、別問題である。
37) 章恵萍「転化型搶劫罪成立的条件」現代邦楽2004年第1期84頁以下。
38) 趙慶功＝伊春「設賭騙得欠条、暴露後傷人致死如何定性」検察日報2012年6月24日付け第3面。
39) 周道鸞＝張軍主編『刑法罪名精釈（第3版）』（人民法院出版社、2007年）498頁。
40) 韓偉＝劉樹徳「准搶劫罪適用加重情節若干問題研討」中国刑事法雑誌2001年第2期103頁。
41) 武華吉＝柏浪涛「転化型搶劫罪共犯及既未遂的認定」中国検察官2007年第1期56頁以下。
42) わが国の司法解釈や刑法理論が事後強盗に独立の罪名を賦与していないが、このことは、事後強盗を独立の犯罪として捉えることを妨げるものではない。
43) 高橋則夫『規範論と刑法解釈論』（成文堂、2007年）210頁。
44) 山口厚『刑法各論（第2版）』（有斐閣、2010年）232頁。
45) 岡野光雄「事後強盗罪と共犯」研修494号（1989年）6頁。
46) 鄭沢善「転化型搶劫罪新探」当代法学2013年第2期33頁以下。
47) 陳洪兵『共犯論思考』（人民法院出版社、2009年）183頁。
48) 山口厚『刑法各論（第2版）』（有斐閣、2010年）350頁以下。
49) 行為者が窃盗等に着手したことをもって、事後強盗罪への着手とみることはできない。
50) 古江瀬隆「窃盗犯人でない者が窃盗犯人と共謀の上財物の取り返しを拒むため被害

者に傷害を負わせた場合の擬律」研修457号67頁。
51) もし乙が事情を知っていないなら、乙に事後強盗の故意と法所定目的の存在を肯定することができず、事後強盗罪の共犯が成立しないのは当然である。
52) 張明楷『刑法的基本立場』（中国法制出版社、2002年）287頁。
53) もちろん、もし乙と甲の暴行により被害者を死傷害させ、かつ死傷結果の発生において主要な役割を果たし場合には、乙を主犯として処罰するのは当然である。

討議の質疑応答

橋 爪　　隆

共犯論

1　まず、報告者の甲斐克則教授・劉明祥教授の間で質疑応答が行われた。
(1)　劉教授の報告に関する甲斐教授からの質問は、以下の通りである。
　①日本刑法のように正犯と共犯の区別を厳格に維持した場合、処罰の間隙が生ずるおそれがあることは劉教授の指摘のとおりであるが、刑法の行為主義の観点からは、両者を区別することが必要とされるのではないか。処罰要求を前面に出しすぎることは、共犯独立性説のように刑法の過剰な主観化を招くのではないか。
　②日本のような刑法体系では正犯と共犯の区別が重要な解釈問題であり、通説・判例によってはいわゆる共謀共同正犯が承認されているところ、最近の議論では共謀共同正犯の成立範囲が過度に拡張しているという懸念も一部で示されている。劉教授の見解によれば、複数の関与者の中から「主犯」が選別されることになるが、これは、日本の議論に引き付け

ていえば、複数の共謀共同正犯が認められるべき状況において、その中から「主犯」を選別することになろう。このような選別の判断基準とその根拠について、詳細な説明をお願いしたい。

(2) これに対する劉教授の回答は以下の通りである。

①甲斐教授からは、単一制説を採用した場合、処罰要求が前面に出され、処罰範囲が拡大し、刑法が主観化するという懸念が示されているが、現実にはそのような問題が生ずるわけではないと思われる。あくまでも教唆・幇助の処罰のためには、教唆行為、幇助行為という客観的な行為の存在が前提とされており、単に主観面だけが処罰対象になっているわけではない。また、処罰範囲の拡大という懸念についても、「情状が著しく軽く、危害が大きくないときは、犯罪としない」という中国刑法13条但書の適用の余地があるため、教唆未遂・幇助未遂にとどまる行為、たとえば教唆行為を行ったが、相手が犯罪を実行しなかったような場合には同条但書を適用し、情状が著しく軽いとして、犯罪の成立を否定することが可能である。

②もちろん中国刑法においても、主犯、教唆犯、従犯の区別が必要になる。しかし、区分制説においては、正犯と共犯の区別はまさに犯罪の成立要件の区別であるため、きわめて重要な問題となるが、単一制説からは、いずれにせよ共同犯罪が成立するとした上で、主犯と従犯の区別は、単に量刑事情としての区別にすぎないので、区分制説に比べると、その難点はそれほど大きいわけではない。

(3) 甲斐教授の報告に関する劉教授からの質問は以下の通りである。

①甲斐教授の報告はきわめて啓発的であったが、甲斐教授の報告を聞くにつけても、正犯と共犯の区別は困難な問題であり、その区別の基準を統一化することも困難であることを痛感する。これは区分制説の問題点を示すものといえるのではないだろうか。甲斐教授が主張される因果的区別のモデルも、結論においては、因果的な観点だけで完全に区別することはできず、役割分担モデルを併用する必要があることは、甲斐教授も

認められるところである。甲斐教授は「重要な因果的寄与」を判断基準として重視されているが、教唆犯はすべて強い心理的因果力を有する犯罪類型であるため、すべての教唆犯は正犯として評価されてしまうのではないか。さらに幇助犯についても、犯罪の完成にとって物理的に決定的な役割を果たした場合が十分に考えられるし、また、心理的に決定的な影響を及ぼしている場合もないわけではない。これらの場合についても、幇助犯は正犯として評価されることになるのか。すなわち、因果的寄与という観点からの分析は、最終的には、従来からの正犯と共犯の形式的な区別の妥当性を揺るがすものではないか。

②松宮孝明教授（立命館大学）の刑法総論の教科書には、日本の刑法理論では正犯・共犯の区別が認められているものの、実務の現実においては、統一的正犯的体系が採用されているという分析がある。このような分析は日本の判例実務を正確に反映しているといえるのか。また、甲斐教授からも、日本の実務においては正犯を拡張する傾向があるという指摘があったが、その原因は何かについてもご教示いただきたい。

(4) これに対する甲斐教授の回答は以下の通りである。

①あくまでも因果的区別モデルをベースにしており、役割分担モデルを採用しているわけではない。もっとも、両者が二者択一の関係にあるわけではなく、前者を基本にしつつも、後者のような理解を、一定の範囲において取り入れることが考えられよう。また、教唆犯はすべて正犯になってしまうという指摘であるが、たしかに日本刑法においては、教唆犯の法定刑は正犯と同一であるが、旧刑法からの立法経緯にかんがみても、両者の概念は明確に区別されて理解されており、現行法もこれを継承しているといえる。やはり両者が概念として伝統的に区別されており、これを現行刑法も継承しているといえる。このような前提のもと、現行法の解釈としては、教唆犯と正犯とを明確に区別する必要がある。たとえ法定刑が同一であるといっても、教唆の類型については量刑上、宥恕すべき面が多い。また、教唆的関与であっても、その影響がきわめ

て強い場合には間接正犯が成立することになるし、また、実行分担者と対等な関係が認められる場合には共同正犯が認められることになろう。さらに幇助犯については、かりに幇助犯が重要な役割を果たすとしても、犯罪実現のためには、あくまでも実行行為を行う正犯が決定的な影響を及ぼしていると考えるべきである。正犯が danger としての実行行為を行っているのに対して、幇助は risk の段階で関与しているにすぎない。

② 松宮教授の日本の実務に関する分析であるが、必ずしもそう断定できるわけではないと思われる。あくまでも正犯・共犯の区別が前提にあり、具体的事案ごとにその判断が使い分けられているというべきであろう。暴力団や組織犯罪の処罰においては、背後の黒幕の処罰として、共謀共同正犯の成立が認められる場合が多いといえるが、それ以外の犯罪類型については、むしろ教唆・幇助としての処罰の例が多く、すべての関与者が正犯として処罰されているわけではない。とりわけ実行行為を行う従犯という概念が実務においても認められていることが、統一的正犯概念が採用されていない証左と言うこともできよう。

2 自由討論においては、以下のような議論があった。

(1) 中国側参加者から、劉教授の報告について、正犯と共犯の区別は中国刑法においても法律上の区別であり、単一制説（統一的正犯概念）を解釈論として採用することはできないという指摘があった。

(2) 中国側参加者から、正犯と共犯の区別に関する日本の刑法理論は、形式的客観説から出発したところ、それでは黒幕の処罰が困難であり、処罰範囲が狭すぎることから、実質的客観説に転じ、共謀共同正犯を認めるに至ったが、そもそも中国刑法においては組織犯という概念が存在すること、さらに、中国の司法実務においては正犯よりも教唆犯の方が重く処罰される場合があることから、このような問題が生ずるわけではない旨の指摘があった。さらに、甲斐教授に対する質問として、因果的区別モデルは、構成要件的結果に対して原因を与えた場合には正犯、条件設定を行ったにすぎないものは

共犯という区別の基準なのか、また、「重要な因果的寄与」という基準は、かつては正犯概念を限定する方向で用いられていたが、現在においては、むしろ正犯概念を拡大する方向で用いられているのか、という質問があった。これを補充するかたちで、甲斐教授の挙げる因果性モデル、役割分担モデルという２つのモデルは、同一の結論についての理論上の根拠付けの違いにすぎないのか、それとも判断基準自体の相違であり、具体的な帰結が異なってくるのかという質問があった。さらに甲斐教授が重視される danger と risk の違いについても、両者の区別はどのような観点からなされるかについて、質問があった。

　これに対して、甲斐教授から次のような趣旨の回答があった。因果的モデルと役割分担モデルの区別は亀井源太郎教授（慶應義塾大学）が提唱されたものであり、亀井教授は因果的モデルの限界を指摘され、それを役割分担モデルで補充しようとしている。しかし、非因果的なファクターが役割分担モデルで考慮されることの理論的な正当化は困難であり、「悪いやつは処罰する」という処罰欲求の発現にすぎないように思われる。両モデルを対立的に把握するべきではなく、因果的モデルの枠内で役割分担を併せ考慮するべきである。また、因果的寄与という概念をどのように理解するかであるが、たとえば共犯者が凶器を貸与するとしても、それをどのように使うかは正犯の意思に委ねられているのであるから、正犯の因果性とは因果の質が異なっており、この段階では一定の risk が認められているにすぎず、危険が切迫した danger の状況に至っているわけではない。両者の概念の区別は、共犯論に限定されず、未遂犯、因果関係など、様々な解釈問題について重要な視座を提供するものであろう。

(3)　中国側参加者から、甲斐教授が因果的寄与という観点から、因果性が認められる場合にさらにその寄与度の程度を問題にすることに対して、因果性というのはあるか否かの問題であり、程度の問題ではないのではないか、甲斐教授の見解は存否の問題と程度の問題を混同するものではないかという質問があった。これに対して、甲斐教授から、因果性についてもやはり強弱の

(4) 山口厚教授から次のようなコメントがあった。正犯と共犯の区別は、いずれも結果に対する因果性を前提にするのであるから、因果性が認められる中で両者をどう振り分けるかという問題であるが、それに対して単一的正犯体系における教唆の未遂、幇助の未遂の問題はそもそも処罰できるか否かの問題である。劉教授の理解は処罰可能であるが、情状が軽いことから処罰しないというものであるが、そもそも日本では教唆未遂・幇助未遂については処罰規定がないので、処罰できないことが明らかである。このような事情もあり、わが国では単一的正犯概念は採用できないし、立法論としても少数説にとどまっている。

(5) 只木誠教授から次のような質問があった。中国刑法の組織犯という概念は日本刑法の共謀共同正犯と類似しているが、中国の刑法理論では、組織犯に加えて、さらに共謀共同正犯を肯定するべきかについて議論があるようである。中国刑法において、組織犯に加えて、さらに共謀共同正犯を認める実益はどのような場合に認められるのか。

これに対して、劉教授から次のような回答があった。中国刑法においては、共謀共同正犯という概念はそもそも不要である。共謀共同正犯という概念と組織犯との間には大きな相違点がある。たとえば数名が偶然に出会って共同して犯罪を実行するような場合、共謀共同正犯の成否が問題となり得るが、中国刑法の場合、謀議行為を共同に実行しているから当然に共同正犯が成立するのであり、あえて共謀共同正犯という概念を認める必要はない。また、数名が共同して犯罪の謀議を遂げていれば、その段階で既に共同正犯の予備罪が成立しうるが、犯罪として処罰するかは別の問題であり、13条但書を適用して犯罪の成立を否定する余地があろう。もちろん、共謀共同正犯の発想は、正犯と従犯の区別の範囲内で十分に考慮できるものである。

(6) 中国の学生から、日本刑法における過失共同正犯の処罰の成否について質問があり、甲斐教授から、判例・通説によって過失共同正犯の処罰が認め

られているが、その根拠づけは様々であり、実務的には共同義務の共同違反という観点からの根拠づけが一般的である旨の回答があった。

罪数論

1 まず、報告者の只木誠教授・王政勲教授の間で質疑応答が行われた。
(1) 只木教授の報告に関する王教授からの質問は、以下の通りである。
　①日本の通説とされている構成要件基準説は、実際の事件の処理においてどのような意義があるのか。
　②法条競合と観念的競合の関係および区別の基準はどのようなものなのか。
(2) これに対する只木教授の回答は、以下の通りである。
　①日本の学説においては、構成要件を基本的な基準とする点については一般的理解があるといえる。たとえば法条競合の事例について1個の意思や1個の行為を語るとき、それは当然に構成要件を前提にした判断であり、このような場合にも構成要件が判断の基準とされている。もっとも、複数の構成要件が実現されてもそれを一罪として評価されるべき場合、さらに複数の行為を1個の犯罪として評価すべき場合もありうることから、その判断基準としては構成要件以外の判断基準が必要とされるべきである。このような意味において構成要件標準説には限界がある。
　②法条競合とは、片方の構成要件によって、もう一方の構成要件該当事実をすべて評価し尽くすことができる場合、すなわち1つの構成要件が他方の構成要件の不法内容・責任内容を完全に包摂する場合である。したがって、一方の構成要件だけで完全に法的評価がなされることになるため、それに包摂される構成要件にも該当していることは、量刑上の判断資料としても考慮することはできないと解される。これに対して、観念的競合の場合、より軽い法定刑の構成要件についても、それが実現されたことを量刑上、被告人の不利益に評価することが可能である。
(3) 只木教授の回答を受けて、さらに王教授から「只木教授の説明による

と、法条競合は一方の構成要件が他方の構成要件を包摂する場合ということになるが、たとえば中国刑法では酒酔い運転は危険運転罪（133条の1）を構成するが、酒酔い運転の結果、死傷事故が発生した場合には、さらに重大交通事故罪（133条）が成立することになる。この場合、酒酔い運転行為は、交通事故罪の一部を構成し、完全に包摂されることになるため、両罪は法条競合の関係に立つのか」という質問があった。これに対して、只木教授から「構成要件の包摂関係を考える際には立法者の意思を基準とする必要があるから、中国刑法については、立法者意思の理解によっては危険運転罪と重大交通事故罪を法条競合と解する余地があり得よう。もっとも、日本刑法においては、酒酔い運転罪と自動車運転過失致死傷罪は法条競合の関係に立つとは考えられていない。それは、前者が公共危険犯であり社会的法益を保護するのに対して、後者が個人的法益に対する罪であり、法益の内容が異なるため、両者の間に包摂関係が認められないからである」旨の回答があった。これに対してさらに王教授から、「中国刑法における法条競合の理解は、構成要件が完全に包摂される場合に限られず、部分的な重なり合いが認められる場合であっても肯定されるため、危険運転罪と交通事故罪の関係についても、部分的な重なり合いが認められるので、法条競合の関係を肯定することができる」旨の補足説明があった。

(4) 王教授の報告に関する只木教授からの質問は以下の通りである。

① 日本では罪数論は、実務的、訴訟法的な意義が重要であり、もっぱら実体法の観点だけから検討することはできないと理解されている。中国刑事法においては罪数の問題については、実体法、量刑論、訴訟法において、それぞれいかなる価値が認められているのか。

② 日本では罪数論・競合論を検討する際に、二重評価禁止のルールや、各犯罪類型の保護法益の異同が重要な基準となっているが、中国刑法ではどのような観点が重視されているのか。たとえば日本刑法の解釈論において、強盗犯人が強盗の機会に殺害行為を行った場合、強盗殺人罪が成立するが、同罪と併せて殺人罪の成立を認めることは、殺人行為の二重

評価であり、許されないと解されているが、中国刑法においては、たとえば暴動脱獄罪（317条2項）が成立する場合に、同罪と併せて殺人罪・傷害罪等の成立を認めることができるのか。
③中国刑法における「同種数罪」という概念は非常に興味深い。日本では同種類の犯罪の間に科刑上一罪の関係を認めることができるのかが、かつて争われていたが、現在では同種の犯罪間においても観念的競合を認めるのが一般的な理解である。中国において「同種数罪」は一罪として処理されることになるが、これはどのような理論的な背景に基づくものであり、また、量刑的にはどのように評価されているのか。さらに憲法上の一事不再理の要請との関係で問題が生じないのか。
(5) これに対する王教授の回答は以下の通りである。
①罪数論は、実体法・訴訟法の両者において意義を有している。まず、実体法的側面であるが、80年代は刑罰論の一部として扱われていたが、それ以降は犯罪論の中で検討されていることからも窺えるように、罪数論は犯罪論と刑罰論の両者に関係する領域であり、主として犯罪論に関係する問題である。具体的には、併合罪の適用の要否、（複数の行為が法改正の前後にまたがる場合について）刑法の適用の時間的効力に影響がある。さらに未遂や共犯の問題についても、一罪か数罪かは当然ながら重要な影響を有することになる。たとえば牽連犯について、手段犯罪に着手しただけで未遂犯が成立するか、共犯についても、たとえば監禁行為の途中から加担した行為者の処理についても（行為者が全体について責任を負うか否かをめぐって）罪数論の議論が影響を及ぼしてくる。さらに自首の規定（67条）についても、未発覚の犯罪に限って自首による刑の減免が認められているところ、既に発覚した犯罪と「同種犯罪」については自首の効果が及ばないため、罪数の議論が影響を有することになる。さらに訴訟法的な機能であるが、たとえば事件管轄についても罪数論は影響を有することになろう。
②二重評価の禁止原則は、中国の学説・実務でも肯定されている。もっ

も、この原則は、「二重判決の禁止」として評価すべきであろう。行為の個数の問題については、非典型的な形態が多数存在するが、それらについては、結局のところ、典型的一罪と典型的数罪のいずれのグループに近いのかという観点から検討することになる。このような観点から、暴動脱獄罪の例について説明するのであれば、脱獄の手段の中に殺人行為も含まれており、同罪の中で殺人行為も評価されていると解するのであれば、二重評価禁止の観点から、殺人罪は成立せず、暴動脱獄罪一罪の成立を認めるべきであろう。なお、暴動脱獄罪は脱獄の手段として常に殺害行為を含むわけではないため、両者の構成要件は完全に重なり合っているわけではないが、中国法においては両者の間に法条競合を認める余地がある。

③ 「同種数罪」を一罪として処理した場合の量刑上の問題であるが、中国刑法の法定刑は比較的高いものが多いので、その中で上限に近い刑を選択すれば事実上、それほど問題は生じない。とりわけ加重類型の規定がある場合にはそれを適用することも可能である。また、一事不再理の問題についても、同種数罪の規定は判決が確定するまでに複数の犯罪が明らかになった場合に限られていることが重要である。したがって、判決確定後、新たな同種の罪が発覚した場合には同種数罪の関係は問題にならず、別罪として処理されるにすぎない。

2 自由討論においては、以下のような議論があった。

(1) 中国側参加者から、「同種数罪」の適用について、次のようなコメントがあった。同種数罪を一罪として処理する場合にもいくつかのパターンがある。殺人罪などの重罪を犯した場合には、複数の殺人罪の成立を認めた上で、科刑上一罪として処理されることになる。中国刑法の法定刑は一般的に高いので、複数の犯罪について科刑上一罪を認めてもそれほど不都合はない。これに対して、傷害罪などの法定刑の軽い罪について、複数の被害者に対する犯罪行為が併存している場合に「同種数罪」として科刑上一罪の処理

をすることには合理性がないため、むしろ併合罪として処理すべきであるように思われる。また、中国の刑事手続においては、一事不再理効が一般的に承認されているわけではない。中国には裁判監督制度という制度があり、事後的に有罪の証拠が明らかになった場合には新たに刑事訴追することが許されている。

(2) 中国側参加者から、集合犯の処理、たとえば4年間にわたって不法営業を行っていたが、そのうち2年間について不法営業罪で起訴されて有罪判決が確定した後、それ以外の2年間の不法営業が発覚した場合、さらに2年間の不法営業を処罰することができるかについて質問があり、只木教授から、全体が一罪となるため、新たに発覚した2年間の不法営業について新たに起訴することは許されない旨の回答があった。只木教授の回答に対して、中国側参加者から、確定判決の後に発覚した犯罪がより重大な場合であっても同様に解すべきかについて質問があり、只木教授から、いずれにしても一罪と評価される範囲では新たな起訴ができないが、そもそも、いかなる範囲で一罪性を認めるべきかが問題となりうる旨の回答があった。

(3) 中国側参加者から、只木教授の報告のタイトルが「罪数論・競合論」であり、あえて「競合論」という表現を付加している趣旨について質問があった。これについて只木教授から、競合論は罪数論に含まれると解されるのが一般的であるが、罪数は一罪か数罪かという犯罪の個数の問題にすぎず、一罪、数罪の中でも様々な類型があり得るので、罪数の問題と分けて、さらに競合論として論じた方が適切であり、ドイツ刑法でもそのようなかたちで議論されている旨の回答があった。これについて、王教授から、罪数論が1つの行為が数罪として評価される場合、逆に数行為が一罪として評価される場合を扱うのに対して、競合論というのは法条競合、観念的競合の場合、すなわち数行為が一罪と評価される場合のみをカバーする議論であるため、罪数論の方が射程の広い概念であるという指摘があった。

(3) 中国側参加者から、日本の刑事実務における「かすがい外し」の処理について詳しい説明が求められ、只木教授から、屋外で数人を殺害した場合と

住居に侵入して複数人を殺害した場合と比較した場合、後者については住居侵入罪と殺人罪2罪が科刑上一罪の関係に立ち、併合罪加重がなしえない不都合が生ずるため、後者についても住居侵入罪を起訴しないという処理がなされる場合がある旨の回答があった。

(4) 中国の学生から、日本刑法では観念的競合は科刑上一罪として処理されているが、なぜ実体法上の一罪として評価することができないのかについて質問があった。これに対して只木教授から、意思決定の個数、すなわち規範意識を突破した回数が科刑上一罪の基準となるべきである旨の回答があった。

危険運転罪

1 まず、報告者の橋爪隆教授・梁根林教授の間で質疑応答が行われた。

(1) 梁教授の報告に関する橋爪教授からの質問は、以下の通りである。

①梁教授の見解は、飲酒運転類型の危険運転罪について一定の規範的な限定解釈を行うものの、13条但書を適用して犯罪の成立を否定する解釈は採用しないものと解されるが、議論の前提として、13条但書の趣旨について確認しておきたい。13条但書は構成要件に該当する行為についても、いわば可罰的違法性が欠けることを理由として処罰を否定する規定であるという理解で正しいのか。そして、13条は刑法総則の規定であり、全ての犯罪類型に適用があると思われるので、酩酊危険運転罪についても適用を否定することは困難であると思われるが、その点はどのように考えるべきか。また、梁教授が提唱される酩酊危険運転罪に関する規範的な限定解釈は、実際には13条但書を適用した場合と大きな相違は生じないのではないか。

②酩酊危険運転罪は、自己が酩酊していることを認識しつつ、自動車を運転させる犯罪であり、故意犯であるような印象を持ったが、梁教授が本罪は過失犯も処罰する趣旨であると解するのはどのような意図に基づくものか。自らが飲酒酩酊している認識を欠いている場合、たとえばビー

ルをジュースと勘違いして飲んだ場合についても、危険運転罪の成立を認める趣旨か。
(2) これに対する梁教授の回答は以下の通りである。
　①刑法総則の規定である13条が、各則の解釈において指導的な役割を果たすことには異論がない。しかし、構成要件該当性を肯定した上で13条但書を適用するアプローチについては疑問がある。構成要件該当性を広く肯定し、構成要件の外部の事情によって処罰の限界を画することは、構成要件の機能の弱体化を招くおそれがあるからである。このような理由から、たとえ結論において大差はないとしても、構成要件それ自体の規範的解釈を採用すべきである。
　②酪酊危険運転罪を過失犯として理解する私見は中国においても少数説であると思われる。あえてこのような見解を採用する背景には、酪酊状態に関する認識については様々なレベルがあり得るため、その点についての主観面の認定がきわめて困難になることがある。実務ではこのような困難性から、飲酒酪酊している事実がある以上、安易に故意と認定してしまう傾向があり、このような運用が責任主義の趣旨を没却してしまうおそれを感じている。したがって、安易に故意を認定して故意概念が弛緩するよりも、注意義務違反というレベルで主観面の問題を統一的に解決した方が適切であると考えている。いずれにせよ、過失が認められる場合を処罰するのであれば責任主義に反するわけではない。たとえばジュースと誤信してビールを飲んでいた場合についても（そもそも、そのような事例があり得るかについて疑問があるが）注意義務違反があれば本罪の成立を認めることができる。
(3) 梁教授の回答について、さらに橋爪教授から、酪酊運転について、故意の立証が困難であるという指摘はまさにその通りであり、梁教授の問題意識は十分に理解できるが、それだけで15条2項の規定（過失犯処罰には明文の規定が必要）の適用を回避できるのかについて質問があった。これに対して梁教授から、酪酊危険運転罪を過失犯処罰の規定と解釈することが可能であり、

したがって15条2項の適用の問題は生じない旨の回答があった。
(3) 橋爪教授の報告に関する梁教授からの質問は、以下の通りである。
　①日本における危険運転致死傷罪の基本犯の類型の内容について確認しておきたい。同罪の基本犯の内容は道路交通法違反の内容を広くカバーするかたちになっているのか。道路交通法違反の罪と危険運転致死傷罪の基本行為との関係についてお尋ねしたい。また、危険運転致死傷罪は危険な運転行為の結果的加重犯として理解されているという指摘があったが、その場合の基本犯と死傷結果の間の関係はどのように理解されているのか。
　②故意犯と過失犯が責任非難において質的に相違するという指摘については、まったく同感である。もっとも、現代における過失犯に対する非難の在り方については変容の兆しもある。すなわち、客観的な法益侵害が重視され、また、責任非難の内容についても一定の客観化の傾向が認められるのではないか。このような現代的な問題意識のもと、過失犯の責任非難の在り方について、再検討の可能性はないか。
(4) これに対する橋爪教授の回答は以下の通りである。
　①危険運転致傷罪の基本行為は、故意の暴行行為に匹敵するような、生命・身体にする危険性の高い運転行為であり、当然ながら、208条の2に列挙された具体的な行為に限定されている。それに対して、道路交通法における処罰行為は、より幅広い行為類型を含んでおり、道路交通に対する抽象的危険までが処罰対象にされている点で決定的に相違する。また、危険運転致死傷罪は危険運転行為の結果的加重犯であるから、危険運転行為の具体的危険が死傷結果に実現したと評価できる限度で、同罪の成立が認められる。したがって、基本行為と結果との間には因果関係が必要である。また、責任主義の観点から、通説は加重結果の発生について過失が必要であると解しているが、判例は過失は不要であると判示している。
　②過失犯の責任非難の在り方は重要な問題である。3つのポイントを指摘

しておきたい。まず第1に責任主義の意義である。高度に技術化された現代社会においては、軽微な過失によって多数人の生命が失われる惨事が発生することが稀ではないが、責任主義の観点からは、あくまでも責任に見合った刑罰しか正当化することはできない。このような責任主義の処罰限定機能の意義については、今日においても再確認しておく必要がある。第2に故意犯と過失犯の責任非難の相違に関する根拠づけである。従来の議論においては両者の相違は反対動機形成可能性、規範的障害の程度によって根拠付けられるのが一般的であったが、このような理解は必ずしも正当なものではない。すなわち故意犯でも他行為可能性が乏しい事例は十分に考えられるし、逆に軽率な過失事犯については、故意犯の場合より高い程度の他行為可能性が認められることも稀ではない。両者の責任非難の相違は、むしろ別の観点から理論的に検討される必要がある。この点について、高山佳奈子教授（京都大学）は、故意犯の責任非難を法益に対する敵対的な態度によって根拠付けており、注目に値する。第3に故意・過失の客観化の問題である。この点については、故意・過失の内容が客観化されているわけではなく、その立証方法が客観化されているにすぎないことを確認しておきたい。たとえば包丁で胸を狙って刺していれば、当然に殺人罪の故意が認められるが、それは自白を過度に偏重することなく、客観的な情況証拠から行為者の主観面を認定しているのであり、故意の内容それ自体が客観化されているわけではない。

2　國井大祐氏（検察官・在中国日本大使館）から、日本における危険運転致死傷罪の実務上の運用や問題点について、以下のような説明があった。

　危険運転致死傷罪の捜査活動においては、とりわけ被害者が死亡している場合については遺族の処罰感情がきわめて強いことが多く、そのことを十分に配慮した捜査が望まれることになる。また、危険運転致死傷罪について証拠を収集し、同罪の成立を公判で立証することはきわめて困難である。橋爪教授からも言及があったように、故意・過失は主観的要件であるが、それを

立証するためには多くの客観的な証拠が必要となる。被疑者・被告人が酩酊状態で事故を起こした場合、そもそも記憶が曖昧であったり、罪を免れようとして嘘をついていることも稀ではないため、その供述内容の正確性・真実性を客観的な事実から裏付ける必要がある。たとえば犯人が飲酒した居酒屋のレシートを確認して、どのような酒をどの程度の分量飲んだのか、それによってどの程度の酩酊状態に至りうるかを客観的に立証する必要がある。特に危険運転致死傷罪はその法定刑も高いことから、裁判においてはより慎重な立証活動が要求され、多くの客観的な証拠が必要となる場合が多い。今回の自動車運転事故処罰に関する改正法案によっても、なお一定の規範的事実について行為者の故意が要求されているため、このような立証活動の困難さが大幅に緩和されるわけではない。しかし、冒頭でも述べたように、この種の犯罪については、遺族の悲しみ、処罰感情がきわめて深刻であるため、検察官としても、可能な限り、それに応えた捜査・立証活動に努める必要があると考えている。

3 なお、時間の関係で、一般の自由討論は割愛された。

閉 会 の 辞

西北政法大学学長

賈　　　宇

尊敬する皆様

　西安で開かれた第4回中日刑事法シンポジウムは、2日間の熱烈な討論を経て、いよいよ閉会を迎えることとなりました。会議は、実りの多い成果を収めることができました。この点については、さきほど張明楷先生と甲斐克則先生から、とてもよい総括をしてくださいました。わたしからは、閉会の辞として、以下の4点を申し上げたいと存じます。

　第1に、日本の刑法理論は、中国の刑法理論の誕生および発展にとって極めて重要な役割を果たし、そして、今日においても依然として重要な影響を及ぼしております。まず、この点について、中国の刑法研究者の一人として、心より敬意と感謝の意を表したいと存じます。

　1906年の秋、当時日本帝国大学の教授であった岡田朝太郎先生は、清政府の法律修訂顧問として北京を訪れ、「大清新刑律」の制定作業に携わりながら、刑法、刑事訴訟法、憲法等の講義もなさい、1915年まで北京にご滞在なさいました。岡田先生は、清末の刑法改正に大きな影響を与えただけでなく、中国法学の近代化にも重要な貢献をなさいました。

　改革開放政策が実施されてからのこの30年間、中国の刑法理論と刑事立法においては著しい進歩がみられましたが、この過程においても、日本の刑法理論は中国の刑事法の研究と立法に大きな影響を与えてきました。今日ここにご在席の張明楷教授や陳興良教授も、これまで中国で支配的な地位を占めていた四要件的犯罪論体系に代わって、日本の三段階犯罪論体系を中国に導入すべく努力を重ねてきました。このような努力は困難にも遭遇しておりま

すが、さきほど張先生は、三段階犯罪論体系が定着するには30年はかからないだろうと述べられ、前向きな観測を示されました。もちろん、この点については、別の観測もありうるかもしれません。30年後の中国の犯罪論体系は、三段階体系でもなく、四要件体系でもなく、これらとは異なる別の体系になっている可能性も排除できません。たとえば、英米の刑法は、三段階体系と四要件体系のいずれも採用していませんが、犯罪対策および治安管理の面でそれなりの成果をあげております。その意味では、中国の刑法理論が別の方向を志向する可能性がないともいえないと思います。しかし、このことは、決して中日間の刑事法学の交流が重要でないということを意味するのではなく、むしろ、こうした交流は、中国の刑法学に多様な可能性を示すうえで、今後も引き続き重要な意義を持ち続けることを意味するものと思われます。

　第2に、2日間の交流を通じまして、日本の刑法学者と法律家の深い教養および学問に対する真摯な姿勢に深い感銘を受けました。この点については、中国の学者、特に西北政法大学の教員および学生は謙虚に学ばなければなりません。日本の刑法研究は、実定法規と実務を強く意識しており、実務上の具体的な問題についての研究も極めて緻密であるという点について、今回改めて認識することができました。特に今回のシンポジウムにおいて、中国刑法の関連条文および学説の論争に対する日本の学者の有する知識および深い理解に、強く心を打たれました。

　第3に、今後の中日刑事法研究のあり方について、若干の感想を申し上げたいと存じます。周知のように、刑法の目的と機能は、犯罪を処罰することにより犯罪を予防ないし減少させることにあります。しかし、これまでは、こうした刑罰法規による犯罪予防効果についての研究は必ずしも十分でなかったような気がいたします。刑法学者も、もう少し犯罪学の領域、すなわち犯罪の原因や法則、刑法の犯罪への影響力といった問題にも関心を寄せる必要があると思われます。換言すれば、緻密な規範の研究には、一種の危険も含まれております。すなわち、概念や体系、理論自体の緻密さを追求するあ

まり、刑法の存在意義そのものあるいはその出発点を忘れてしまうという危険性です。したがって、緻密な理論研究を重視すると同時に、英米の実証的研究、経験的研究にも目を配る必要があるのではないか、というのがわたしの基本的な立場です。まだまだ未熟なわたしですが、直感的に感じた点を述べさせていただきました。ご指導ご批判をいただければ幸いです。

　第4に、主催校である西北政法大学を代表いたしまして、関係者の皆様に感謝を申し上げたいと存じます。まず、山口厚教授、甲斐克則教授、只木誠教授、橋爪隆教授、金光旭教授をはじめとする日本からの各先生および友人に感謝の意を申し上げます。皆様のご来訪は、西北政法大学にとってこの上もない光栄なことです。つぎに、陳興良教授、張明楷教授をはじめとする国内の先生方々に対しても、今回のご参加および平素よりいただいたわが校に対するご支援について感謝の意を申し上げます。また、金光旭教授、王昭武様、劉建利様および謝佳君様に心より御礼を申し上げます。皆様の素晴らしい通訳があってこそ、このような充実した交流が実現できたと思います。なお、陝西省刑法学会の同僚の皆様にも、ご参加ご協力いただきありがとうございました。最後に、今回のシンポジウムの開催に向けて準備作業を地道に着実に進めてくださった本学の王政勲教授をはじめとするスタッフのみなさんにも、心より感謝の意を申し上げます。

　最後に、中日刑事法学術交流のますますのご発展をお祈りして、わたしの閉会のご挨拶とさせていただきます。

　ありがとうございました。

閉会の挨拶

早稲田大学教授

甲 斐 克 則

　第4回日中刑事法シンポジウムが昨日から本日にかけて中国の古都西安（昔の長安）の西北政法大学で開催され、熱気溢れる討論の中、ここに無事に終了したことをまずもって参加者の皆様と共に喜びたいと思います。

　まず、このシンポジウムの長年の中心メンバーである陳興良先生と張明楷先生をはじめ、ご協力いただいた諸先生方に厚く御礼申し上げます。また、とりわけ今回のシンポジウムで開催校としてご尽力いただいた西北政法大学学長の賈宇先生、ならびに法学院長の王政勲先生をはじめとする大学スタッフの方々、大学院生および学生の方々には、滞在中、そしてこの2日間のシンポジウムの期間中、様々な心からのおもてなしをしていただき、本当にありがとうございました。日本側参加者を代表して心より御礼申し上げます。

　昨日の山口厚教授による冒頭の挨拶にもありましたが、今回のシンポジウムに参加する予定であった島田聡一郎教授が本年の4月に、そして日本側団長の西田典之教授が本年の6月に相次いで逝去され、私共は大変心を痛めましたが、日中刑事法学術交流に長年に亘り心血を注いでこられた西田教授のご遺志を継いで、何としても今回のシンポジウムに参加して目的を果たそうと決意して望んだ次第です。今こうして責任を果たすことができ

て、西田教授も島田教授も天国で喜んでおられるだろうと思います。

　先日、西安に着いた翌日ですが、私共は、はるか昔の唐の時代に遣唐使としてこの長安にやってきて多くを学び、この地で72歳の生涯を閉じた阿倍仲麻呂の記念碑がある興慶宮公園に行きました。そこでは、任務を終えて日本に帰国しようとして嵐で船が難破し、かろうじて生き延びた阿倍仲麻呂を死んだものと思い込んで嘆き悲しんだ友人の詩人李白が、彼を偲んで作った七言絶句の漢詩を見ることができました。このようなエピソードを目の前にして、日本と中国の交流は、1300年以上の長きに亘り、お互いに学びあいながらお互いを高めあうという、歴史上も稀に見る関係を有するものであり、代え難いものだと痛感したした次第です。今回のシンポジウムでの３つの重要課題をめぐるセッション（①共犯、②罪数、③危険運転）の各報告や熱気溢れる討論を拝聴し、今もこうした心温まる学術交流が続いていること、そして今後もこれが続くであろうことを確信した次第です。参加していただいたすべての皆様に改めて感謝申し上げます。

　そして、２年後は、東京の早稲田大学でこのシンポジウムが開催されます。２年後、東京でまたお会いしましょう。ありがとうございました。非常感謝。再見。

閉会の辞

清華大学法学院

張　　明　　楷

尊敬するご列席の皆様

　各方面による周到な準備及び皆様の一致努力のおかげで、この13王朝の都西安で開かれた、過去最大規模の中日刑事法シンポジウムは、無事閉幕することとなりました。今回のシンポジウムでは、共犯体系、罪数および危険運転の3つのテーマについて活発な議論を交わしました。中国側の参加者としては、昨日の晩餐会で、西鳳酒に加えて日本酒をも堪能したように、中国刑法についてさらに深く考えるきっかけを得ただけでなく、日本の刑法および刑法理論についてもさらに理解を深めることができたと確信しております。

　私自身、この中日刑事法シンポジウムに初めて参加したのは1990年のことでした。率直に申し上げまして、当時の議論は、主として自国の刑罰法規や理論の紹介に重点が置かれ、共通の問題点について議論を深めることがほとんど不可能でした。しかし、現在の状況は一変しております。ある問題について、たとえ日中両国の間に立法の違いや立場の相違があったとしても、シンポジウムでは、こうした問題点について、共通の問題意識を踏まえながら充実した議論を展開することが可能になっております。こうしたことを可能にしたのは、もちろんこの間の中国の刑法理論の進歩があります。しかし、その一方で、中国の刑法学は、その体系から内容まで依然として多くの問題を抱えており、国外の

学者たちとの学術交流をさらに強化していく必要があります。中国のある学者は、構成要件該当性、違法性、有責性の三段階犯罪論体系が中国で通説になるには少なくとも30年はかかるだろうと述べたことがあります。この予測が正しいかどうかを判断するのは困難ですが、30年は長すぎるような気がいたします。わたしが申し上げたいのは、中国が三段階犯罪論体系を採用するか否か、またいつ採用するかにかかわらず、中日間の今後の刑事法学術交流が必ずや深化し、また両国の刑法学者間の友情が必ずや深まっていくことだけは間違いないだろうということです。

　最後に、はるばる日本から今回のシンポジウムに参加してくださった山口先生、甲斐先生、只木先生、橋爪先生、金先生、および本郷様、国井様、高橋様、湯浅様に、心より感謝の意を申し上げます。また、会議にご列席の中国側の研究者、裁判官、検察官、弁護士および学生諸君に対しても、御礼申し上げます。特に、難しい通訳を見事に成し遂げた王昭武先生、謝佳君先生、劉建利先生には、心より感謝申し上げます。そして、なによりも、今回のシンポジウムの開催のために周到な準備と心のこもった接待をしてくださった賈宇学長、および西北政法大学の先生と学生の皆様に、参加者一同を代表して心より御礼申し上げます。

　2015年に、早稲田大学で再会しましょう。

訪 中 雑 感

　今回の中国でのシンポジウムには、当初、参加する予定がなかった。それは、校務との関係で、時間的に無理だと思われたからである。ところが、4月に島田教授が、続いて6月に西田教授が急逝され、急遽私が参加させていただく次第となった。これを可能とするためにご協力、ご支援をいただいた各位にこの場をお借りしてお礼を申し上げたい。

　今回訪れた西安の地は、予想に違わず、すばらしいところであった。開催校をお引き受けいただいた西北政法大学の賈宇学長を初めとする関係者の方々の周到な準備により、シンポジウムでは極めて充実した議論を行うことができた。実に多数の研究者・実務家・学生の方々の参加を得て盛大な研究集会となったことは特筆に値する。なお、シンポジウムに併せて行われたエクスカーションで訪れた兵馬俑は、期待を裏切ることのないところであった。

　次回のシンポジウムは日本で開催される。是非とも充実した研究集会として、日中間の刑事法分野での学術交流をさらに推進していきたい。

（山口　厚）

　西安（古都長安）は、中国の中でもどうしても行きたかった都市である。高校生の頃、漢文の授業で漢詩・漢文に惹かれて以来、唐の都であった長安にことのほか興味を抱いていたからである。もちろん、いまや開発の波が押し寄せて、多くのビルが建っているが、唐の時代の古い街並みの保存地区や、玄奘三蔵法師がインドから持ち帰った仏典を長年かけて翻訳した大雁塔を目の前にすると、古都長安が蘇ってきた。そして、古く遣唐使としてこの長安にやってきて多くを学び、この地で72歳の生涯を閉じた阿倍仲麻呂の記

念碑がある興慶宮公園に行き、李白の漢詩を刻んだ碑を前にしたとき、国境を越える友情に思わず胸が熱くなった。それは、任務を終えて日本に帰国しようとして嵐で船が難破し、かろうじて生き延びた阿倍仲麻呂を死んだものと思い込んで嘆き悲しんだ友人の李白が、彼を偲んで作った七言絶句の漢詩である。仲麻呂は、実際はそのときまだ生存していて、帰国を果たせず、後に長安に戻っている。2人が再会してどのような会話を交わしたか、想像するだけでも楽しくなった。李白のような親友がいたからこそ、仲麻呂も、その後生涯を長安で過ごしたのであろう。私には、この句碑は、日中学術・文化交流の象徴のように思われてならない。今回、中国側の学者と西安で再会できたとき、その感を強くした。そして、その中に、早稲田大学で学位を取得した後、中国に帰国して活躍している教え子の劉建利君と謝佳君さんがいて、今回通訳として活躍してくれたことを嬉しくかつ頼もしく思った。

（甲斐克則）

　西安は、古名「長安」が中国の歴史に残す栄光に恥じない素晴らしい街であった。近代的な発展が進む一方で、奈良・京都の原型でありその数倍のスケールをもつ街の中に漂う太古のたたずまいは、始皇帝や武帝、司馬遷、楊貴妃など、誰もが知る人物の在りし日の姿を眼前に呼び起こすかのようであり、また、大雁塔では玄奘三蔵法師の仏教への信仰心とその布教にかける熱意・精神が伝わって来るように思われ、そして、兵馬俑は、ただただ圧巻であった。今回のシンポジウムでは、このような歴史と伝統豊かな地に建つ西安大学において、これまでと同様、中国を代表する研究者の方々との非常に充実した討論を行い、あわせて、心のこもった歓待のなか学術面以外においても交流を深めることができた。参加者の1人として、嬉しく、有り難く思う次第である。とはいえ、本来であれば、報告予定者の島田聡一郎先生、団長の西田典之先生もそこにご一緒のはずであった。そのお二人のお姿がなかったこと、わけても、今回のこの成功が両国研究者の熱意によって続いてき

たこれまでの日中刑事法研究会の活動の成果の上になるものであったことを思うにつけ、今回、西田先生のお姿が西安になかったことはまことに残念なことであった。　　　　　　　　　　　　　　　　　　　　（只木　誠）

　今回の日中刑事法シンポジウムは、私にとって、はじめての中国訪問の機会であったが、西安に滞在してみて、その歴史情緒に圧倒されるものがあった。とりわけシンポジウムが終わってから見学した兵馬俑のスケールには、とにかく言葉を失った。滞在中、西安料理も十分に堪能することができた。名物の餃子は絶品であった。羊肉の超激辛の火鍋には、挑戦むなしく敗れ去ったが、機会があれば、是非もう一度挑戦したい。
　今回は危険運転罪の報告を担当したが、両国の処罰規定の内容が大きく異なる場合に、どのような比較法研究の手法が有益なのか、いろいろと考えさせられた。お互いの法制度の相違点を理解すること自体も重要であるが、その知見から、わが国の議論に対して何らかの示唆を得ることができれば、さらに比較法研究の有用性が高まるであろう。
　シンポジウムには、幸いにして、多数の中国人の学生の方が参加してくださったが、日本の解釈論についても熱心に聴講している態度が非常に印象的であった。これからも日本の刑法理論に関心を持っていただき、有意義な学術交流が続くように、微力ながら努力したいと思う。　　　（橋爪　隆）

　事務局兼総合通訳として参加した今回の西安シンポジウムは、さまざまな意味で、忘れることのできない会議となった。会議の準備期間中、団長の西田典之先生と報告予定者である島田聡一郎先生が突然亡くなるという思いもかけない悲しい出来事があり、会議の開催自体が危ぶまれたが、日中双方の先生方々の多大なご努力により、会議は無事成功裏に終わることができた。会議の準備にあたって、貴重なアドバイスや惜しみないご協力をくださった

先生方々に深く感謝を申し上げたい。また、病床で最後まで会議のことを案じてくださった西田先生にも、会議の成功をご報告申し上げたい。

　シンポジウムの内容自体についても、回を重ねるたびに議論が深まっているという印象を強く持った。特に今回のテーマが、罪数論、共犯、危険運転といった両国の制度設計が大きく異なる問題であったにも関わらず、大変嚙み合った議論がなされ、多くの刺激を受けた。また、会議通訳の大半は、長く日本で学び現在は中国の学界で活躍している王昭武先生、劉建利先生及び謝佳君先生が担当してくださり、今後の日中刑事法の交流を支える若手研究者達の活躍ぶりも大変印象的であった。　　　　　　　　　（金　光旭）

兵馬俑の前にて

執筆者・訳者紹介

山口　厚（やまぐち　あつし）	東京大学教授（当時。現・早稲田大学教授）
甲斐克則（かい　かつのり）	早稲田大学教授
賈　　宇（か　う）	西北政法大学学長
陳　興良（ちん　こうりょう）	北京大学教授
劉　明祥（りゅう　めいしょう）	中国人民大学教授
只木　誠（ただき　まこと）	中央大学教授
王　政勛（おう　せいいん）	西北政法大学教授
橋爪　隆（はしづめ　たかし）	東京大学教授
梁　根林（りょう　こんりん）	北京大学教授
張　明楷（ちょう　めいかい）	清華大学教授
金　光旭（きん　こうぎょく）	成蹊大学教授

（掲載順）

21世紀日中刑事法の重要課題
－日中刑事法シンポジウム報告書－

2014年6月1日　初版第1刷発行

編　者　山　口　　　厚
　　　　甲　斐　克　則

発行者　阿　部　耕　一

〒162-0041　東京都新宿区早稲田鶴巻町514
発行所　株式会社　成文堂
電話 03(3203)9201(代)　Fax 03(3203)9206
http://www.seibundoh.co.jp

製版・印刷・製本　藤原印刷　　　　　　　検印省略

☆乱丁・落丁はおとりかえいたします☆
©2014　A. Yamaguchi・K. Kai
ISBN 978-4-7923-5115-1 C3032
定価（本体2500円＋税）

「中国刑事法の形成と特色」 通算

1	中国刑事法の形成と特色	1	品切
2	中国刑事法の形成と特色	2	2000円
3	中国刑事法の形成と特色	3	2000円
4	中国刑事法の形成と特色	4	2000円
5	中国刑事法の形成と特色	5	2000円
6	中国刑事法の形成と特色	6	2000円
7	日中比較過失論		3000円
8	共犯理論と組織組織		3000円
9	日中比較経済犯罪		3500円
10	危険犯と危険概念		3000円
11	責任論とカード犯罪		1800円
12	環境犯罪と証券犯罪		2000円
13	変動する21世紀において共有される刑事法の課題		2000円
14	21世紀日中刑事法の重要課題		2500円

（本体価格）